犯罪学の森

藤本哲也
Fujimoto Tetsuya

中央大学出版部

まえがき

　私がアメリカ留学を終え、カリフォルニア州立大学バークレー校から犯罪学博士の学位を頂き帰国し、中央大学で初めて教鞭を執ったのは1976年4月であった。その時に学生に誓ったことは、「たとえ編集本であったとしても、1年に1冊は本を出すからね」というものであった。これは、私が在学したアメリカの大学では教授の義務でもあり、学生との約束事でもあったから、自分もアメリカの教授と同じようになりたいという思いからの、自分を励ます意味での約束事であったように思う。しかし、たとえ一方的であったとしても、一度教壇でした約束は、これを守る義務があると思い、本が出せなかった年は、翌年に、2冊出すという方法で、学生との約束をなんとか今日までは守ってきたように思う。

　実をいうと、私が、この約束を実行するために取った方法は、難しい専門論文を書く合間に、エッセイ風のやさしい論文を書くという方法であった。お蔭様で、日本加除出版のご厚意により、月刊誌『戸籍時報』に「犯罪学の散歩道」という「時報サロン欄」を設けて頂き、今日まで、その時々のトピックで、いろいろな論文を書き続けてきた。本書に収録されている論文は、この「犯罪学の散歩道」において連載したものである。

　本書は、そうした意味からは、2004年に中央大学出版部から刊行した『犯罪学の窓』の姉妹編であり、両書を読み比べて頂ければ、その密接な関係が分かるであろうと思う。

　本書では、第1部で我が国の新しい立法動向を紹介し、第2部では、ここ2、3年、問題化している性犯罪者の処遇と対策について論述し、第3部では、最近の刑務所事情についてアメリカを中心に取り扱い、第4部では新しい犯罪原因論と青少年問題について言及している。

本書も前書と同様に読みやすいことを目的としたが、その目的が達成されたかどうかは、読者の判断に委ねるしかない。法律学を勉強していない読者にとっても充分に理解してもらえるように配慮したつもりである。

　本書もまた、その出版に当たって、中央大学編集部の平山勝基部長にお世話になった。平山氏の懇切丁寧な校正とご助言に対して、心から感謝の意を表したいと思う。

平成19年7月吉日

聖蹟桜ヶ丘の自宅にて

藤本　哲也

目　　次

まえがき

第 1 部　犯罪と立法

第 1 章　都市化社会と犯罪に関する研究の概観 …………… 3

　1．はじめに　3
　2．19世紀の都市犯罪研究　3
　3．20世紀の都市犯罪研究　5
　4．我が国の都市犯罪研究　7
　5．おわりに　9

第 2 章　最近のアメリカ合衆国における死刑事情 …………… 10

　1．はじめに　10
　2．死刑の適用状況　10
　3．最近の新しい動向　12
　4．少年犯罪者に対する死刑　14
　5．2003年の再審無罪事件　14
　6．おわりに　16

第 3 章　我が国の犯罪被害者支援制度の概観 …………… 18

　1．はじめに　18
　2．警察段階における犯罪被害者支援制度　18
　3．検察段階における犯罪被害者支援制度　20
　4．裁判段階における犯罪被害者保護・支援制度　21
　5．矯正・保護段階における犯罪被害者支援制度　22
　6．おわりに　23

第 4 章　いわゆる「出会い系サイト規制法」について ………… 25

　1．はじめに　25

2．いわゆる「出会い系サイト規制法」の概要　26
　　3．いわゆる「出会い系サイト規制法」に対する批判　30
　　4．お わ り に　31

第5章　組織的犯罪処罰法の概要　……………………………………　33
　　1．は じ め に　33
　　2．組織的犯罪処罰法の目的　34
　　3．組織的な犯罪に対する刑の加重等　34
　　4．犯罪収益に関する規制　37
　　5．お わ り に　40

第6章　共謀罪について考える　………………………………………　41
　　1．国際組織犯罪対策を巡る国際動向　41
　　2．「犯罪の国際化及び組織化並びに情報処理の高度化に対処するための刑法等の一部を改正する法律案」（内閣提出、第163回国会閣法第22号、以下、本法律案という）の政府原案、与党修正案、民主党案についての検討　41
　　3．筆者の衆議院法務委員会での意見陳述の骨子　44
　　4．与党再修正案の提示　49

第2部　性犯罪者の処遇と性犯罪者対策

第1章　性犯罪者前歴登録告知法制定の是非について　………………　53
　　1．は じ め に　53
　　2．アメリカのメーガン法　54
　　3．イギリス、韓国、カナダの立法例　56
　　4．ドイツ、スイスの性犯罪者対策　57
　　5．メーガン法の功罪　57
　　6．お わ り に　58

第2章　カリフォルニア州のメーガン法　………………………………　60
　　1．は じ め に　60
　　2．インターネット・ウェブサイトの掲載内容　61
　　3．性犯罪者登録及び除外に関する規定　62

4．性犯罪者情報により家族を守る方法　64
　　5．お わ り に　70

第3章　カリフォルニア州の「性的暴力犯罪者法」　71

　　1．は じ め に　71
　　2．SVPの認定プロセス　71
　　3．SVPの審理　72
　　4．SVPの処遇　73
　　5．法廷傍聴体験　74
　　6．サンディエゴ・カウンティの統計　76

第4章　アダム・ウォルシュ児童保護安全法　78

　　1．は じ め に　78
　　2．立法に至る背景事情　78
　　3．法律の内容　80
　　4．お わ り に　85

第5章　2004年 カナダ性犯罪者情報登録法　86

　　1．は じ め に　86
　　2．性犯罪者情報登録法制定の背景　86
　　3．性犯罪者登録簿への登録　87
　　4．性犯罪者登録簿の情報の活用　91
　　5．登録簿の管理　91
　　6．お わ り に　92

第6章　オーストラリアの性犯罪者処遇理論　94

　　1．は じ め に　94
　　2．性犯罪者処遇理論　95
　　3．お わ り に　100

第7章　性犯罪者処遇の新しい動向　102

　　1．は じ め に　102
　　2．心理学的アプローチ　102
　　3．医学的アプローチ　109

4．おわりに　112

第8章　アメリカの性犯罪者処遇の有効性　113

　　1．はじめに　113
　　2．処遇は再犯を減らすのに有効か　114
　　3．処遇コストは効果的か　116
　　4．処遇は被害者の必要性に取り組む上で効果的か　118
　　5．おわりに　119

第9章　小児性愛者に対する薬物療法　121

　　1．はじめに　121
　　2．最近の性犯罪者の治療に関する文献　122
　　3．性犯罪者治療の概観　122
　　4．事例研究　125
　　5．若干の考察　130
　　6．おわりに　132

第10章　日本とカナダの性犯罪者の再犯率　134

　　1．はじめに　134
　　2．法務総合研究所の調査結果　134
　　3．カナダの再犯率調査研究　137
　　4．おわりに　140

第3部　最近の刑務所事情

第1章　刑務所運営の透明化についての提言　145

　　1．はじめに　145
　　2．外部交通の拡大強化　145
　　3．行刑運営に関する透明性の確保　148
　　4．おわりに　151

第2章　最近のアメリカ合衆国における刑務所人口の動態 ……… 153

1．はじめに　153
2．2002年末現在の刑務所人口　153
3．アメリカ国民に占める受刑者の割合　154
4．1999年以来最大の増加率　154
5．各州ごとの増減率　155
6．州刑務所の増加率　156
7．女性受刑者の増加　156
8．民営刑務所における拘禁者数　157
9．過剰収容の実態　158
10．おわりに　159

第3章　厳罰化政策とカリフォルニア州刑務所の現状 ……………… 161

1．はじめに　161
2．カリフォルニア州の刑務所の実情　162
3．おわりに　167

第4章　カリフォルニア州で採用されているピースキーパー（特警員）制度 ………………………………………………… 168

1．はじめに　168
2．ピースキーパー制度と特警員制度の抱える問題　169
3．ピースキーパーによる不祥事　171
4．事件の顛末　173
5．タイ王国におけるトラスティ制度　174
6．おわりに　175

第5章　ペット・パートナーシップ・プログラム ……………………… 177

1．はじめに　177
2．プログラム設立の経緯　177
3．プログラムの内容と意義　179
4．プログラムの最終目標　181
5．おわりに　183

第6章　刑務所における暴力に関する研究 …… 185

1. はじめに　185
2. 刑務所における暴力と被害化　185
3. 暴力の発生の予防を阻害する諸要因　187
4. おわりに　191

第4部　犯罪原因論と青少年問題

第1章　我が国の少年非行原因論に関する新しい視点 …… 195

1. はじめに　195
2. 本調査研究の目的と企画分析会議の構成　196
3. 研究対象とする非行類型の決定　197
4. 少年非行の原因・背景に関する新しい視点　198
5. おわりに　201

第2章　高齢者虐待原因論 …… 203

1. はじめに　203
2. 高齢者虐待原因論　204
3. 我が国の実態調査にみられる高齢者虐待の原因と背景要因　210
4. おわりに　211

第3章　少年審判制度と少年非行対策 …… 212

1. はじめに　212
2. 非行少年に対する処遇手続の流れ　213
3. 少年非行対策　218

第4章　国際的視点からする青少年司法の歴史 …… 219

1. はじめに　219
2. 少年裁判所の創設　220
3. 福祉モデルに基づく少年法制　221
4. 公正モデルに基づく少年法制　223
5. おわりに　224

第5章　中国の少年司法制度の視察 ……………………………… 226

1．はじめに　226
2．上海市長寧区人民法院の少年法廷　226
3．上海市青年幹部管理学院での意見交換会と座談会　229
4．上海市少年管教所の視察　231
5．おわりに　232

第6章　青少年と図書に関する調査 ……………………………… 234

1．はじめに　234
2．本調査結果の概要　234
3．子どもの感じ方・考え方　237
4．保護者の認識について　239
5．本調査の特色　240
6．おわりに　241

第7章　「青少年とゲームソフト」に関する調査研究 …………… 242

1．はじめに　242
2．調査結果の概要：中学生、高校生、在院者の比較　242
3．保護者の調査結果の特徴　248
4．少年院在院者の調査結果の特徴　249
5．おわりに　250

第8章　安全・安心なまちづくり ………………………………… 252

1．はじめに　252
2．安全・安心を守る防犯活動と条例の制定　253
3．安全・安心なまちづくりのための取組み　254
4．おわりに　257

索　引

第1部　犯罪と立法

第1章　都市化社会と犯罪に関する研究の概観

1．はじめに

　2004年11月17日、奈良県の新興住宅地で小学校1年生の女児が誘拐されて殺害されるという事件が発生した。翌日、共同通信大阪支社社会部からコメントを求められ、「昔なら写真を送る場合、現像が必要だったが、犯人はカメラ付き携帯電話で簡単に娘の写真を母親に送っている。携帯電話やインターネットといった新しいコミュニケーションツールを悪用した、高度情報化社会の闇の部分を表した事件だ。都市社会では個人が匿名化し、犯人は『だれか分からないだろう』と考えがちだ。実際には警察に携帯電話やインターネットの追跡班などがあり、思っているよりも捜査の端緒になっている。犯人は社会を知らない若者との印象を受ける」と答えた。その後の情報で、被害者の身体に傷があり歯が抜かれていることから、異常性欲による犯罪的な要素を帯びてきているが、現時点ではいまだ犯人が逮捕されていないので私の推測が正しいかどうかは不明であるが、こうした事件が、都市化社会の特徴的な犯罪であることに変わりがない。携帯電話やインターネットの普及によって、我が国にもボーダレス化社会が到来した現在、犯罪については、従来のように、都市と農村の差異を強調する意義は完全に失われてしまったといっても過言ではない。そこで以下においては、都市化社会における犯罪について、従来の研究を概観してみたいと思う。

2．19世紀の都市犯罪研究

　いまさら改めて指摘するまでもなく、都市と犯罪の先駆的業績はアメリカにおいて見られ、パーク（R. E. Park）を代表者とするシカゴ学派が1920年代から1930年代にかけて展開した人間組織の理論、すなわち「人間生態学」（Human

Ecology) に依存するところが大である。

しかしながら、犯罪の生態学的傾向を分析する最初の研究は、19世紀に、フランスとベルギーにおいて、ゲリー (A. M. Guerry) とケトレ (A. Quetelet) によって行われている。これらの研究が、犯罪や犯罪者に関する体系的なデータの利用可能性により促進されたことはいうまでもない。

ゲリーは、フランスを5つの地域に分けることにより、1825年から1830年の間のフランスにおける犯罪データを分析しているのであるが、彼の研究においては、それぞれの地域は17の県に分かれていた。しかもゲリーは、彼の統計算出の基礎を、裁判所により有罪と判定された人々の数よりは、むしろ、犯罪により訴追された人々の数に置いているのである。

ベルギーにおいて、ケトレも同様に、その研究において、地理的要因、ならびに地理的要因と犯罪分布との間の関連性に焦点を合わせている。彼は、犯罪が貧困、教育の欠如、あるいは人口密度に起因するのかどうかといったような、今もなお問われている問題について、犯罪や他の変数の地理的分布を基礎として、実験的に調べることを試みたのである。

19世紀における犯罪の生態学的な研究は、同様に、イングランドにおいても行われた。たとえば、ロースン (R. W. Rawson) は、様々な種類の犯罪や、その年齢や性別との関係に関心を持ちながら、1835年から1839年の期間についての、イングランド及びウェールズにおいて入手可能な統計を分析している。1831年の人口調査を用いながら、彼は、主要な経済活動（農業、製造業、採掘業、都市経済）に従って、イングランドとウェールズを4つのグループに分けているのである。そして彼は、都市部への人口の集中が、主要な犯罪原因であると結論づけている。

ジョン・グライド (John Glyde) は、この時期に類似した調査を行っている。彼の研究論文である、1848年から1853年の間における司法に関するデータを基礎とした「サフォークにおける犯罪発生地域」(Localities of Crimes in Suffolk) は、カウンティをより小さな分析上の単位に分け、それに従ってデータを調査しているのである。彼は、犯罪が人口密集とともに増加するという仮説に焦点

を合わせたが、明確な関係を見出すことはできなかった。彼は、さらに、犯罪が人々の都市への移住の結果ではないと結論づけている。

　数年後、メイヒュー（H. Mayhew）は、彼の著書である『ロンドンの刑務所』（*Criminal Prisons of London*）のなかで、ロンドンの様々な地域、並びにイングランド及びウェールズの特定のカウンティにおける犯罪の集中状況を分析するために、公的な統計を用いている。

　このように、犯罪研究に対する生態学的なアプローチは、アメリカのシカゴ学派の研究よりも、むしろ、犯罪率や人口統計に関する19世紀のヨーロッパの研究者たちの研究に由来するものである。しかしながら、このような生態学的なアプローチは、20世紀のアメリカにおいて、シカゴ大学と何らかの形で関係のある社会学者たちの研究において、極めて影響力のある、かつ、はるかに洗練されたものとなったのである。

3．20世紀の都市犯罪研究

　大都市における非行と生態学的領域についての、最初の著名な体系的研究は、ショー（C. R. Shaw）とマッケイ（H. D. McKay）によって1921年に着手された。そして、その成果は、『非行地域』（*Delinquency Areas*）（1929年）、『少年非行における社会的要因』（*Social Factors in Juvenile Delinquency*）（1931年）、『少年非行と都市地域』（*Juvenile Delinquency and Urban Areas*）（1969年）といったいくつかの著書において発表されている。彼らは、シカゴの自然地域における犯罪と非行の分布について分析し、それを物質的状況（人口の増減）、経済的状況、さらには人口構成といった、社会構造的要因と関連づけたのである。これらの研究において、ショーとマッケイは、生態学的なアプローチに従っているのである。彼らは、犯罪率の高い地域が、人口の流動性の高さ、物質的退廃、借家、さらには多種雑多な人々からなる住民によって特徴づけられることを見出している。

　また、1950年代以降においては、主として、都市内部の分析に焦点を合わせて、いくつかの大規模な人間生態学的な研究が行われている。たとえば、レン

ダ（B. Lander）は、ボルティモアにおける少年非行についての生態学的な相関関係について研究をしているのである。ボードゥア（D. J. Bordua）は、デトロイトにおいてレンダの研究を再現しており、さらにチルトン（R. J. Chilton）は、インディアナポリスにおける生態学的研究とともに、ボルティモアとデトロイトの研究を比較した。シュミット（D. E. Schmidt）は、シアトルにおける都市部の犯罪地域についての研究を試みている。

また、セントルイスにおける都市内部の犯罪についての生態学的研究において、ボグズ（S. L. Boggs）は、犯罪率における変動を分析するために、社会階層や都市化、さらには人種差別といった尺度を用いている。自らのリサーチに基づいて、彼女は、犯罪者が住んでいた場所で行われた犯罪の種類と、他の地域からの犯罪者を引きつけた場所で行われた犯罪の種類とを区別したのである。

また、地域的な相違に焦点を合わせた生態学的な研究において、クイニイ（R. Quinney）は、犯罪率と人口統計との間の関係を分析している。彼は、構造的な変数が、農村、都市、さらには標準的な大都会における統計上の地域において異なった影響を与え、農村地域及び都市地域が、標準的な大都市における統計上の地域と比べて、これら構造的な変数に対してより敏感に反応するように思われると結論づけているのである。そして、さらには、犯罪が構造的な変数と関連する度合と構造的な変数が犯罪と関連する度合に応じて、犯罪が様々であると結論づけている。

また、1950年代から1960年代において、生態学的なアプローチについて、方法論的な問題について論じているいくつかの論文が発表されている。そのなかでも、おそらく最も広く引用されているものが、ロビンスン（W. S. Robinson）の研究論文である「生態学的連関と個人の行動」（Ecological Correlations and the Behavior of Individuals）であろう。この論文の重要性は、生態学的連関が個人的な連関と同価値なものではないということを強調する点である。この論文は広く引用されており、今では古典となっているものであるが、それでも多くの研究者たちは、しばしば、生態学的な連関に基づいて、個人的な連関を結論づける嫌いがあるのである。

都市内部の分析に焦点を合わせた、より最近の研究では、犯罪被害者から集めた情報と、住居への不法目的侵入や強盗についての情報とを用いている。たとえば、レペット（T. A. Reppetto）は、都市内部の地域での不法目的侵入における主要な要因が、その地域の位置・場所、住民たちの裕福さのレベル、さらには住居設備の脆弱性にあることを見出している。

また、1970年代及び1980年代初頭においては、犯罪及び非行に関するいくつかの生態学的な研究が、地理学者たちによって行われた。地理学者たちによる犯罪及び非行についての生態学的な研究は、他の社会科学者たちと同じ関心事に基礎を置いたものであった。そして、この頃には、1960年代後半から1970年代の間における全米被害者調査の発展とともに、新たなデータが、犯罪に対する生態学的な研究に関して利用可能となった。これらのデータを用いる最大の理由は、これらが、犯罪総数、犯罪類型、さらには、被害者の人種、性別、年齢といったような犯罪行為についての、その他の詳細な事象について、より完全でかつより正確な情報を提示するように思われるからである。たとえば、ポウプ（C. E. Pope）は、近隣地域とその世帯の被害化率とを比較しながら、都市内部の研究を行っている。彼は、この種の被害化が、住人の特性、それも主として、その地区の年齢構造とともに、多種多様であることを見出しているのである。

4．我が国の都市犯罪研究

我が国の都市犯罪研究に関しては、その代表的なものとしては、小野清一郎の「都市の犯罪現象」（『法学評論・下巻』1939年）、植松正の「都市と犯罪」（1955年）、前田信二郎の『犯罪の都市化』（1957年）があるが、たとえば、植松正は、都市と村落を比較して、都市になぜ犯罪が高率であるかについて、次のように要点を摘記している。

「①都市の人口構成は青壮年男子を特に多く含んでいるが、この年齢層は一般に犯罪率の高い年齢層であり、また男子は女子よりはるかに犯罪率が高い（日本では約12倍である）から、都市の犯罪率は自然高率となる。②都市は

村落より貧富の懸隔ははなはだしく、したがって貧困の圧力が大きい。しかも犯罪への誘惑が著しく多い。③都市は村落よりも等質的で強い道徳的・慣習的基準によって規律されることがすくない。都市生活には思想的に大巾に相違した学説、意見、信念、イデオロギー等の対立があるから、社会規範が各人の行動に強く作用しない。④都市においては、村落におけるよりも近隣の者の監視その他のいわゆる『非公式の支配』(informal controls) が加えられることがきわめて稀であるから、それだけ反社会的行動が抑制されない。それには、都市の住民の移動が激しく都市生活には匿名性を伴うということも指摘しなければならない。その結果は、都市では犯人が追跡を免れやすいことともなり、それがまた都市に犯罪を高率ならしめる有力な一因ともなっている。⑤殊に財産犯にとっては、都市では、犯罪による贓物の処分にも好都合であり、都市が不正の利益を消費するための歓楽施設に富むことも、その高率の原因の1つとして挙げなければならない。」

また、前田信二郎によれば、犯罪の都市化現象は、「①第一次現象として犯罪の大都市集中化をきたし、②第2次現象として大都市周辺部、地方都市、農村社会への犯罪波及の過程をとり、最後に、それを背景として、③犯罪都市への過程をとっていく」としている。

さらに、1964年に、埼玉県下の都市・農村の非行の差異と文化に関する研究に従事した星野周弘は、都市・農村間の文化的相違に関して次のように要約している。

「都市に、①匿名性があり、地域の住民間の意志の疎通を欠く。②住民の相互交渉関係よりも、通り一ぺんのものが多い。③住民の居住地にたいする帰属意識は、農村ほど強くない。その要因として、居住期間が短いこと、職場が居住地外にあること、が考えられる。④人間観の点で、他人にたいする不信感はあまり強くないが、信頼して協調していこうという態度も少ない。⑤防犯にたいする配慮や、被害届出の励行の点では、いずれにおいても農村ほど積極性がみうけられない。⑥慣習については、比較的、革新的態度をとっているものが多いという特徴が認められる。一方、農村においては、こ

れと全く逆の傾向をみることができる。」

比較的最近の研究としては、小俣謙二が、人口密度に着目し、都道府県単位の統計をもとに、財産犯、凶悪犯、粗暴犯の罪種別発生率と人口密度、住居の広さ、人口移動、経済状況といった要因の関連性について検討している。結果として、財産犯、粗暴犯、風俗犯の発生率と人口密度の間に正の相関があり、殺人、強盗の発生率と住居の広さとは負の相関があることを見出している。

5．おわりに

以上のような研究に見られるごとく、都市の特徴と犯罪は、彼我をとわず密接に結びついていることが分かる。特に、都市の特徴として挙げられている共通の特質を取り上げるとするならば、①人口規模の大きさ、②人口密度の高さ、③人口の異質性、④匿名性、⑤所得、地位、階層の分化であろう。そして、こうした都市の特質のなかでも、最も犯罪と関連性が深いのは「匿名性」ではないかと私は思う。現在の日本社会の特質は、匿名化社会そのものであり、没個性の情緒的関係をもたない社会に進展しつつある。それゆえに、「娘はもらった」の6文字の携帯メールで、母親の感情を逆なでにするような、常識では考えられない猟奇的な犯罪が生まれる土壌が、我が国の現代社会に形成されつつあるとみるのは、私一人であろうか。携帯電話やインターネットが支配する「文字コミュニケーション社会」にみられるぎすぎすした人間関係をどうするか。この点こそが今我々が緊急に考えなければならない問題であろう。

第2章　最近のアメリカ合衆国における死刑事情

1．はじめに

　2004年の夏、私の指導教授であるカリフォルニア州立大学のポール・タカギ (Paul Takagi) から、アメリカの最近の死刑事情に関する報告書が送られてきた。早く情報を整理して紹介しようと思っていたのであるが、『犯罪学の窓』（中央大学出版部・2004年）という著書の出版準備のため、時間をとることができなかった。あらためて読み返してみると、貴重な資料であるので、少しデータ的には古くなった気もするが、紹介してみることにしたい。

　アメリカ合衆国の「死刑情報センター」(Death Penalty Information Center) によれば、2003年1月から12月にかけての死刑は、近年の減少傾向を反映し、死刑執行数、死刑宣告数、及び死刑囚監房の人員数等、そのすべてにおいて、数年前よりも低い数値となっているとのことである。また、死刑に対する国民の支持は、ここ25年間において、最も低いレベルにまで下がっているといわれ、それと同時に、最近において死刑囚監房からの解放が相次いだという事実が、死刑制度の立法的な改善を促進させることに役立ったといわれている。このように、アメリカにおける刑罰としての死刑の適用は、様々な尺度から見て減少したといえるようである。

2．死刑の適用状況

　2003年の死刑執行件数は、前年の71件から8％減少して、55件であった。5年前の1999年における死刑執行件数98件と比較した場合には、34％減少したことになる。また、死刑囚監房の規模は、前年より5％縮小している。2003年10月1日の時点で、死刑宣告を受け服役している者の数は、3,504人であった。2002年には3,697人であったから、死刑囚監房の規模は、死刑が復活した1976

年以降、増加し続けていたが、2001年からは、その数が減少しているのである。また、新たに下された死刑宣告数も減少している。2003年11月、司法省統計局は、2002年における死刑宣告の総数は、４年間連続減少して、159件であったことを報告し、2003年における死刑宣告数は139件であり、さらに減少傾向を続けているとしている。１年あたり平均の死刑宣告数が約300件であった1990年代後半と比較した場合、減少傾向は顕著である（約50％の減少）といえよう。

　2003年における死刑執行の実際も、より偏向的になっている。2003年においては、南部以外の諸州では、インディアナ州、ミズーリ州、及びオハイオ州のみが死刑執行を行っている。南部の３つの州、つまりテキサス州、オクラホマ州、及びノース・カロライナ州だけで、2003年における全米の死刑執行総数の69％を占めているのである。全体として見た場合、2003年の死刑執行総数の89％を南部諸州で占めている計算になる。ちなみに、2003年に死刑を執行した州は、過去10年間で最も少ない11州であった。最も大規模な死刑囚監房を有する５つの州のうちの２つの州、すなわち、カリフォルニア州及びペンシルバニア州は、2003年において、死刑執行を行っていないのである。

　長年にわたりそうであったように、2003年に死刑に処せられた者は、専ら白人が被害者であったケースである。黒人を殺害して死刑に処せられた者は、わずか18％である。2003年に死刑が言い渡された殺人事件の約半数において、黒人が被害者であったという事実にもかかわらず、黒人を殺害した罪で死刑に処せられた白人は１人もいないのである。

　一方、死刑と関連する事項として特徴的なのは、無罪となった件数が、死刑の復活以来、最多となったことである。すなわち、2003年において、各州が新たに死刑法（death penalty law）を制定しはじめた1973年以来、単年では、最多の無罪放免数であり、前年の約２倍以上（10人）の死刑囚が無罪放免とされ、死刑囚監房から自由の身となっている。ルイジアナ州、テネシー州、ノース・カロライナ州及びその他の州において、それを上回る数の訴訟が現在最終審理に付されており、まもなく追加的な無罪放免が行われる可能性もあるのである。

ギャラップ世論調査によれば、死刑に対する国民の支持は、過去25年において最低のレベルに達したとのことである。バージニア州、メリーランド州において発生した連続殺人の罪で起訴された男性2名の公判や、テロリズムへの継続的な懸念にメディアが焦点を当てているにもかかわらず、死刑に対する支持率は、2002年10月の70%から、2003年10月における64%にまで低下しているのである。過去において、死刑に対する支持率が最も低かったのは、1978年の62%であった。

3．最近の新しい動向

死刑に関する最近の新しい動向として全米で注目されたのは、イリノイ州知事ジョージ・ライアン（George Ryan）が、2003年1月に、死刑囚監房にいる171人の死刑囚全員の死刑宣告を撤回したことである。4人の死刑囚は、その無実が証明されたとして無罪放免され、残りの死刑囚は、死刑判決が減刑された。一部の被害者の家族からは懸念が表明されたが、知事は、死刑制度に大きな不備が見出されたので、死刑宣告さえもが信頼に足る制度のもとでなされた結果とは言いがたいと結論づけたのである。ライアン知事の後で、新知事となったロッド・ブラゴジェヴィッチ（Rod Blagojevich）は、死刑執行の一時停止を継続すると約束し、また、州議会は、死刑制度改革案を圧倒的多数で立法化したのである。

イリノイ州議会は、①取調手続のビデオ録取の要求、②専ら単独の目撃証人や刑務所内の情報提供者あるいは共犯者による証拠にのみ依拠する訴訟においては、死刑を求刑することを禁止すること、②DNAデータバンクをより利用しやすいものとすること、④さらにまた、再審査への手続的な障害があったとしても、基本的に不公正な死刑判決を覆すための上訴裁判所への訴えを認めること等を含む、刑事司法手続の全面的な改革法案を可決させたのである。こうした一連の改革法案は、満場一致の賛成によってイリノイ州下院を通過したのである。

また、ノース・カロライナ州では、州制度が、誤り又は不公平を導きかねな

いような欠陥があるかどうかについて調査されるまで、州議会上院は、すべての死刑執行に対して、執行を一時停止することを、28対21の票決で可決したのである。法案は、2004年度の下院での議決に向けて上程される予定である。アメリカ全体では、ニューヨーク市やノース・カロライナ州の18の市議会を含む100の自治体が、死刑執行の一時停止を要求する決議を通過させている。最も近時の決議としては、アラバマ州のユートウにおいて満場一致で議案が通過している。ちなみに、ノース・カロライナ州とアラバマ州の両州は、アメリカでも、死刑執行を率先して行う州であることに留意することが必要であろう。

連邦議会では、2000年に導入された無罪者保護法（Innocence Protection Act）の修正案が、下院において、民主・共和両党の投票によって圧倒的多数で通過した結果、2004年においての法案の全面通過への道が開けたところである。この法案は、DNAテストと死刑事件における法定代理権の改善のための資金提供を提案しているものである。

「政府改革に関する下院委員会」（House Committee on Government Reform）は、2003年11月に出した報告書において、FBIが、故意に虚偽の証言に基づいて、6人の男性に対して殺人罪で有罪としたことを引き合いに出している。6人の男性のうち4人は、1968年に、マサチューセッツ州で死刑を言い渡されている。委員会の調査への公的な抗議は、つい最近まで続いていたが、報告書は、政府の行動を「連邦法執行史上最大の過ちの１つ」と称し、150頁にわたる分析のなかで、司法省の行動の「悲惨な結果」をはっきりと跡付けているのである。

無実の罪で不当に有罪となった2人の男性は獄中で死亡し、残りの2人、ピータ・リモーネ（Peter Limone）とジョセフ・サルヤッティ（Joseph Salvati）は、30年の収監の後、無罪放免となった。彼らは、再審請求の結果として無罪となったのではなく、1972年のファーマン判決で、死刑が適用違憲であるとされた結果として、難を逃れたのである。以来、今日まで、虚偽の証言の結果有罪となり、死刑が宣告されたケースは存在しない。

4．少年犯罪者に対する死刑

　少年犯罪者に対する死刑執行の問題については、各州の対応は様々である。ミズーリ州では、州最高裁判所が、少年犯罪者の死刑執行は憲法違反であると明言し、ミズーリ州を死刑執行を禁止する17番目の州とした。ケンタッキー州では、ポール・パットン（Paul Patton）知事が、少年に対する死刑は行き過ぎであると宣言し、ケビン・スタンフォード（Kevin Stanford）少年の死刑を仮釈放なしの終身刑へと減刑した。偶然にも、連邦最高裁判所が、1989年に、最後に少年に対する死刑を支持した時に、スタンフォードの事例を含むミズーリ州とケンタッキー州の事例を調査し始めていたのである。これらの事例双方の死刑囚は、現在、死刑執行を免れている。少年犯罪者では1人だけ、スコット・ヘイン（Scott Hain）がオクラホマ州で、2003年に死刑を執行されている。

　2003年、世間の関心が、メリーランド州とバージニア州の両州で発生した一連の銃撃事件の犯人である、17歳の少年リー・マルボー（Lee Malvo）の公判に注がれた。公判はバージニア州で行われたが、このような事件の場合、死刑判決を言い渡す可能性が大である。

　しかし、一方で、マスメディアや専門雑誌における多数の論文は、少年と成人との間にある発達上の相違を指摘するものや、また、成人に影響されやすい少年の感受性について強調する、近時の医学的・心理学的研究を紹介するものが多くみられた。こうした傾向からすると、連邦最高裁判所が、2002年に、精神障害者に対する死刑執行の際にノーという判断を下したように、少年に対する死刑執行の問題に対しても、近い将来、再検討することになるであろうと思われる。

5．2003年の再審無罪事件

　先ほど指摘したかと思うが、2003年は、1987年の記録と並ぶ10人の者が、死刑囚監房から無実を認められ釈放されている。その10人の死刑囚の中には、イリノイ州知事ジョージ・ライアンによって完全に罪を許された、4人の死刑囚が含まれている。4人の死刑囚全員が、警察によって拷問を受け、犯罪に関与

したと強制的に供述させられた者たちであった。彼ら4人は、イリノイ州知事により釈放されたのであるが、2003年に無罪放免となった他の6人の死刑囚は以下の通りである。

　最も近時に無実が証明されたペンシルバニア州のニコラス・ヤリス（Nicholas Yarris）の場合は、犯行現場からの採取された証拠物についての3つのDNAテストの結果が、彼が犯人ではないことを明らかにし、有罪判決を覆すことになったのである。2003年12月、検察当局は、ヤリスを無罪放免となった112番目の死刑囚であり、DNAテストの結果無実が証明された13番目の者として、すべての告訴を取り下げると発表した。

　フロリダ州のルドルフ・ホルトン（Rudolph Holton）の場合は、2001年、フロリダ州巡回裁判所（Florida Circuit Court）において、別に犯人がいることを示す被告人側からの無実を証明する証拠を、州当局が隠したという事実を明らかにしたのである。また、裁判所は、新しいDNAテストが、州当局の証人の公判廷における証言を否定するものであることを明らかにしている。結局、ホルトンの有罪判決は覆され、彼は、死刑囚監房で16年間の収監の後、2003年1月に、ついに自由の身となっているのである。

　ルイジアナ州のジョン・トンプスン（John Thompson）の場合は、死刑執行予定日の5週間前に、トンプスンの弁護士が陪審員が死刑囚監房へトンプスンを送る際に採用した証拠を、無意味とするような決定的な証拠（それは血液である）を発見したのである。ルイジアナ州の裁判所は新たな公判を発令し、トンプスンの有罪判決と宣告を破棄している。トンプスンは、再審の裁判において無罪を勝ち取った後、2003年5月9日に刑務所から釈放されている。

　オハイオ州のティモシィー・ハワード（Timothy Howard）とゲーリー・ラマー・ジェームズ（Gary Lamar James）の場合は、1976年12月に発生した銀行強盗事件で、守衛の1人を殺害した容疑で逮捕されたケースである。センチュリオン財団からの資金提供を受けて、ハワードとジェームズは、証人の供述と指紋が矛盾することを含めた新たな証拠を発見することができた。ジェームズは、「公正のために」すべての告訴を却下するよう検察官に促し、州当局が実

施したポリグラフ・テストにも合格した。ハワードは、裁判官が、公判において公表しなかった証拠や、利用しなかった証拠を引き合いに出して、彼の有罪を覆したのである。そして、彼は、2003年4月23日以前に自由の身となった。州当局は、裁判官の裁定により公訴を取り下げ、そのことによって、ハワードに関しても、同様に、嫌疑が晴らされることになったのである。

　ミズーリ州のジョセフ・アムリーン (Joseph Amrine) の場合は、仲間の受刑者を殺害した罪で死刑を宣告された。アムリーンは、仲間の受刑者の証言に基づいて有罪とされたのである。仲間の受刑者のうちの3人は、後に彼らの証言を撤回し、自らの保護と引き換えに嘘をついたことを認めた。ミズーリ州最高裁判所での弁論において、州当局は、無実を示す新しい証拠は、充分な根拠となるものではないと主張した。しかしながら、最高裁判所は、アムリーンの事実上の無実を示す、明白かつ疑いの余地のない証拠の発見であるとし、彼の有罪判決を覆した。2003年7月28日、検察当局は、新たな公判を請求することはないであろうとの意思を明らかにし、その後、アムリーンは釈放されている。

6．おわりに

　以上においてみたごとく、アメリカでは、あらゆる点において、死刑はその使用頻度と人気が低下している。死刑宣告数及び執行数が少なくなっていること、死刑囚監房への被収容者数が縮小していること、そして死刑に対する国民の支持率の低下傾向は、死刑の正当性への懸念と疑いの証左であるといえる。また、死刑囚監房からの数多くの死刑囚の無罪放免という現実は、死刑に対する国民の支持を徐々に失わせている。アメリカの多くの州では、死刑は極めて稀なものであるか、あるいは、まったく存在しないものかのどちらかとなりつつある。死刑の執行は、もっぱら南部において行われているのみであり、そのほとんどが、被害者が白人である殺人犯に対してである。

　2003年においては、今までになく、死刑に異議を唱える意見が数多く出された。その幾つかのものは、死刑制度の抜本的な改革を主張するものであり、その他の多くのものは、死刑は修復不可能刑であり、廃止すべきであると結論付

けるものであった。
　我が国と並んで、死刑制度を維持する最後の先進国といわれるアメリカにおいて、今、死刑廃止の傾向が顕著である。我が国も、このあたりで、制度としての死刑をどうするか、真剣に議論する時期に来ているといえるであろう。

第3章　我が国の犯罪被害者支援制度の概観

1．はじめに

　2004年12月1日、犯罪被害者への総合的な対策の枠組を定めた「犯罪被害者等基本法」が成立した。この法律においては、犯罪被害者のための施策の基本理念を明らかにして、国、地方公共団体及びその他の関係機関並びに民間団体等の連携のもと、犯罪被害者等のための施策を、総合的かつ計画的に推進することが明言されている。具体的には、内閣府に「犯罪被害者等施策推進会議」を設置し、定期的に「犯罪被害者等基本計画」を策定することとしている。本法によって、犯罪被害者は、保護の客体としてのみならず、権利の主体としての地位が認められたことになる。

　以下においては、本法が成立する以前の我が国の犯罪被害者の支援状況について概観してみることにしたい。そうすることによって、今後どのような支援が必要かという具体的な施策の展開が明確になるであろうと思われるからである。

2．警察段階における犯罪被害者支援制度

　我が国における最初の犯罪被害者支援制度として注目されるものに、1882年の太政官達第67号「一般人民巡査同様ノ働ヲナシ死傷セシ者弔祭扶助療治料支給方」がある。これは、警察官等に協力援助したことに起因して死傷した者に対する給付について定めたものであるが、現行日本国憲法が施行されるに及んで効力を失った。そのために、改めて、1952年に「警察官の職務に協力した者の災害給付に関する法律」（昭和27年法律第245号）が制定されている。これと同趣旨の法律として、「海上保安官に協力援助した者の災害給付に関する法律」（昭和28年法律第33号）がある。

こうした古くからの犯罪被害者支援制度は、犯罪被害者の権利保護を目的としたものではなく、たまたま公務に協力して犠牲になった者へ見舞い金的な意味で金銭的補償をするという性格のものであった。犯罪被害者の救済の必要性が真剣に検討されるようになったのは、1974年に起こった「三菱重工ビル爆破事件」からであり、その結果、成立したのが、1980年の「犯罪被害者等給付金支給法」である。

　この法律は、通り魔殺人等の故意の犯罪行為により、不慮の死亡又は重障害という重大な被害を受けたにもかかわらず、損害賠償や公的救済を受けられない被害者等に対して、国が一定の給付金を支給することを定めたものである。

　この法律制定後、財団法人犯罪被害者救援基金の設立（1981年）や東京・強姦救援センターの設立（1983年）、犯罪被害者相談室の設立（1992年）等の地道な動きは見られたが、警察庁等が本格的な対応策を打ち出したのは、1995年の「阪神・淡路大震災」とオウム真理教による「地下鉄サリン事件」を契機としてである。

　警察庁は、1996年2月、被害者対策の基本方針を取りまとめた「被害者対策要綱」を制定し、1999年には、犯罪捜査規範を改正し、被害者対策に関する規定を整備している。2001年4月には、犯罪被害者等給付金支給法が改正され、都道府県警察本部長又は警察署長は、犯罪被害者等に対して、情報の提供、助言及び指導、警察職員の派遣、その他の必要な援助を行うこととしている。また、本改正法においては、民間被害者援助団体の活動の促進に関する規定が定められていることにも留意する必要があろう。

　警察における被害者対策の基本施策は、①被害者に対する情報の提供、②相談・カウンセリング体制の整備、③捜査過程における被害者の負担の軽減、④被害者の安全の確保等であるが、被害者支援は警察だけでは限界があることから、警察のほか、検察庁、弁護士会、医師会、臨床心理士会、地方公共団体の担当部局や相談機関からなる「被害者支援連絡協議会」が、全都道府県で設立されている。そして、この他にも、警察署の管轄区域等を単位とした「被害者支援ネットワーク」が各地に設けられているのである。

3．検察段階における犯罪被害者支援制度

　検察段階での犯罪被害者の法的地位としては、従来から犯罪被害者には、犯人の処罰を求めて告訴を行う権利等が認められているほか、検察官の不起訴処分に対する救済制度として、検察審査会（検察審査会法：昭和23年法律第147号）が設けられている。さらに、2000年5月からは、「刑事訴訟法及び検察審査会法の一部を改正する法律」（平成12年法律第74号）及び「犯罪被害者等の保護を図るための刑事手続に付随する措置に関する法律」（平成12年法律第75号）が公布され、被害者の意思の尊重と権利保護のための制度が拡充された。

　すなわち、「刑事訴訟法及び検察審査会法の一部を改正する法律」により、親告罪の告訴については、原則として犯人を知った日から6か月の期間を経過したときは、これをすることができないと定められているが、強姦罪や強制わいせつ罪等の性犯罪については、犯罪によって被った精神的ショックのため短期間では告訴の意思決定が困難な場合があることなどから、これらの犯罪については、告訴期間の制限が撤廃されたのである。このほか、現行制度としては、公務員による各種の職権濫用等の罪について告訴又は告発をした者が、検察官の公訴を提起しない処分に不服がある場合、事件を裁判所の審判に付するよう管轄地方裁判所に請求することができる「付審判請求」の制度がある。

　また、「犯罪被害者等の保護を図るための刑事手続に付随する措置に関する法律」により、民事上の争いについての刑事訴訟手続における和解の制度が導入された。すなわち、刑事事件の被告人と被害者等は、当該被告事件に関連する民事上の争いについて合意が成立し、それが公判調書に記載された場合には、その記載は、裁判上の和解と同一の効力を有するとされたのである。

　しかしながら、検察段階での被害者支援策として特記すべきものは、「被害者等通知制度」であろう。犯罪被害者等の一定の者に対し、事件の処理結果や裁判結果等を通知する制度は、1991年以降各地の検察庁で導入されていたが、1999年4月からは、全国的に統一された被害者等通知制度が実施された。すなわち、同制度では、被害者が死亡した事件又はこれに準じる重大な事件において、被害者等に通知の有無を確認して、被害者等が通知を希望する場合には、

①起訴・不起訴等の事件の処理結果、②公判期日、③判決結果等を通知するのである。2001年3月からは、被害者、その親族、若しくはそれに準ずる者又は弁護士であるその法定代理人、目撃者、その他の参考人に対して、①自由刑の執行終了予定時期等、②仮釈放又は自由刑の執行終了による釈放及び釈放年月日等について通知する「一般釈放情報通知制度」ができた。この制度では、執行終了予定は年月日ではなく、年月にとどめることとされており、被害者等通知制度の目的にかんがみ、相当でないと判断されたときには、通知を行わないこととしている。

また、同年10月からは、受刑者の釈放予定時期についても通知できるようになった。これを、「特別釈放情報通知・通報制度」と呼ぶのであるが、この制度は、被害者等の再被害を防止し、その保護を図るものであり、①検察官から被害者等に対し、受刑者の釈放予定に関する通知を行うもの、②行刑施設等から警察に対し、受刑者の釈放に関する通報を行うものがある。この制度では、釈放期日に関しては、原則として、月の上旬・中旬・下旬を通知するにとどめ、帰住先が被害者等の住居地と同一都道府県の場合は、市町村名まで、帰住先が被害者等の住居地と異なる都道府県の場合は、都道府県名まで、となっている。

さらに、1999年から、全国の検察庁には、「被害者支援員」が配置されており、被害者からの相談を受け、法廷傍聴の案内や付添い、記録閲覧請求の援助、刑事手続等の説明、被害者支援機関・団体とのネットワークの構築などの業務にあたっている。

4．裁判段階における犯罪被害者保護・支援制度

裁判段階においては、犯罪被害者に関する特別な規定は存在しない。しかしながら、犯罪被害者が証人として証言をするにあたり、被告人や特定の傍聴人の面前で充分な供述ができないと認められるときは、被告人や特定の傍聴人を退廷させることができる。また、裁判所が、裁判官の全員一致で公序良俗に反するおそれがあると決した場合には、裁判の審理を非公開とすることもできる。さらに、必要があれば、裁判所以外での尋問や公判期日外の証人尋問を行

うこともできるのである。
　また、「刑事訴訟法及び検察審査会法の一部を改正する法律」により、裁判所は、証人が著しく不安又は緊張を覚えるおそれがあると認めるときは、適当と認める者を証人に付添わせることができ、証人が被告人の面前で供述するとき、精神的平穏を著しく害されるおそれがあると認める場合には、遮蔽措置をとることができることになった。さらに、強姦罪等の被害者を証人として尋問する場合には、別室に証人を在室させ、映像と音声の送受信により証言する、「ビデオリンク方式」が認められるようになった。
　このほか、裁判所は、被害者等から被害に関する心情その他の被告事件に関する意見の陳述の申し出があるときには、公判期日において意見を陳述させるという、いわゆる被害者の「意見陳述権」が認められるようになったのである。また、「犯罪被害者等の保護を図るための刑事手続に付随する措置に関する法律」により、被害者等から裁判の傍聴の申し出があるときは、裁判長は、傍聴ができるように配慮しなければならないこととされたのである。
　また、当該事件の被害者に限らず、刑事事件の証人又は参考人が、裁判所、裁判官又は捜査機関に対して供述を行い、他人から身体又は生命に害を加えられた場合において、国が、療養給付、傷病給付、障害給付、遺族給付、葬祭給付その他の給付を行うことを規定した「証人等の被害についての給付に関する法律」（昭和33年法律第109号）もある。

5．矯正・保護段階における犯罪被害者支援制度

　矯正段階における被害者政策としては、「処遇類型別指導」が挙げられる。処遇類型別指導とは、罪名、犯罪の原因となった性行、社会復帰の障害となる要因等に着目して、同じ類型に属する受刑者を小人数のグループに編成した上で、生活指導の一環として、社会適応上の問題点を改善するための指導を行うものである。この処遇類型別指導において、「被害者の視点を取り入れた教育」が、最近において、活発に実施されている。一般に、講義・講話、VTR視聴、集団討議、課題作文作成、個別指導、ロール・レタリング（事件の被害者に宛て

ることを想定して手紙を書き、受け取った相手の立場になって、自分宛てに返事を書くということを繰り返すもの)、カウンセリングなどの方法によって、①被害者・遺族の心情及び心身の苦境を理解させる、②被害者・遺族が、法的、経済的にどのような立場に置かれているのか理解させる、③被害者の立場に立って加害行為を考えさせ、2度と犯罪をすることのないよう内省を深めさせる、④慰謝の方法について考えさせることなどを目的に実施されている。

なお、法務省では、「被害者の視点を取り入れた教育」への取組みについて検証するとともに、民間有識者を含めた研究会を開催しており、そこで提起された意見等を、今後の教育プログラムに反映させることにしている。

保護の段階における被害者対策としては、「被害者等調査」がある。周知のごとく、仮釈放の実質的な要件である「改悛の状」の有無は、①悔悟の情、②更生意欲、③再犯のおそれ、④社会感情などを総合的に考慮して判定される。このうち、社会感情を判断する要素の1つとして被害者感情があり、死亡・重傷事案等については、必要に応じて、被害者や遺族の感情、被害弁償の有無等についても調査し、仮釈放審理の重要な判断材料としているのである。

また、犯罪被害者等基本法に依拠して、保護局では、全国の保護観察所を支援の拠点として、新たに「被害者支援官(仮称)」を置き、被害者の心情を加害者に伝えて、贖罪の気持ちを持たせるなど、欠けているといわれる体系的な被害者支援を行うことになっている。

6．おわりに

以上、我が国の刑事司法制度における犯罪被害者の支援制度の現状について紹介したが、このほかにも、各種被害者に対する個別的な救済制度を規定した法律が多数ある。たとえば、①労働者災害補償保険法(昭和22年法律第50号)、②自動車損害賠償保障法(昭和30年法律第97号)、③公害健康被害の補償等に関する法律(昭和48年法律第111号)、④消費生活用製品安全法(昭和48年法律第31号)、⑤暴力団員による不当な行為の防止等に関する法律(平成3年法律第77号)、⑥児童買春、児童ポルノに係る行為等の処罰及び児童の保護等に関する法律(平

成11年法律第52号)、⑦ストーカー行為等の規制等に関する法律（平成12年法律第81号）、⑧児童虐待の防止等に関する法律（平成12年法律第82号）、⑨改正少年法（平成12年法律第142号）、⑩配偶者からの暴力の防止及び被害者の保護に関する法律（平成13年法律第31号）等がそれである。

　このように、我が国においては、被害者は決して忘れられた存在ではなく、その時々の時代の要請に応える形においてではあったが、それなりの対策は講じてきたのである。しかし、犯罪の被害者に限定して考えると、その対応は充分だったとはいえないであろう。「犯罪被害者等基本法」の「前文」に示されているごとく、「国民の誰もが犯罪被害者等となる可能性が高まっている今こそ、犯罪被害者等の視点に立った施策を講じ、その権利利益の保護が図られる社会の実現に向けた新たな第一歩を踏み出さなければならない」であろうと私も思う。政府各機関による大胆な施策の展開が期待されるところである。

第4章 いわゆる「出会い系サイト規制法」について

1. はじめに

　近年、高度情報化社会の到来とともに、携帯電話やインターネットが急速に普及し、それに伴い、青少年の健全育成に悪影響を及ぼす可能性のあるサイトが、インターネット上に数多く登場するようになった。なかでも「出会い系サイト」の利用を通じて、多くの女子中高生が性被害を受ける実態が報告されている。

　事実、『平成16年警察白書』によれば、平成15年中における「出会い系サイト」の利用に起因する犯罪の検挙数は1,746件であり、平成12年の16.8倍となっている。とりわけ、児童買春事件は、平成12年の19.8倍（791件）と全体の約半数を占め、また、青少年保護育成条例違反事件も、平成12年の22.4倍（448件）となっている。さらには、殺人、強盗、強姦等のように人の生命・身体に重大な危険を及ぼす犯罪についても、平成12年の9.1倍（137件）と急増しているのである。

　しかも、出会い系サイトの利用に起因する犯罪の被害者の多くは18歳未満の児童であり、平成15年では被害者総数の84.6%（1,510人）が児童（女子高生597人、女子中学生397人）であった。

　また、注意しなければならないことは、出会い系サイトの利用の94.6%が携帯電話によるものであり、児童買春事件の85.7%（427件）が児童からの誘引であったということである。そして、誘引の内容も、23%（127件）が性交を伴う交際の誘引であり、24.7%（136件）が対償を伴う交際の誘引であったのである。

　このように、出会い系サイトは、大人がインターネットの匿名性を利用して、

判断力の未熟な児童の性を商品化している上に、最悪の場合には、人身売買や覚せい剤事犯の被害者となることさえもあることを考えると、平成14年10月21日の「青少年育成会議」による、①広報啓発活動等の推進、②事業者等に対する協力要請、③取締りの強化等の「申し合せ」のみでは対応できない状態にあった。

そこで、警察庁は、いわゆる「出会い系サイト」の利用に起因する犯罪から児童を保護し、もって児童の健全な育成に資するため、児童を性交等の相手方となるよう誘引する行為等を禁止するとともに、児童によるインターネットの悪用を防止するための措置を定めることとしたのである。

警察庁は、立法化に先立ち、平成15年7月4日から同月24日までの間、インターネットのホームページで意見等の募集を行っている。期間中70通のメール（うちファックス2通）が寄せられているようであるが、私も有識者の1人として意見を求められ、警察庁少年課に直接出頭して意見を具申した。

そうした経緯もあるため、以下においては、いわゆる「出会い系サイト規制法」、正式名称は、「インターネット異性紹介事業を利用して児童を誘引する行為の規制等に関する法律」（平成15年6月13日法律第83号）についての解説を試みることにしたいと思う。

2．いわゆる「出会い系サイト規制法」の概要
(1) 法の目的と定義

本法は、第1章「総則」（第1条～第5条）、第2章「児童に係る誘引の規制」（第6条）、第3章「児童による利用の防止」（第7条～第10条）、第4章「雑則」（第11条～第14条）、第5章「罰則」（第15条～第18条）、そして「附則」の全18条から成るものである。

本法は、第1条の目的規定に見られるごとく、「インターネット異性紹介事業を利用して児童を性交等の相手方となるよう誘引する行為等を禁止するとともに、児童によるインターネット異性紹介事業の利用を防止するための措置等を定めることにより、インターネット異性紹介事業の利用に起因する児童買春

その他の犯罪から児童を保護し、もって児童の健全な育成に資することを目的」としているのである。

そこで問題となるのが、「インターネット異性紹介事業」の定義であるが、本法でいう「インターネット異性紹介事業」とは、①面識のない異性との交際を希望する者（異性紹介希望者）の求めに応じてサービスを提供するものであること、②異性交際に関する情報をインターネット上の電子掲示板に掲載し、不特定又は多数の者に閲覧させるサービスであること、③当該情報の伝達を受けた異性交際希望者が、電子メールその他の電子通信を利用して、当該情報に係る異性交際希望者と相互に連絡することができるサービスであること、④有償、無償を問わず、これらのサービスを反復継続して提供する事業であること等、いわゆる「出会い系サイト」そのものを意味しているといえよう（第2条）。

したがって、異性交際を目的としない趣味のサイト等は、ここでいう「インターネット異性紹介事業」には該当しないし、「インターネット異性紹介事業」に該当するためには、「性別欄」が設けられているなど、書込みをした者の「性別」がシステム上明らかになっていることが必要である。また、返信機能を備えていない電子掲示板は「インターネット異性紹介事業」には該当しないことになる。もちろん、利用者から料金を徴収しているかどうかにより、「インターネット異性紹介事業」に該当するかどうかが左右されるものでもないのである。

(2) インターネット異性紹介事業者、保護者、国及び地方公共団体の責務

総則規定のなかで、第3条から第5条においては、①インターネット異性紹介事業者及びインターネット異性紹介事業に必要な役務を提供する事業者（プロバイダやレンタルサーバ提供者）による児童利用の制限措置（第3条）、②保護者による児童利用の防止措置（第4条）、及び③国及び地方公共団体による教育及び啓発等の措置（第5条）が規定されている。

第3条は、インターネット異性紹介事業の利用が児童買春やその他の犯罪につながるおそれのあることを明示するなど、インターネット異性紹介事業者等に対する自主的な措置を求める責務規定であり、第4条は、保護者が、児童に使用させるパソコンや携帯電話にフィルタリングを設定することなどの措置を

講じることにより、児童がインターネット異性紹介事業を利用することを防止する等、日常生活の場で児童を指導・監督できる立場にいる保護者の責務を定めたものである。そして、第5条は、国及び地方公共団体は、児童によるインターネット異性紹介事業の利用の防止に関する国民の理解を深めるための教育及び啓発に努めるとともに、児童によるインターネット異性紹介事業の利用の防止に資する技術の開発及び普及に努めることを規定している。インターネットを正しく理解し、正しく利用できる「インターネット・リテラシー」教育を展開することが望まれているといえよう。

(3) 児童に係る誘引の規制

本法において最も重要な規定は、この「児童に係る誘引の規制」であるが、第6条は、インターネット異性紹介事業の利用に関して、児童の犯罪被害に結びつく可能性の高い、悪質な行為である不正誘引を禁止し、処罰の対象とすることによって、インターネットを利用する児童一般の保護を図ろうとするものである。

第6条で規制の対象となる行為は、①児童を性交等の相手方となるよう誘引すること（1項1号）、②人（児童を除く）を児童との性交等の相手方となるよう誘引すること（1項2号）③対償を供与することを示して、児童を異性交際の相手方となるよう誘引すること（1項3号）、④対償を受けることを示して、人を児童との異性交際の相手方となるよう誘引すること（1項4号）の4つである。

そして、これらの行為は2つの類型に分けられる。第1類型である1項1号と1項3号は、「児童に対して性交等や援助交際を勧誘する行為」を対象とするものであり、第2類型である1項2号と1項4号は、「人に児童との性交等や援助交際を周旋する行為」を対象とするものである。

また、第2類型は、主体で分類すると、①児童自らが性交等及び異性交際の相手方を勧誘する場合と、②性交等及び異性交際の当事者となる児童以外の第三者が勧誘する場合に分けられる。後者の児童以外の第三者が勧誘する場合は、「児童の性的搾取」という観点から規制することには問題がないとしても、

前者の児童自らの勧誘行為を、これと同等のレベルで処罰することには異論があるところである。

この点は、国会における審議においても問題となったところである。すなわち、いわゆる「児童買春・児童ポルノ処罰法」（正式名称は、「児童買春、児童ポルノに係る行為等の処罰及び児童の保護に関する法律」平成11年5月26日法律第52号）においては、買春する側が加害者であり、児童は被害者であると位置づけて、買春の相手方となった児童は処罰しないとされているところから、不正誘引をする児童が罰則の対象とされることは、「児童買春・児童ポルノ処罰法」の趣旨に反するのではないかとの批判が展開されたのである。

しかし、この点については、不正誘引を行った児童が、結果として児童買春の被害に遭った場合においては、その児童が被害者であるという立場には変わりがないということ、また、不正誘引の禁止によって、児童が実際に被害に遭うことを未然に防止する効果が期待できることから、かえって児童の権利の擁護に資することにもなるとされたのである。

(4) **インターネット異性紹介事業者に対する規制**

第7条から第10条までは、「児童による利用の防止」に関する規定である。児童の利用の防止措置として、①児童の利用禁止の明示（第7条）と②児童でないことの確認（第8条）について規定されている。これは、判断力が未熟な児童がインターネット異性紹介事業を利用すること自体が危険であることに配慮したものである。具体的な方法については、「インターネット異性紹介事業を利用して児童を誘引する行為の規制等に関する法律施行規則」（平成15年国家公安委員会規則第15号）に定められている。こうした規制は、すべての児童ではないにしても、出来心や興味本位でインターネット異性紹介事業を利用しようとする児童に対して、児童でないことを確認する年齢照会に対して、虚偽の申告をすることには抵抗感があると考え、インターネット異性紹介事業の利用を防止するのに一定の効果が期待できると考えられたからである。

さらに第9条においては、利用者による児童の健全な育成に障害を及ぼす行為を防止するための努力義務を規定している。また、第10条においては、「是

正命令」が定められている。すなわち、都道府県公安委員会は、事業者が第7条又は第8条の規定に違反していると認めるときは、当該事業者に対し、当該違反を是正するために必要な措置をとるべきことを命ずることができると規定しているのである。

(5) 雑則及び罰則

　第11条は、事業者に対する報告の徴収について定めたものである。報告を求める事項としては、①広告・宣伝の実施状況、②児童がインターネット異性紹介事業を利用してはならない旨の伝達の状況、③利用者が児童でないことの確認等である。

　第12条から第14条までは、その他の手続的な事項を定めた規定である。

　第15条から第18条までは、罰則についての規定である。第16条は、いわゆる利用者規制として、本法第6条（不正誘引）の規定に違反した者に対する罰則を100万円以下の罰金としている。これは、不正誘引の有害性、危険性に鑑みて、何人についても禁止しているものであり、児童が不正誘引を行った場合についても適用され、処罰の対象となる。しかしながら、児童については、本法の法定刑が罰金刑であることから、少年法第41条の規定により、直接家庭裁判所に送致されることになるから、刑事処分を受けることはないのである。しかし、児童が14歳以上であれば、犯罪少年としての処遇があり得ることに注意しなければならない。

　第15条（是正命令違反）及び第17条（報告徴収の拒否等）は、事業者に対する罰則であり、是正命令については、6月以下の懲役又は100万円以下の罰金、報告徴収の拒否等については、30万円以下の罰金となっている。第18条は、これらについての両罰規定（犯罪が行われた場合に、行為者本人のほかに、その行為者と一定の関係にある他人（法人を含む）に対して連座的に刑を科する旨を定めた規定）である。

3．いわゆる「出会い系サイト規制法」に対する批判

　以上がいわゆる「出会い系サイト規制法」の概要であるが、本法に対しては

批判点も多い。たとえば、お茶の水女子大学の戒能民江は、①不正勧誘する児童は、保護の対象であると同時に、処罰の対象であるとする論理がどのようにして成り立つのか疑問である、②規制の対象となる出会い系サイトの範囲があいまいである、③児童の性的搾取である子ども買春周旋、勧誘と直結する可能性が高い第三者の誘引行為と、子ども自らの誘引行為を同じレベルで処罰することは、法目的からいっても矛盾をはらむ、④出会い系サイト規制法は、有効性への疑問をはじめ、構成要件の不明確さや乱用の危険性など、問題だらけの法律である、⑤児童買春・児童ポルノ禁止法では、性交があっても子どもは処罰されないし、対償を伴うが性交を伴わない交際は、大人も子どもも処罰されないのに、誘引行為だけで処罰されることは、法的整合性を欠く等の批判を試みている。

また、獨協大学の安部哲夫も、①規制の対象となる出会い系サイトの定義が不明確であるから、規制法の適用に誤用・乱用が生じるおそれがある、②携帯電話を対象とした規制からパソコンをも対象としたのは、規制の枠の広げ過ぎである、③国民の通信の秘密を害することになる、④子どもたちから表現する場（意見表明権）を奪うことになる、⑤なぜ異性間交際だけを問題にするのか疑問である、⑥国の法律で「淫行」を禁圧していないのに、「淫行の勧誘」を規制するのは整合性がない、⑦規制法の有効な成果には疑問がある、⑧児童に対しても規制が向けられていることは、児童の保護に反する、⑨規制よりもメディア・リテラシーのための教育こそが大事である等の批判を試みている。

4．おわりに

私は、現在、内閣府からの委嘱事業である「有害環境対策事業」の推進のために、青少年育成国民会議に設置された「青少年有害環境対策推進研究会」の座長を務めているが、平成14年度の委嘱研究において、「携帯電話とインターネット等の調査」に従事した。この調査で、私は、現在の中高生は意外とまともに携帯電話を使いこなしているようだとの印象を持った。「ポルノサイト」や「出会い系サイト」へのアクセスも、想像していたよりは少ない数値である

と思ったし、携帯電話のマナーや規範意識もかなりしっかりしていると感じた。しかし、同時に、青少年指導センターの専任指導員の報告では、「出会い系サイト」で知り合って、犯罪に巻き込まれた児童の深刻な事例も多いと聞かされて、いまさらながら、事の複雑さに戸惑うばかりであった。

　まことに皮肉な話であるが、文明が進み、携帯電話やインターネットという新しい便利なコミュニケーション手段が登場すれば、それに乗じて有害サイトを立ち上げて一儲けしようとする輩が現われてくる。「子どもを守るか」、「通信の自由を守るか」、と問われたならば、「子どもを守る」といわざるを得ないであろう。「子どもを守る」ために「子どもを処罰する」というやり方は問題があると思うけれども、いわゆる「出会い系サイト規制法」の運用と、運用を踏まえての将来の改正に期待したい、と今は思っている。

　【付記】本稿の執筆にあたっては、西村芳秀「『出会い系サイト』をめぐる現状と『インターネット異性紹介事業を利用して児童を誘引する行為の規制等に関する法律』の概要について」『警察学論集』57巻5号（2004年）46-70頁、戒能民江「出会い系サイト規制法と子どもの人権」『戸籍時報』559号（2003年）38-46頁、安部哲夫「『出会い系サイト規制法』の課題」日本青少年育成学会第4回研究集会報告（2003年9月6日）1-3頁を参照させて頂いた。

第5章　組織的犯罪処罰法の概要

1. はじめに

　最近のマスコミ報道にみられるごとく、かつて世界一安全な国といわれた我が国において、国民の大多数が犯罪に対する不安を覚え、日常生活における体感治安は悪化の一途を辿り、我が国の安全神話は崩壊寸前にあるといわれている。こうした国民の感覚は、刑法犯の認知件数が平成8年から7年連続して増加し続けていることと関係しているように思われるが、こうした犯罪情勢の悪化は、来日外国人による組織的な犯罪、拳銃及び薬物等の密輸事件、暴力団による犯罪等、組織を背景として行われる犯罪が深刻化していることと無縁なことではない。そのためもあってか、『平成15年版　警察白書』は「組織犯罪との闘い」と銘打って、特集を組んでいるのである。

　こうした事情を勘案して、我が国では、すでに早くから組織的な犯罪に対処するための刑事法を整備すべきであるとの意見があった。平成8年10月8日、法務大臣からの諮問（第42号）を受けて、10月21日から15回にわたって法制審議会刑事法部会において審議が行われ、その結論と答申を受けて、法務省が関係省庁との協議を行った結果、法律案を立案し、一部修正がなされた上で、平成11（1999）年8月12日、第145回国会において、「組織的な犯罪の処罰及び犯罪収益の規制等に関する法律」（平成11年法律第136号、以下「組織的犯罪処罰法」と略称する）、「犯罪捜査のための通信傍受に関する法律」（平成11年法律第137号、以下「通信傍受法」と略称する）、及び「刑事訴訟法の一部を改正する法律」（平成11年法律第138号）のいわゆる組織的犯罪対策3法が成立し、同月18日に公布された。刑事訴訟法の一部を改正する法律は同年9月7日から、組織的犯罪処罰法は平成12年2月1日から、通信傍受法は同年8月15日から、それぞれ施行されている。

以下においては、この組織的犯罪対策3法のうち、「組織的犯罪処罰法」について、その概要を簡単に紹介してみたいと思う。

2．組織的犯罪処罰法の目的

組織的犯罪対策3法は、そもそも、我が国における犯罪情勢や、国際社会においても組織的犯罪対策が極めて重要な課題となり、国際的に協調した対応が求められているという現状をふまえて、組織的な犯罪に適切に対応するために不可欠と考えられる刑事実体法及び手続法の整備を行ったものであり、そのなかでも、組織的犯罪処罰法は、一定の組織的な犯罪に関する処罰の強化と犯罪収益規制の拡充を図ったものである。

その目的は、第1章総則、第1条に規定されているごとく、「組織的な犯罪が平穏かつ健全な社会生活を著しく害し、及び犯罪による収益がこの種の犯罪を助長するとともに、これを用いた事業活動への干渉が健全な経済活動に重大な悪影響を与えることにかんがみ、組織的に行われた殺人等の行為に対する処罰を強化し、犯罪による収益の隠匿及び収受並びにこれを用いた法人等の事業経営の支配を目的とする行為を処罰するとともに、犯罪による収益に係る没収及び追徴の特例並びに疑わしい取引の届出等について定めることにあった」のである。

3．組織的な犯罪に対する刑の加重等

ところで、組織的犯罪処罰法の要点は、①組織的犯罪に対する刑の加重等、②犯罪収益に関する規制、の2点である。以下においては、まず、組織的犯罪に対する刑の加重等についてみてみることにしたい。

(1) 組織的な殺人等に対する刑の加重

組織的犯罪処罰法は、その第3条において、刑法に定められた一定の犯罪（常習賭博、賭博場開帳等図利、殺人、逮捕及び監禁、強要、身の代金目的略取等、信用毀損及び業務妨害、威力業務妨害、詐欺、恐喝、建造物等損壊）が組織的な態様又は団体の不正権益との関係で犯された場合には、その刑を加重することを規定

している。この刑の加重の根拠及び必要性についてであるが、三浦守ほか『組織的犯罪対策関連3法の解説』(法曹会・2001年) によれば、「犯罪実行のための組織により行われた犯罪は、その目的実現の可能性が著しく高く、また、重大な結果を生じやすい、あるいは、ばく大な不正の利益を生ずることが多いものであって、違法性が特に高いものと考えられ、さらに、不正権益を有するような、犯罪と親和性の強い団体が強化されることは、社会にとって極めて危険であり、その不正な支配力の維持強化を目的とした犯罪は、違法性が特に高いと考えられることから、こうした組織的な犯罪が社会に及ぼす影響を考えると、そのような行為が類型的に違法性が高いという評価を法律上も明らかにする必要があるものと考えられる (8頁)」としている。つまり、加重処罰の根拠及び必要性は、①目的実現の可能性の高さ、②結果の重大性、③莫大な不正利益の発生、④社会にとっての危険性、⑤組織的な犯罪が社会に及ぼす影響等を勘案して、違法性が極めて高いとする点にあるのである。

もちろん、このような加重処罰規定は、組織的な犯罪に関係する団体を処罰するものではなく、あくまでも個人の行為が団体の活動あるいは不正権益と一定の関連を有する場合、その個人の行為に対して、新たな犯罪類型を設けて、その刑を加重するものである。したがって、組織的犯罪処罰法は団体規制法ではないことになる。

(2) **組織的な殺人の予備等に対する刑の加重**

組織的犯罪処罰法の第6条は、組織的な殺人の予備罪の法定刑の上限を引き上げるとともに、組織的な営利目的略取・誘拐の予備罪を新設している。

組織的な殺人においては、特に結果実現の可能性が高いものと考えられ、その予備においても危険性が特に高く、違法性が高いと認められることから、刑が加重されたのである。組織的犯罪処罰法においては、一般的にその刑の下限が2年引き上げられているが、予備罪については、現行法上、「サリン等による人身被害の防止に関する法律」(平成7年4月21日法律第78号)「科学兵器の禁止及び特定物質の規制等に関する法律」(平成7年4月5日法律第65号)「破壊活動防止法」(昭和27年7月21日法律第240号) の予備罪の下限が5年以下の懲役と

されているところから、これらと同等の刑罰を科することが相当であると考えられたからであろうと思われる。

営利目的拐取・誘拐の予備罪については、たとえば、暴力団関係者が債権取得目的で被害者を略取・誘拐する場合などにおいて、組織的な形態で犯罪が実行される場合が少なくなく、この種の犯罪は、人命に対する危険性が高いと認められるところから、予備を処罰することとしたものである。しかしながら、わいせつ・結婚目的の略取及び誘拐の予備については、刑法第225条によることとし、本条の対象から除外している。

(3) **組織的な犯罪に係る犯人蔵匿等の刑の加重**

組織的犯罪処罰法の第7条は、組織的犯罪に係る①犯人蔵匿等、②証拠隠滅等、及び③証人威迫の罪について、それらの法定刑の加重した罪を設けている。組織的な犯罪においては、予め充分な謀議に基づいて犯罪の発覚や犯人の特定を困難にする手段が講じられることが多く、団体・組織の持つ威力や影響力により犯人を含めた関係者から供述を得ることが極めて困難な場合が多い。このような性質を有する組織的な犯罪に関する犯人蔵匿等の行為は、かかる行為がいったん行われると、事案の真相を解明することが著しく困難なだけでなく、違法性が高いために、重い量刑を得て、その抑止を図る必要があると考えられたのである。ちなみに、本条の罪は、組織的な犯罪に関して犯人蔵匿等が行われれば成立し、犯人蔵匿等の行為そのものが組織的に行われることは要件とされていないことに注意する必要があろう。

(4) **団体に属する犯罪行為組成物件等の没収**

組織犯罪処罰法第8条は、刑法第19条の没収の範囲を拡大するものであり、団体の構成員による組織的な犯罪に用いられた犯罪組成物件又は犯罪供用物件が、当該団体及び犯人以外の者に属しない場合に限り、これを没収することができるとしている。つまり、組織的な犯罪においては、団体の構成員が、当該団体の物を犯罪行為の用に供することが少なくないにもかかわらず、その物は、犯人との関係では、第三者の所有物であって、現行刑法の規定ではこれを没収することができないという不都合があるので、これを没収することができ

ることとしたものである。

　刑法は、犯人以外の第三者に帰属する物の没収を、たとえば、当該第三者が犯行後、情を知って物を取得した場合のように、一定の場合に認めており、また、共犯者に帰属する物について、その者が起訴されていない場合であっても没収を可能にしているなど、刑罰が科されない者に没収の効果が及ぶことを認めているのであるから、本条のように、刑罰が科されない団体に対して没収の効果を及ぼす制度を設けること自体は、刑法の立場と矛盾するものではないということになる。

　ただし、本条による没収は、犯罪行為を組成した物、又は当該犯罪行為の用に供し、若しくは供しようとした物であって、生成物件、取得物件及び犯罪の報酬として得た物については、本条による没収の対象外である。なぜならば、これらの物については、刑法等で没収が可能だからである。

4．犯罪収益に関する規制

　組織的犯罪処罰法の「組織的な犯罪に関する刑の加重等」と並んで重要な点は、「犯罪収益に関する規制」である。

　犯罪収益の規制に関しては、いわゆる麻薬特例法において、薬物犯罪収益が将来の薬物犯罪を助長する恐れのあることに着目して、薬物犯罪収益に係るマネー・ロンダリング行為の処罰規定、並びに没収、追徴に関する規定が設けられていた。組織的犯罪処罰法は、組織的な犯罪においては、薬物に限らず、各種の犯罪が収益を獲得する目的で行われ、それによる犯罪収益が将来の犯罪活動に投資されたり、犯罪組織の維持、拡大に利用されるだけでなく、事業活動に投資されて合法的な経済活動に悪影響を及ぼす恐れもあることから、それを防止するために、犯罪収益が生じる前提となる「前提犯罪」を薬物犯罪から一定の重大犯罪にまで拡大した上で、犯罪収益規制を拡充することとしたのである。以下においては、こうした犯罪収益に関する規制についてみてみることにしたいと思う。

(1) マネー・ロンダリング行為の処罰規定

組織的犯罪処罰法第9条から第12条、及び第17条は、①犯罪収益等による法人等の事業経営の支配を目的とする役員等の変更行為、②犯罪収益等の仮装・隠匿行為、③犯罪収益等の収受行為といった、マネー・ロンダリング行為を処罰する規定を設けている。

　第9条の「犯罪収益等による法人等の事業支配の罪」は、麻薬特例法にはなかった犯罪類型であるが、犯罪収益等が法人等の事業支配のために用いられることによる合法的な経済活動への悪影響を阻止するため、犯罪収益等を用いることにより、法人等の事業経営を支配する手段として最たるものである役員等の変更行為を処罰しようとするものである。改めて指摘するまでもなく、本条は、組織的な犯罪に経済的な側面から対処する措置として重要なものである。そうした意味では、犯罪収益等による合法的な経済活動への悪影響を防止するために犯罪収益等の保持・運用を規制する犯罪収益等隠匿罪等と同じ罪質のものであるといえよう。

　第10条の「犯罪収益等隠匿罪」は、金融機関等を経由することによって、犯罪収益をクリーンな外観を有する財産に変えて前提犯罪との関係を隠し、あるいはこれらの財産を隠匿する行為が、将来の犯罪活動に再投資されるおそれがある犯罪収益の保持・運用を容易にするものであることから、これを処罰するものである。

　第11条の「犯罪収益等収受罪」は、たとえば、犯罪収受の換金の相手方となり、あるいは犯罪収受を預貯金契約によって収受して、その利息を支払うなどの行為が、将来の犯罪活動に再投資されるおそれがある犯罪収益の保持・運用を助ける結果となることから、これを処罰するものである。この第10条と第11条の両罪は、麻薬特例法の隠匿罪、収受罪と同じ趣旨のものと解することができよう。

(2) **犯罪収益等の没収・追徴**

　犯罪収益等の没収・追徴に関する制度を整備するものとして、第13条から第21条に犯罪収益等の没収・追徴規定、第22条以下に没収保全に関する規定、第42条以下に追徴保全に関する規定が置かれている。

刑法では、没収対象財産は、有体物に限られ、犯罪行為によって取得した時点で有体物でないものについては、没収はもちろん追徴も認められないが、組織的犯罪処罰法では、没収の対象が動産、不動産及び金銭債権に拡大され、犯罪収益が当初から物や金銭債権以外の財産であっても、追徴が可能とされている。すなわち、第13条第1項による没収は、①財産が有体物（不動産又は動産）に限らず、金銭債権である場合も没収することができる点、②一次的な対価に限らず、犯罪行為により得た財産等の保有又は処分に基づいて得た財産として特定され、追跡可能な限り、その転換により得た財産を没収することができる点において、刑法第19条の没収規定を拡大・強化しているといえるであろう。また、本条の没収は、刑法第19条の没収と同様の「任意的な没収」であり、麻薬特例法の没収が「必要的な没収」である点と異なることに注意しなければならない。

(3) 疑わしい取引の届出制度

　組織的犯罪処罰法第54条から第58条は、疑わしい取引の届出制度を定めている。この制度は、犯罪収益等の仮装、隠匿等のマネー・ロンダリング行為が、金融機関等における仮名又は借名口座を利用して行われたり、送金手続を利用して行われることが多いことにかんがみ、金融機関等から犯罪収益に係る取引に関する情報を集約してマネー・ロンダリング犯罪及びその前提犯罪の捜査に役立てることを目的としたものである。そのことによって、金融機関等及び金融システムに対する信頼を確保しようとする狙いがあることはいうまでもない。組織的犯罪処罰法のこれらの規定は、疑わしい取引の届出制度を拡充し、金融庁にFIU（Financial Intelligence Unit: 金融情報機関）機能を付与したものであり、この規定の制定によって、旧麻薬特例法のこの制度に関する規定は削除されたのである。

(4) 没収・追徴に関する国際共助手続

　組織的犯罪処罰法第59条から第74条は、没収及び追徴の裁判の執行及び保全についての国際共助手続の整備に関する規定である。麻薬特例法は、麻薬新条約の実施法としての性格上、条約前置主義を採っていたが、本法では、国際協

調の観点から、相互主義の保証により、要請に応じることができるとしている。そのため、国際協力がより一層必要な薬物犯罪等についても、条約に基づかない要請に応じることができるのである。

5．おわりに

以上、組織的犯罪処罰法の概要を紹介したが、何分にも、本法は、第1章総則（第1条～第2条）、第2章組織的な犯罪の処罰及び犯罪収益の没収等（第3条～第17条）、第3章没収に関する手続等の特例（第18条～第21条）、第4章保全手続（第22条～第53条）、第5章疑わしい取引の届出（第54条～第58条）、第6章没収及び追徴の裁判の執行及び保全についての国際共助手続等（第59条～第74条）、第7章雑則（第75条～第76条）、附則、から成るものであるだけに、その全貌については、解説書等を参照していただきたいと思う。

それにしても、組織的犯罪対策は、今や世界的な政策課題であり、国際協調のもとに展開されなければならないことだけは確かなようである。

第6章　共謀罪について考える

1．国際組織犯罪対策を巡る国際動向

　いまさら改めて指摘するまでもなく、国際組織犯罪は、社会の繁栄と安寧の基盤である市民社会の安全、法の支配、市場経済を破壊するものである。近年、グローバリゼーションの進展に伴い、犯罪行為が容易に国境を越えるようになり、犯罪組織による国際的犯罪が頻発するようになった。

　こうした最近の新しい動向を受けて、2000年11月「国際的な組織犯罪の防止に関する国際連合条約」（以下、国際組織犯罪防止条約あるいは本条約と略称する）が採択され、我が国も、同年12月に、イタリアのパレルモで開催された同条約の署名会議において、他の120か国とともに本条約に署名している。

　また、本条約の締結については、2000年の第156回国会において承認されており、国内法の整備のために、共謀罪を新設することが求められている。つまり、我が国の刑事法の分野においてごく限られた犯罪のみに規定されている共謀罪を新設するのは、テロの未然防止などを目指す本条約を締結するための前提条件となっているのである。

　以下においては、政府原案、与党修正案、民主党案を中心に、共謀罪を導入することの是非について検討してみることにしたいと思う。

2．「犯罪の国際化及び組織化並びに情報処理の高度化に対処するための刑法等の一部を改正する法律案」（内閣提出、第163回国会閣法第22号、以下、本法律案という）の政府原案、与党修正案、民主党案についての検討

　本法律案の改正点は、①国際組織犯罪防止条約の締結に伴う罰則等の整備、②強制執行妨害行為等に対する罰則の整備、③ハイテク犯罪に対処するための法整備、の3項目である。本法律案の中で、今、最も国民的関心が高いのは、

国際組織犯罪防止条約の締結に伴う罰則等の整備で、国内法の整備のために提案されている「組織的犯罪処罰法」の改正による、共謀罪の新設である。論点を明確にするために、以下においては、まず、政府原案、与党修正案、民主党修正案を示しておこう。

(1) **政府原案**

（組織的な犯罪の共謀）

第6条の2　次の各号に掲げる罪に当たる行為で、<u>団体の活動</u>として、当該行為を実行するための組織により行われるものの遂行を共謀した者は、当該各号に定める刑に処する。ただし、実行に着手する前に自首した者は、その刑を減軽し、又は免除する。

一　死刑又は無期若しくは長期10年を超える懲役若しくは禁錮の刑が定められている罪　5年以下の懲役又は禁錮

二　長期4年以上10年以下の懲役又は禁錮の刑が定められている罪　2年以下の懲役又は禁錮

2　前項各号に掲げる罪に当たる行為で、<u>第3条第2項に規定する目的で行わ</u>れるものの遂行を共謀した者も、前項と同様とする。

（新設）

(2) **与党修正案**

（組織的な犯罪の共謀）

第6条の2　次の各号に掲げる罪に当たる行為で、団体の活動（<u>その共同の目的がこれらの罪又は別表第1に掲げる罪を実行することにある団体に係るものに限る。</u>）として、当該行為を実行するための組織により行われるものの遂行を共謀した者は、その共謀をした者のいずれかによりその共謀に係る犯罪の実行に資する行為が行われた場合において、当該各号に定める刑に処する。ただし、実行に着手する前に自首した者は、その刑を減軽し、又は免除する。

一　死刑又は無期若しくは長期10年を超える懲役若しくは禁錮の刑が定められている罪　5年以下の懲役又は禁錮

二　長期4年以上10年以下の懲役又は禁錮の刑が定められている罪　2年以下

の懲役又は禁錮
2　前項各号に掲げる罪に当たる行為で、第3条第2項に規定する目的で行われるものの遂行を共謀した者も、前項と同様とする。
3　前2項の規定の適用に当たっては、思想及び良心の自由を侵すようなことがあってはならず、かつ、団体の正当な活動を制限するようなことがあってはならない。

(3)　民主党修正案

（組織的な犯罪の共謀）
第6条の2　次の各号に掲げる罪に当たる行為（国際的な組織犯罪の防止に関する国際連合条約第3条2(a)から(d)までのいずれかの場合に係るものに限る。）で、組織的犯罪集団の活動（組織的犯罪集団（団体のうち死刑若しくは無期若しくは長期5年を超える懲役若しくは禁錮の刑が定められている罪又は別表第1第2号から第5号までに掲げる罪を実行することを主たる目的又は活動とする団体をいう。次項において同じ。）の意思決定に基づく行為であって、その効果又はこれによる利益が当該組織的犯罪集団に帰属するものをいう。第7条の2において同じ。）として、当該行為を実行するための組織により行われるものの遂行を共謀した者は、その共謀をした者のいずれかがその共謀に係る犯罪の予備をした場合において、当該各号に定める刑に処する。ただし、死刑又は無期の懲役若しくは禁錮の刑が定められている罪については、実行に着手する前に自首した者は、その刑を減軽し、又は免除する。
一　死刑又は無期若しくは長期10年を超える懲役若しくは禁錮の刑が定められている罪　5年以下の懲役又は禁錮
二　長期5年を超え10年以下の懲役又は禁錮の刑が定められている罪　2年以下の懲役又は禁錮
2　前項各号に掲げる罪に当たる行為（国際的な組織犯罪の防止に関する国際連合条約第3条2(a)から(d)までのいずれかの場合に係るものに限る。）で、組織的犯罪集団に不正権益（組織的犯罪集団の威力に基づく一定の地域又は分野における支配力であって、当該組織的犯罪集団の構成員による犯罪その他の不正な行為により当該

組織的犯罪集団又はその構成員が継続的に利益を得ることを容易にすべきものをいう。以下この項において同じ。）を得させ、又は組織的犯罪集団の不正権益を維持し、若しくは拡大する目的で行われるものの遂行を共謀した者も、前項と同様とする。
3 　前2項の規定の適用に当たっては、思想、信教、集会、結社、表現及び学問の自由並びに勤労者の団結し、及び団体行動をする権利その他日本国憲法の保障する国民の自由と権利を、不当に制限するようなことがあってはならず、かつ、会社、労働組合その他の団体の正当な活動を制限するようなことがあってはならない。

3．筆者の衆議院法務委員会での意見陳述の骨子

以下、政府原案、与党修正案、民主党修正案について、私見を述べることにしたい。

そもそも、政府案は、国際組織犯罪防止条約の要請を踏まえ、現行の組織的犯罪処罰法の構成に則って立案されたものであり、基本的には賛成であるが、これまでの国会における議論を踏まえて考えた場合、一般の国民に必ずしも誤解を招かないような立法案とはなっていないきらいがある。そこで、ここでは、政府原案ではなく、共謀罪に関する与党修正案と民主党修正案に焦点を絞って、意見を述べることにする。

まず、与党修正案は、①共謀罪の対象となり得る「団体」を長期4年以上の犯罪等を実行することを目的とするものに限定する、②共謀に加え、一定の外部的行為が行われたことを処罰条件とする、③運用に当たっての留意事項を加える、というものであり、いずれも条約で許された内容であるということができる。

これに対し、民主党修正案は、①共謀罪の対象となり得る「団体」を、長期5年を超える犯罪等を実行することを主たる目的又は活動とするものに限定する、②共謀罪の対象犯罪について、性質上国際的な犯罪であり、かつ、法定刑が長期5年を超える犯罪に限定する、③共謀に加えて「予備行為」が行われな

ければならないものとする、④運用に当たっての留意事項を加える、というものであるが、最後の留意事項のほかは、いずれも、条約上許されないものであると考える。

以上のような前提に立ち、私は、政府原案・与党修正案に賛成し、民主党修正案に反対するという立場から意見を述べることにしたい。

⑴ **基本的な視点**

１）国際的な威信という視点

今回の法案の大きな目的は、国際組織犯罪防止条約の締結に伴って必要となる国内法の整備のために提案されたということである。

この条約は、現在120を超える国々が締結しているが、我が国では、既に３年前に条約の国会承認を終え、必要な法整備に係る法案も同時期に提出されたにもかかわらず、同法案が成立していないことから、未だに締結ができない状況にある。

世界各国が組織犯罪に立ち向かうために共通の枠組みを作る努力をしているなか、我が国は、先進国のなかでも、ひときわ条約の締結が遅れているが、早急に法整備を終え条約を締結しなければ、我が国の国際的な威信に関わることとなる。しかも、これだけ締結が遅れた挙げ句に、仮に民主党が主張するような条約に違反する内容の修正がなされるとなれば、我が国は国際的に相手にされなくなるといっても過言ではなかろう。もちろん、改めていうまでもなく、条約の要請を満たさない法整備では、条約締結はおぼつかないことになる。

２）世界レベルの標準化という視点

国際組織犯罪防止条約は、一定の犯罪を行うことの「合意」を犯罪とすることを義務付けている。そして、この共謀罪の対象となる犯罪は、条約上、「重大な犯罪」として「長期４年以上の自由を剥奪する刑又はこれより重い刑を科することができる犯罪」と定義されており（条約第２条(b)）、また、「国際的な性質又は組織的な犯罪集団の関与とは関係なく定める（shall be established independently of transnational nature）」と規定されている（条約第34条２項）ところである。

したがって、この条約が求めているのは、それが国際的な性質を有する犯罪か否かを問わず、このような重大な犯罪を実行することの共謀を犯罪としなければならないということであり、これが、正に国際組織犯罪対策の「世界標準」として定められたゆえんである。

確かに我が国のこれまでの刑事法では、実行の着手前の共謀や陰謀を処罰するのは例外的であった（現行刑法では、第78条の内乱予備・陰謀、第88条の外患予備・陰謀、第93条の私戦予備・陰謀）かも知れないが、この条約が世界各国に義務付けられていることや、既に120を超える国がこの条約を締結していることからも明らかなように、少なくとも、組織犯罪に対抗するためには、犯罪の共謀の段階から処罰するというのが、むしろ現代における刑事法の世界標準であるといってもよい。我が国の刑事法の在り方も、旧来的な発想ではなく、このような世界標準に合わせていくことこそが求められているのではないかと思う。

3）人権への配慮という歩み寄りの視点

しかし、そうはいうものの、処罰を強化するということばかりでは、国民の理解も得られにくいし、刑罰法規の人権保障機能への配慮も必要である。

この点についての私の考え方は、ある罰則を策定するときに生じる種々の懸念の多くは、健全な運用によって解消されるべきであるというものである。

罰則、特に組織犯罪に対抗するための刑罰法規を策定しようとする場合、これまで起きた犯罪だけではなく、これから起きる犯罪を漏れなく取り込めるようにしておかなければならないと思う。構成要件を絞り込みすぎてしまって肝心なものが抜けるよりも、ある程度の余裕ないし幅をもって作っておき、様々な懸念については運用面で適切に対応するべきではないかと考える。

その意味で、思想及び良心の自由や団体の正当な活動との関係で、共謀罪の適用に当たっての留意事項を加えた与党や民主党の修正案は、評価されるべきである。

(2) 各修正項目の評価

1)「団体」の限定について

国際組織犯罪防止条約は、共謀罪の対象犯罪について、「組織的な犯罪集団が関与するもの」という限定を付けることを認めているが（条約第5条1項(a)ⅰ)、この「組織的な犯罪集団」とは、「……1又は2以上の重大な犯罪又はこの条約に従って定められる犯罪を行うことを目的として一体として行動するもの」と定義されている（第2条(a))。

　与党修正案における「団体」の限定は、正にこれに従ったものであり、妥当な内容であると評価する。

　他方、民主党の修正案は、この「組織的な犯罪集団」について、長期5年を超える犯罪を行うことをその主たる目的又は活動とするものにしているが、そのような内容では条約に違反するものと理解される。現実問題としても、民主党案では、たとえば、人身売買の罪（3月以上5年以下の懲役）、出資法の高金利受領罪（5年以下の懲役）、入管法の集団密航者を不法入国させる罪（5年以下の懲役）など、組織的な犯罪集団によって実行されることの多い犯罪を実行することを目的とする団体が除外されてしまうこととなるが、このような限定は、国際的な威信という観点や世界レベルの標準化という観点からしても、不相当であると考える。

　2）重大な犯罪の限定・国際的な犯罪への限定（民主党案）について

　民主党の修正案は、国際組織犯罪防止条約が「長期4年以上」の犯罪を共謀罪の対象犯罪としなければならないと義務付けているのに、その対象犯罪について、「長期5年を超える」犯罪とし、かつ、条約が禁止しているのに、「国際的な性質」を有する犯罪だけに限定している。

　民主党の修正案は、条約の締結に必要な法整備でありながら、敢えて条約に反する立法をしようとするものであるといわざるを得ないが、いずれにしても、国際的な威信という観点や世界レベルの標準化という観点からして、不相当であると考える。

　特に、国内犯罪を除外して、国際的な犯罪だけに限定している点については、これが条約に反することはもとより、法制度の在り方から見ても、「重大な犯罪を外国で実行しようという共謀が行われた場合」や、「重大な犯罪を実行し

ようという共謀が外国で行われた場合」は処罰できることにしながら、肝心の「重大な犯罪を日本で実行しようという共謀が日本で行われた場合」は処罰できないこととなり、我が国が定める刑事法の在り方として不合理であると考える。

　3）「実行に資する行為」の付加について
　国際組織犯罪防止条約は、共謀それ自体を犯罪として処罰することを義務付けた上で、その際、国内法上必要であるならば、例外的に、共謀に加えて、「合意の内容を推進するための行為を伴う」という要件を付けることを認めているところ（条約第5条1項(a)ⅰ）、与党修正案は、この要件を採用し、「実行に資する行為」が行われたことを処罰条件、すなわち共謀を処罰するための条件とするものであり、妥当であると評価する。
　他方、民主党の修正案は、共謀に加えて「予備行為」が行われなければならないものとしているが、そもそも予備罪における「予備行為」は、その行為自体が処罰の対象となるものであり、また、予備罪における予備行為といえるためには、犯罪の実現にとって客観的に相当程度の危険性を備えたものであることが必要であるとする裁判例もあることを考えると、結局、民主党の修正案では、この「予備行為」自体を処罰の対象としているに等しく、共謀それ自体を犯罪として処罰することにならないのではないかという疑問がある。したがって、このような修正は、共謀それ自体を処罰せよと義務付ける条約の趣旨に反するおそれがあり、国際的な威信という観点や世界レベルの標準化という観点からしても、不相当であると考える。
　以上のとおり、我が国の国際的な威信を維持するためにも、1日も早く必要な法整備を行って条約を締結することが急がれる中、世界レベルの標準化の視点から、条約で許される範囲の与党修正案が提案されており、その内容は、人権への配慮という観点からも充分なものであると考える。したがって、早急に与党修正案の内容で法整備が実現されるべきであると考えるのが私の結論である。

4．与党再修正案の提示

　与党は 5 月12日、衆議院法務委員会理事会で、組織的犯罪処罰法改正案の①共謀罪が適用される団体について、「重大な犯罪を実行する団体」との表現を改め、テロ集団、暴力団などの「組織的な犯罪集団」に限定する、②適用範囲の表現についても、「犯罪の実行に資する行為」を「犯罪の実行に必要な準備、その他の行為」に変更し、現場の下見や凶器購入の資金調達が行われた場合に限定する、という再修正案を提示した。「憲法の保障する国民の自由と権利を不当に侵害してはならない」との文言も新たに加えたとのことである。

　その後、与党は、民主党修正案を丸のみにするという暴挙に出たが、最終的には、①共謀罪の適用にあたって国際組織犯罪防止条約の目的を逸脱しない、② 5 年以下の懲役・禁錮にあたる犯罪の共謀については特に慎重に適用するという、「与党側修正試案」を新たに提示し、今秋に想定される臨時国会では、この試案を軸にして成立を目指すとのことである。

　2006年 7 月 3 日の『読売新聞』の記事によれば、アントニオ・コスタ国連薬物犯罪事務局長は、日本訪問を前にして、「日本が国際社会共通の取り組みに積極参加できないことは、条約、日本双方にとってマイナス」であると指摘し、共謀罪の早期整備を提言したとのことである。 1 日でも早く国際的威信を回復することが、日本政府の責務であるといえるのではあるまいか。

第 2 部　性犯罪者の処遇と性犯罪者対策

第1章　性犯罪者前歴登録告知法制定の是非について

1．はじめに

　2004年12月末の奈良の女児誘拐殺害事件の犯人の検挙を受けて、我が国においても、アメリカのように、性犯罪者の情報を開示すべきであるとの意見が表明されるようになった。私が、アメリカの「メーガン法」（拙稿「メーガン法の連邦法化と合衆国憲法上の問題点」『宮澤浩一先生古稀祝賀論文集・第1巻』2000年）、イギリスの「1997年性犯罪者法」（拙稿「イギリスにおける性犯罪者対策」『戸籍時報』506号1999年）、韓国の2000年「青少年の性保護に関する法律」（藤本・姜共著「韓国における青少年の性保護に関する法律」『犯罪と非行』2000年）について論文を書いているからかもしれないが、ここ3か月ほどの間に、新聞、週刊誌、月刊誌、ラジオ、テレビ等、多くのマスメディアからの取材を受けた。

　こうしたマスメディアの動きがあったからかもしれないが、警察庁も、法務省からの出所情報を得て、現行法制下で可能な範囲において、出所後の居住状況を確認するとともに、対象者が転居した場合にあっても、出所後の動向等を踏まえ、転居先の確認に努めるとの意向を明らかにしている。そして、その前提として、警察庁は、2005年3月4日、「子ども対象・暴力的性犯罪の再犯防止対策について」を明らかにし、子ども対象・暴力的性犯罪（被害者が13歳未満である強姦、強盗強姦、強制わいせつ又はわいせつ目的略取・誘拐）の被疑者についての調査結果を発表した。それによると、平成16年に警察が検挙した子ども対象・暴力的性犯罪の被疑者466人について犯罪経歴を調査した結果、子ども対象・暴力的性犯罪の再犯者率は、15.9％であるが、過去に何らかの犯罪経歴があった者が193人おり、この193人のうち、過去の犯罪も子ども対象・暴力的性犯罪であった者が74人（38.3％）であったことを報告している。

また、科学警察研究所において、1982年から1997年までに警察が検挙した子ども対象・強姦事件被疑者527人のうち、追跡可能な506人について、2004年6月末までの再犯状況を調査した結果では、全体の20.4％に当たる103人が、検挙後に再び強姦又は強制わいせつの再犯に及んでいることを明らかにしているのである。
　警察庁が指摘しているごとく、①子どもは犯罪の回避能力が低い、②子どもは特に心身に受けるダメージが大きい、③保護者など地域社会に与える不安が大きいことを考えると、我が国においても、危険な暴力的性犯罪者に対する喫緊の対策が必要であることはいうまでもないであろう。
　そして、こうした情勢から考えると、我々刑事政策の専門家も、現在、マスメディアで盛んに論じられている「性犯罪者前歴登録告知法」について、諸外国の立法例を参考にしながら、それぞれの立場から、真剣に議論すべき時期が来ているのではないかと思う。そこで、以下においては、諸外国の立法例を参考にしながら、若干の問題提起をしてみたいと思う。

2．アメリカのメーガン法

　まず、現在、マスメディアにおいて盛んに言及されている、「メーガン法」についてであるが、この法律の制定のきっかけとなったのは、1994年7月、アメリカはニュージャージー州において、7歳の少女メーガン・カンカちゃんが、強姦され殺害されるという事件が発生したことである。この事件で問題となったのは、犯人が過去にも2回、5歳と7歳の少女に対して、同様の行為を繰り返していたという事実である。その事実を知った両親は、「もし、われわれが、彼の前歴を知っていたならば、彼に近づかないように娘に言い聞かせたであろうし、こんなむごいことにならなかったはずである」と訴え、「住民には、近くへ引っ越してきた性犯罪者の存在を知る権利がある。州当局は、性犯罪者の名前と住所を地域住民に告知すべきである」として、性犯罪者の前歴告知を求める法律の制定を目指した住民運動を展開し、わずか3か月で、ニュージャージー州政府は、いわゆる「メーガン法」と呼ばれる「性犯罪者前歴登録告知法」

を制定するに至ったのである。

　このメーガン法は、1996年にクリントン大統領の署名によって連邦法となったのであるが、この時点で、アメリカは、50州すべての州でメーガン法をもつことになったのである。

　しかし、ここで注意しなければならないことは、この性犯罪者前歴登録告知法は、すべての情報を一般市民に知らせるというものではないということである。情報公開には3段階があり、最も危険性の少ない性犯罪者は、警察や検察等の法執行機関だけが情報を共有する。中程度の危険性のある性犯罪者の場合は、学校や地域図書館、ボーイスカウトやガールスカウト等、子どもの集まる場所の責任者にまで情報を公開する。そして、その場合、責任者には、子どもを性被害から守るという目的以外には情報を使用しない旨を誓約した文書に署名をさせる。そして、最も危険な性犯罪者の場合に、はじめて地域住民に告知することになるのである。

　アメリカの各州の情報公開制度も、だいたい、この3段階に分かれているが、2003年3月の連邦最高裁判所の合憲判決を受けて、現在では、約30州がインターネットでの情報公開に踏み切っている。

　私が2001年2月に、カリフォルニア州のオークランド警察で、性犯罪者の登録情報を見たときには、カリフォルニア州はまだインターネットでの情報公開には踏み切っていなかったのである（2004年12月15日からインターネットによる情報公開を開始した）が、私は、警察署で、警察官に身分証明書を提示し、情報を閲覧したい理由を告げて、鍵をもらい、Megan's Law と看板のかかった部屋に入り、テレビのモニターで、郵便番号を入力して情報に接することができた。

　まず、テレビ画面に、「あなたの地域には7人の性犯罪者が住んでいます」という文字が出て、次に、犯人の顔写真、氏名、年齢、住所、身長、体重、目の色、髪の色等の個人の特徴を示す情報の後、被害者の名前、犯行態様、犯行の手口等の情報が開示される。このデーターベースにはかなり詳細な情報が収録されていることを考えると、すべての情報を一般市民に公開すべきであるという意見もあるようであるが、被害者の名前、その犯行態様等の情報まで一般

公開することは、問題があるように私は思う。

3．イギリス、韓国、カナダの立法例

　一方、イギリスでも、性犯罪者の数が約30万人、しかもそのうちの約11万人が、子どもに対する性犯罪を行って有罪判決を受けているという現実を前にして、1997年に性犯罪者法が制定された。本法は、「特定の性犯罪（強姦、強制わいせつ、児童ポルノ写真の所持等）で有罪判決を受けた者は、その住所を警察に届けなければならない」とするものである。もちろん、登録義務に違反した者は刑罰が科されることになっている。しかしながら、イギリスでは、アメリカと違い、性犯罪者情報は警察限りで利用することになっており、一般公開はされていない。そのために、性犯罪の防止という観点からは、有効性に欠けるとの批判があったが、この批判を受けて、1998年に、イギリスでは、「犯罪及び秩序違反法」（Crime and Disorder Act 1998）を制定し、「性犯罪者に対する命令」として、「社会防衛命令」を科すことになった。つまり、特定の性犯罪で有罪とされた者が、さらに性犯罪を行う危険性があると判断された場合には、裁判所が一定の行為を禁止する命令を発することとしたのである。イギリスでは、この命令は、民事処分であると説明されているが、「学校の通学時間のあいだの外出禁止命令」、「公園への接近禁止命令」等がその例である。

　韓国でも、2000年2月に「青少年の性保護に関する法律」が制定され、18歳以下の青少年に対する性被害を防止するという目的で、「性犯罪者身上公開制度」が設けられた。性犯罪者の情報、すなわち、氏名、生年月日、年齢、職業、住所（市、郡、区まで）、犯罪事実の要旨等を、官報、政府中央官庁及び全国16か所の市、郡の掲示板（1か月間）、青少年保護委員会のホームページ（6か月間）で公開するというものである。韓国での性犯罪者に関する情報公開は、年2回、3月と9月に行われている。ちなみに、最初の身上公開は2001年8月30日に行われ、169人が対象となっている。

　カナダでも、2004年12月に、連邦法として「性犯罪者情報登録法」が施行された。アルバータ州では、アメリカと同様、インターネットで情報を公開して

第1章 性犯罪者前歴登録告知法制定の是非について 57

いるが、この州では、「危険な性犯罪者」ばかりでなく、「危険な犯罪者」すべての情報を一般に告知しているところが、アメリカとは違うところである。なぜ性犯罪者だけの情報を公開するのかという批判に応えた形になっているところに特色がある。その他、オンタリオ州とマニトバ州でも規定はあるが、オンタリオ州の性犯罪者登録簿に対しては違憲判決が出ているようである。今後、どのような動きがみられるか注目されるところである。

4．ドイツ、スイスの性犯罪者対策

一方、こうした動向とは反対に、危険な性犯罪者に対しては、施設収容を長期化するという方向で、対応している国もある。ドイツの「1998年性犯罪対策法」は、性犯罪者で、2年以上の自由刑を言い渡された者のうち、治療可能で、治療の必要のある者を、強制的に社会治療を行う施設へ収容することとし、また、有罪判決を受けた者が、治療処遇に服すべしとする指示に従わず、重大な犯罪行為を更に犯すおそれがあるときには、裁判所は、無期限の行状監督を命ずることができ、犯人に対しては、その期間中、同意なしに治療を受けることを指示し得ることとしている（宮澤浩一「ドイツにおける性犯罪対策法」『捜査研究』564号・1998年）。さらに、2004年2月には、危険な性犯罪者のうち「治療不可能な者」と判断された被監置者を、無期限に収容することを可能にする「事後的保安監置」すなわち「無期の保安監置」が認められている（宮澤浩一「事後的保安監置に関する新立法動向について」『現代刑事法』7巻1号・2005年。ちなみに、同論文では、スイスにおける事後的保安監置の新規定についても紹介されている）。スイスにおいてもドイツと類似した制度があり、危険な性犯罪者に対する対応には厳しいものがあるようである。

5．メーガン法の功罪

それはそれとして、アメリカの性犯罪者前歴登録告知法の功罪についてであるが、まず、メリットとしては、①法律を制定することにより、潜在的な犯罪者、つまり性犯罪者予備軍に対して警告を発することができ、事前の犯罪抑止

に貢献することができる（「あなたも性犯罪を行った場合は、情報が登録され、一生監視されることになりますよ」という警告が与えられる）ということ（一般予防効果）、②前歴者には、名前や住所等の情報が登録されることから、再犯をすればすぐに逮捕されるリスクが高くなるということを教えることにより、再犯の防止が可能になるということ（再犯防止効果）、③性犯罪者は、政府機関に登録されているのであるから、再犯をすればすぐに捕まるようになっているということを地域住民に知らせることにより、地域住民の不安を解消できるということ（地域住民の不安の解消）等が挙げられる。

一方、デメリットとしては、①一般住民に告知することになると、すでに刑期を終えて刑事責任を果たした者を社会的に排斥することになり、二重に処罰をするおそれがあるということ（二重処罰の危険性）、②なぜ性犯罪者だけが登録・告知されるのかという法的根拠が明らかでないから、公平性の原則に反するということ（公平性の原則違反）、③憲法で保障されているプライバシー権を侵害するおそれがあり、基本的人権の保障に欠けることになる（憲法違反の可能性）が挙げられる。

6．おわりに

こうした諸外国の実情に比べると、わが国の性犯罪者対策は、極めておそまつなものである。これといった特別な施策が展開されているようには思えない。『平成16年版犯罪白書』で、過去10年間の強姦罪と強制わいせつ罪の認知件数と検挙人員を比べてみると、強姦罪では1.5倍、強制わいせつ罪では2.3倍になっている。一方、1990年代半ばまでは90％強を誇っていた検挙率は、現在、強姦で65％、強制わいせつで40％にまで落ち込んでいる。こうした単純統計だけからしても、我が国でも性犯罪者対策を考えることは急務であるといえるであろう。

法務省では、「教育的処遇の充実」という観点から、刑務作業を短縮して、現在ある「処遇類型別指導」プログラムを改善したいとの意向を明らかにしているように見受けられるし、保護観察の段階でも、13類型に分けて対応してい

る「類型別処遇制度」の充実を図ることが考えられているようである。

　警察庁でも、性犯罪者居住地情報のデータベース化を策定していることは、冒頭で述べたごとくであるが、これからは、国民的レベルで、アメリカ、イギリス、カナダ、韓国のような「性犯罪者前歴登録制度」を設けるべきかどうかを、真剣に議論する必要があるのではないかと思う。そして、その上で、どの程度までの情報公開が可能なのか、情報公開ができるとすれば、その場合には、捜査目的に限るのか、それとも再犯防止目的を加味するのか、あるいは情報は公的機関で共有することにし、一切の情報公開を認めないのか。いろいろな観点からの議論が必要であろう。そして、そうした議論を踏まえた上で、「性犯罪者前歴登録法」なり、「性犯罪者前歴登録告知法」なり、「性犯罪者情報登録法」なりを制定して、公的機関の持つ情報の管理について検討すべきではないかと思う。

　そして、その場合において注意しておかなければならないことは、我が国には、1917年（大正6年）以来、すでに、選挙資格のためとはいえ、「犯罪人名簿」が存在するという事実を踏まえておく必要があるということである。また、平成13年からは、「被害者等通知制度実施要領」に基づき、被害者等又はその代理人である弁護士や目撃者等が希望する場合において、懲役、禁錮又は拘留の刑の執行終了予定時期（満期出所時期）、仮釈放又は自由刑の執行終了による釈放及び釈放年月日（仮釈放等による釈放予定時期や帰住予定地等については、この制度では通知されない）について通知することができる「一般釈放情報通知制度」や、被害者の再被害防止のために、前記被害者等に対して、受刑者の釈放予定時期や帰住予定地等について通知し、警察にも通報する「特別釈放情報通知・通報制度」があることにも留意しなければならないであろう。そして、そうした事実を踏まえた上での議論が必要である。刑事政策研究者・実務家の積極的な意見表明に期待したいと思う。

第2章　カリフォルニア州のメーガン法

1．はじめに

　2005年6月1日、我が国で初めての試みとして、13歳未満の子どもを狙った暴力的性犯罪者の出所情報を、法務省から警察庁に提供する「子どもへの性犯罪前歴者情報連絡制度」がスタートした。警察庁は、前歴者を、出所後原則として5年以上の期間、再犯防止措置対象者として登録し、転居後も所在確認を続け、前歴者が子どもへの声かけなどをしたと判明した場合には、犯罪に至らなくても所轄の警察署が警告するなどの対応をすることを示した通達、「子ども対象・暴力的性犯罪の出所者による再犯防止に向けた措置の実施について」を発出している。これは、奈良の女児誘拐殺害事件を契機として、我が国においても、アメリカのメーガン法のような性犯罪者前歴登録告知法を制定すべきではないかという議論を受けたもので、我が国もようやく性犯罪者の再犯防止に向けて、第一歩を踏み出したものとして評価することができよう。

　私は、2001年2月、在外研究でバークレーに滞在していた折に、オークランド警察署を訪問して、メーガン法に基づく性犯罪者の登録情報を見せていただいた経験がある。この時のカリフォルニア州のメーガン法は、我が国の今回の制度を一歩進めたもので、利害関係者には、身分の確認と情報へのアクセスの目的と理由を明らかにして、制限的に情報を公開するものであった。2004年12月14日には、カリフォルニア州も他の30州と同じように、インターネットによる情報公開に踏み切ったようであるが、以下においては、このカリフォルニア州のメーガン法について紹介してみることにしたいと思う。

2．インターネット・ウェブサイトの掲載内容

　カリフォルニア州のメーガン法のインターネット・ウェブサイトを開くと、

「カリフォルニア州において指定された、登録済の性犯罪者について掲載している、カリフォルニア州司法局のインターネット・ウェブサイトにようこそ。」という文章で始まる「性犯罪者前歴登録告知法」に基づく情報公開の実際に接することができる。

　新たに制定された法律の結果として、このサイトは、カリフォルニア州において性犯罪者として登録するように求められた6万3,000人以上の人々に関する情報へのアクセスを可能にするものである。このサイトには、カリフォルニア州の地域社会に居住する3万3,500人以上の犯罪者の住所が表示されているが、これは当該犯罪者自身によって報告された最新の登録住所を表示したものである。さらに、郵便番号、市さらには郡別に掲載された3万500人の性犯罪者の情報がこのサイトには含まれている。また、おおよそ2万2,000人の、法執行機関に認知されているその他の性犯罪者に関する情報は、このサイトには含まれてはいない。

　このサイトの最初のページにある注意事項では、次のようなメッセージが書かれている。

　「一度あなたが次のページの断り書きを読み、承認すれば、性犯罪者の具体的な氏名によりデータベースを検索することができます。また、このサイトでは、郵便番号や市・郡別の表を得ることができ、それぞれの登録者について、詳細な個人的プロフィールについての情報を得ることができます。さらには、法律により住所を表示することが認められた、すべての登録者の明確な居住地を確かめるために、あなたの近隣地区やカリフォルニア州のあらゆる場所を検索するために我々が用意した、地図のアプリケーションを用いることができます。」

　もちろん、これはあらためて言うまでもないことではあるが、すべての性犯罪者が拘束され、有罪を宣告されているわけではない。大部分の性犯罪は、実は、被害者の家族、友人あるいは知人によって行われているのである。したがって、そうした特定のケースの場合は、このサイトには掲載されていないのである。

ここでは、このサイトに書き込まれている情報を中心にして、いかにして家族を守るのか、性犯罪者についての諸々の事実、よくある質問、さらにはカリフォルニア州における性犯罪者登録の要件等に関する情報について、分析・検討してみることにしたいと思う。

3．性犯罪者登録及び除外に関する規定

カリフォルニア州司法局（Department of Justice: DOJ）の性犯罪者追跡プログラム（Sex Offender Tracking Program）においては、登録された性犯罪者のデータベースを維持している。このデータベースが、このインターネット・ウェブサイト上に表示されている情報の基となるものである。

法律上、指定された性犯罪により有罪が宣告された者は、地方の法執行機関により性犯罪者として登録するよう求められる。刑務所、ジェイル、精神病院からの釈放に先立ち、あるいはプロベーション（保護観察）期間中に、性犯罪者は登録についての彼らの義務について書面で通知され、その通知のコピーがDOJに送られる。そして、性犯罪者が地域社会に釈放される時に、当該機関が登録に関する情報をDOJに送るのである。

登録された性犯罪者は、毎年彼らの誕生日から5日以内に、情報を更新するよう求められる。性犯罪者のなかには、より頻繁に更新しなければならない者もいる。渡り労働者は30日ごとに更新しなければならず、暴力的性犯罪者は90日ごとに更新しなければならない。性犯罪者追跡プログラムは、絶えず次に必要とされる更新者を追いかけており、登録された性犯罪者が更新に関する要件に違反した場合には、インターネットのウェブサイトにより登録者が違反していることが表示されることになっている。

登録者が住所を変更するとか、あるいはホームレス（あるいは渡り労働者）となった場合には、彼らは、地方の法執行機関に対して5日以内に登録に関する情報を更新するように求められ、当該機関が、当該情報をDOJへ送るのである。DOJは、毎日、地方の法執行機関から送られてきた情報に基づいて、登録された性犯罪者のデータベースを更新する。そして同時に、DOJは、毎日、

このインターネット・ウェブサイトに登録された性犯罪者の情報を更新するのである。

しかしながら、すべての登録された性犯罪者が、このインターネット・ウェブサイトに表れるわけではない。登録された性犯罪者のおよそ25％が法律により公表から除外される。公表が認められるかどうかは、その人が登録するように求められる性犯罪の類型に基づくのである。

性犯罪者追跡プログラムは、インターネット・ウェブサイトからの除外を求める性犯罪者登録人が、除外に適しているかどうかを決定する責任を有する。登録の対象となる性犯罪が以下に掲げるような犯罪である登録人は、除外を求めることができるのである。すなわち、①不法な拘束下における性的接触（刑法典第243・4条、サブディビジョン(a)）、②児童に対する軽微な淫行（刑法典第647・6条、若しくは第647条a）、あるいは、③14歳未満の児童に対するわいせつ及び淫らな行為（刑法典第288条）もしくは継続的な児童への性的虐待（刑法典第288・5条）、ただし、刑法典第288若しくは288・5条により有罪宣告をされた者が、刑法典1203・066条、サブディビジョン(c)によって認められたプロベーションを成功裏に終了した場合に限る等である。

該当者は、インターネット・ウェブサイトから除外申請用紙を取り出し、用紙に記入した上で、その用紙をDOJに提出し、DOJによって承認されなければ除外されない。しかし、インターネット・ウェブサイトから除外することを認められた性犯罪者でも、性犯罪者としての登録はしなければならない。

DOJの性犯罪者追跡プログラムは、その登録が1947年に始まって以来、カリフォルニア州において登録された性犯罪者についての記録を保存する責任を有している。カリフォルニア州は、実のところ、性犯罪者登録法を制定したアメリカでの最初の州であったのである。多くの州は、1990年代に至るまで性犯罪者登録法を制定していなかった。カリフォルニア州は、その終生の性犯罪者登録という要件と約3,500万人を超える人口を保持していることもあって、今日では、すべての州のなかで、最大の性犯罪者登録数を有している州となったのである。カリフォルニア州は、1996年に、性犯罪者登録法を「メーガン法」

と新たに名づけて制定したことは周知のところであろう。

4．性犯罪者情報により家族を守る方法

　性的暴行について告知されることが重要である理由の１つは、地域住民自身が性的被害を防ぐための措置を講じることができるということである。カリフォルニア州のメーガン法は、地域住民自身が被る性的暴行の危険性、子どもに対する性的被害の危険性、あるいは他人に向けられた性的攻撃の危険性を減少させるために、地域住民自身が実際に講じることができる措置が存在することを示唆している。

(1)　両親に対して

　まず、両親に対してであるが、両親に対しては、以下のような勧告と警告がなされている。

①　大人が子どもと性交渉を持つことは、どんな場合でも間違いであるということを、子どもたちに知らせるべきである。

②　とりわけ見知らぬ大人が関わっている場合には、何事も包み隠さず両親に話すことが大切であるということを、子どもたちに対して強調することである。もしあなたの子どもが、両親にすべてを話すことを心地よいと感じないのであれば、あなたの子どもが信頼して秘密を打ち明けられるような信用できる大人を、１日も早く見つけ出すことである。

③　あなたの子どもが、どんな人と一緒に時間を過ごしているかを知る努力をすることが大切である。

④　「知は力なり」。このことは、とりわけ子どもたちを性的暴行から守る場合には真実である。あなたの子どもに、自分の身体についての正しい知識を伝え、陰部について説明する場合には、正確な言葉を使って教えるべきである。それらの部分が、プライベートな部分であることを強調することをお勧めする。

⑤　あなたの子どもたち一人ひとりが今どこにいるのか、常に把握しているということを確認しておくべきである。あなたの子どもたちの友人が誰で

あるかを知り、彼らが訪問するかもしれない場所や家について、はっきりと知っておくことが大切である。あなたの子どもたちが、ある特定の場所に着いたとき、あるいは出発するとき、さらに計画に変更があったときには、お互いに連絡を取り合うことをお勧めする。また、もしあなたが予定よりも遅くなる場合や、あなたの計画に変更があった場合には、あなたも同様に子どもたちに連絡を取るべきである。それは、あなたの子どもたちに、家庭での約束事は安全上のためのものであり、彼らを監視するためではないということを理解させるために重要なことである。

⑥ 車が動いているか否かにかかわらず、決して車の中に子どもたちを放っておかないでいただきたい。子どもたちが、監督されないままに放置されておかれることや、車内で、1人でもしくは他人と時間を過ごすことを許すべきではない。子どもたちの安全性に関する潜在的な危険は、あらゆる便利さや楽しみよりも優先されるべきであるからである。子どもたちにヒッチハイクをしたり、知らない人の車に近づいたり、車内で知らない人や信用していない人と会話をしたり、あるいは両親の許可を得ずに知らない人とどこかに行くことのないように注意していただきたい。

⑦ あなたの子どもたちの日常活動に参加していただきたい。参加することによって、あなたは、あなたの子どもたちを世話している大人が、どのようにあなたの子どもたちと接触しているかを観察する良い機会を得るであろう。もしあなたが誰かの振舞いに懸念を抱いたならば、その組織の責任者と相談することをお勧めする。

⑧ あなたの子どもたちの声に耳をかたむけていただきたい。彼らが、あなたに対して誰かと一緒にいることや、あるいはどこかに行くことを望まないという場合には、そのことに注意していただきたい。そのことは、友達との確執や活動やイベントに対する興味の欠如以外の危険な兆候であるかもしれないからである。

⑨ 誰かがあなたの子どもたちの1人あるいは全員に多大な好意を示すか、あるいはプレゼントを与え始めたときには、注意していただきたい。子ど

もたちと当該人物について話をし、なぜにその人物がこのような好意的な態度を取るのかを理解するために時間をかけていただきたい。
⑩　あなたの子どもに対して、他人による、いかなる歓迎されない、心地悪い、あるいは困惑させるような接触あるいは行動に対して、「ノー」という権利を持っていることを教えていただきたい。そういうことが起こった場合には、すぐに両親に知らせるように、子どもたちに教えるべきである。両親は子どもを助けるために側にいるのであり、両親には何を話しても大丈夫だといって安心させることが大切である。
⑪　子どもたちの振舞いあるいは態度の、いかなる変化にも敏感であっていただきたい。開かれたコミュニケーションを促進し、どうすれば積極的な聞き手となることができるかを学んでいただきたい。子どもたちを心配させている小さな兆候と手がかりを見逃さないようにすることが大切である。子どもたちにとって、不安にさせられている出来事や感情を明らかにすることは、常に心地よいものとはいえないからである。そのことは、子どもたちが、子どもたちの問題に対するあなたの反応に懸念しているかもしれないからである。子どもたちがあなたに問題を打ち明け始めた場合には、冷静に、批判的でなく、断定的な判断をしないでもらいたい。問題を解決するための彼らに必要な支援をするために、彼らの心配事に同情的に耳を傾け、彼らと共に行動していただきたい。
⑫　ベビーシッターや世話人をよく選別していただきたい。多くの州では、現在、両親が、その人の過去の犯罪歴や性犯罪歴を識別することを可能にする公的登録制度を有している。世話人あるいはベビーシッターを使っている他の家族による評価をぜひチェックしていただきたい。そして、あなたが子どもたちの世話人を選んだ後で、子どもたちがどうしているのかを確認するために、予告なしに立ち寄ってみていただきたい。そして、子どもたちに、世話人と一緒に過ごした経験がどのようなものであったかを尋ね、慎重に彼らの反応をみていただきたい。
⑬　子どもたちと基本的な安全対策を実践していただきたい。ショッピング

センターや公園へ出かけ、子どもたちに、公衆電話の使い方、友だちと一緒にトイレへ行く訓練、さらには、彼らがもし援助を必要とする場合には、助けを求めることができる大人をどのようにして探し出すことができるかといったような、練習をしていただきたい。子どもたちに名前が表示されている衣服を着せることや、名前の入った物を持ち歩かせることは、あなたの子どもたちとの会話の手がかりを探している不審な人物の注意を引き易いということも忘れないで欲しい。

⑭ 両親の注意と監督に勝るものはないということを忘れないでいただきたいのである。あなたがいつでも子どもたちに救いの手を差し伸べられるということや利用可能であるということ、あるいはまた、子どもたちのことを本当によく知り、彼らのために、耳を傾ける時間をかけるということは、安全性や安全確保の意識を構築するのに役立つことである。

⑮ それにまた、大部分の場合（最高90％）において、子どもたちは見知らぬ人によってではなく、彼らのよく知っている人によって性被害を受けているということを忘れないで欲しいのである。あなたの子どもを安全に保つためのあなたの努力は、このような事実に基づくべきであり、見知らぬ人が引き起こしかねない危険性のみに集中してはならない。

(2) 子どもに対して

次に、子ども自身が講じることができる措置についてであるが、カリフォルニア州のメーガン法は、ティーンエージャーである子どもたちに対して、次のようなアドバイスを掲載している。

「青春期は、子どもたちにとって最も大切な時期であり、性的暴行の危険に最もさらされている時期でもある。思春期という発達過程にある人間として、子どもたちは、危険覚悟で何らかの振舞いに出るかもしれないという可能性に備え、かつ、友人、知人あるいは他人による性的暴行の危険性について子どもたちを教育することにより、その危険性を最小限にするよう試みるべきである。この危険性は、子どもたちが薬物あるいはアルコールを乱用しているときに拡張されるということを肝に銘じておくべきである。」

① ティーンエージャーに対して、自分の本能を信じ、自分を不安にするような状況があれば、そのような状況から立ち去るように勇気づけていただきたい。
② 事件を取巻く状況に関係なく、子どもたちが傷ついているか、あるいは怖がっている場合には、彼らに対して、いつでも両親と話をすることができるのだということを強調していただきたい。

(3) **視聴者に対して**

そして、また、カリフォルニア州のメーガン法は、インターネットの視聴者宛てにも、次のように勧告している。

「あなたが、たとえば、エレベーターのなかや自動車のなか、あるいはまた、あなたの家のなかで、心地悪く感じる誰かと一緒であるときには、あなたの本能を信じていただきたい。このことは、礼儀正しくあるように躾をされている人々にとっては、とりわけ難しいことであるかもしれない。

ただ単に、彼あるいは彼女が、知人あるいは友人の友人であるというだけのことであるとか、2人だけでいることを心地悪く感じることはいけないことだと、自分自身を説得しないでいただきたい。大部分の性的犯罪者は、被害者が知っている誰かなのである。あなたに対して望んでもいない肉体的な接触をする者や、あなたがどこまで許容するか、あるいはあなたの抗議の程度を試そうとする者や、あなたがその振舞いが好きではないことを示すサインを無視するような、友人やデートの相手に用心していただきたい。」

(4) **地域社会に対して**

そして最後に、地域社会の安全を高めるために、地域社会の構成員ができることを、以下のようにまとめている。

① 大人、子ども、男性、女性、少年、少女と、性的暴行について、率直に話し合うことが大切である。
② 性的暴行に関して生じるあらゆる問題について理解することや統計数値を知ることも大切である。
③ 性的暴行を防止することは、みんなの責任であるということを理解する

ことが大切である。
④ 性的虐待と関係があるので、個人の安全性に関する問題について、子どもと話し合うことが大切である。子どもたちに、自転車の安全性、道路の横断の仕方、あるいは見知らぬ人と話をする時の注意事項について話をするときに、性的虐待についても話していただきたい。そのことは、まさに、いろいろな意味で、子どもたちが気づく必要のある、もう1つの個人の安全性に関する規準である。
⑤ 自分自身を守るために採ることができる危険性減少の方法について、知識を増やすことが大切である。
⑥ 当面する問題について学び、住民の感情を慰撫するためにも、地方の法執行機関、プロベーション・パロール局、レイプ・クライシス・センター、児童虐待防止組織等を、近隣での討論グループに招待することが望ましい。
⑦ 近隣の人々をよく知ることが大切である。
⑧ 近隣の人々が望むのであれば、近隣地域監視団を組織することが望ましい。
⑨ 性犯罪者が近くに住んでいることを知らされる前に、性的暴行の問題に関して、あなた自身や家族の教育に着手することが必要である。
⑩ あなたが住む地域社会における子どもに対する性的虐待、成人に対する性的暴行、加害者の逮捕、さらには施設収容に関する統計数値がどうなっているか把握することが大切である。
⑪ 子どもあるいは成人の性的暴行に関する話のなかでも最も猟奇的な事件について、センセーショナルに報道するメディアに注意することが必要である。そうした事件は、たしかに真実で非常に身震いするものである一方、標準的なものではないからである。

5．おわりに

以上、カリフォルニア州のメーガン法について、そのインターネットによる情報公開の一部を紹介した。我が国での新しい施策が、今後どのように展開さ

れるかを予測することは難しいが、日本版メーガン法になるのかどうか、今後の動向を注意して見守りたいと思う。

第3章　カリフォルニア州の「性的暴力犯罪者法」

1．はじめに

　カリフォルニア州の「性的暴力犯罪者法」(Sexually Violent Predator Laws：以下SVP法と略称する)であるが、SVP法は、1996年に施行された「福祉及び施設法典」(Welfare and Institutions Code)の第6600条から第6609・3条までの規定である。また、「SVP」(Sexually Violent Predators：性的暴力犯罪者)とは、「2人あるいはそれ以上の被害者に対する性的な暴力犯罪で有罪を宣告された者で、性的な暴力犯罪行為に関与するおそれがあり、そのため、他人の健康や安全に対して危険をもたらすおそれがあると診断された、精神障害を持つ者を意味する」のである。

　SVP法は、本来、古くから存在した「性犯罪量刑法」(Sex Crime Sentencing Laws)の欠陥を補うものである。これまでの危険な性犯罪の解決策は、1994年の刑法典(PC667・61)に基づく「ワンストライク性犯罪法」(One Strike Sex Laws)の規定、刑法典(PC667・71)に基づく「常習性犯罪者法」(Habitual Sexual Offenders Laws)の規定、刑法典(PC667・71(b)—ⅰ)に基づく「スリーストライク法」(Three Strikes Laws)の規定等の各規定の適用に依存していたのである。特に、検察官や法執行機関が、精神保健の専門医の診断に頼ることなく、SVPをよりよく統制するためには、これらの法に依拠することが一般的であった。特に、もし性的な暴力犯罪を犯した被告人が、精神障害があると診断されず、SVPとしての処遇資格が与えられなかった場合には、これらの法に依拠するしか他に方法がなかったのである。

2．SVPの認定プロセス

　ところで、このSVPの認定プロセスについてであるが、一般に、犯罪者の

刑期の終わりが近づくにつれて、刑務所委員会（Prison Board）は、当該犯罪者が、少なくとも2人の異なる被害者に対して、少なくとも2つの性的暴力犯罪で、（それがたとえどんなに昔のことであったとしても）有罪となっているかどうかを調べることになる。その結果、もしそうであるということが分かれば、当該犯罪者は、適切な処遇や保護なくしては、性的暴力行為を行うおそれがあるとみなされるために、2人の精神保健専門医によって精神障害を患っているかどうかの判定を受けることになる。そして、その場合、2人の一致した意見により精神障害者であるかどうかの評価が下されることになるのである。ここでいう、最も一般的な精神障害とは、小児性愛と性倒錯症である。そして、精神障害の基準に合致する者は、精神保健局長によって、SVPの認定による収容が必要である旨の申立書を、地区検察局に送ることになる。それを受けて、地区検察局の性犯罪部門は、パロールに基づく受刑者の釈放を許可しない旨の申立てを提起するのである。地区検事の申立ては、当該受刑者が、閉ざされた環境での治療を受けるために、アタスカデロ州立病院に民事上拘禁されるべきSVPであるかどうかを立証するための審理を要求するものである。もし、地区検事が審理で立証に成功した場合には、被告人は、アタスカデロ州立病院に2年間収容されることになるのである。

3．SVPの審理

SVPの審理は、本来民事であり刑事ではないとみなされるが、法は、地区検事が合理的な疑いを超える程度においてSVPケースであることを立証すること、そしてその上に、12人の陪審員の全員一致の評決を要求しているのである。陪審員には、自分たちの役割は処罰をすることではなく、当該人物はすでに服役しているという事実を教示することになっている。弁護側が自分の側の専門医の意見を提示することもあり、しばしばその見解が分かれることの多い精神保健専門医の意見に依存するこの種の審理に対しては、多くの異議申立てのあるところである。陪審員もまた、保険統計上の諸表と統計に基づいて、再び罪を犯す危険性に基づいて決定をしなければならない。陪審員は、見解の異

なる精神保健専門医の意見に従って、合理的な疑いを超える程度において、将来を予測することが求められるのである。

ところで、一方、性的暴力犯罪を犯したが、精神障害をもっていると診断されなかった受刑者は、SVPとしての収容は行われず、SVPというレッテルを貼られることなく、地域社会内でパロールに付され、通常のパロール対象者として監視され、性犯罪者としての登録義務があるだけである。もし、陪審裁判で合理的な疑いを超える程度において、SVPの申立てが適正であると認定されなければ、結果は同じである。つまり、受刑者は通常のパロールに付され、性犯罪者として登録することが義務付けられる。

また、もし、陪審裁判でSVPの申立てが適正であると分かった場合には、受刑者はSVPとして分類され、2年間、アタスカデロ州立病院へ送られることになる。そして、彼らは、5段階からなる性犯罪者処遇プログラムに参加することを求められるのである。はじめの4段階は閉ざされた形でアタスカデロ州立病院で行われ、最終段階である5段階目は、地域社会内における外来患者用の処遇が適用されることになっている。

ここで注意しなければならないことは、たとえば、サンディエゴ・カウンティでは、ある者が、SVPとして病院へ収容されるべきであるかどうかを決定するための陪審裁判を行う権利を持っている一方で、SVPを収容する病院が、SVPは地域社会内で処遇する最終段階にあるという申立てができることになっている点である。そうした点からは、サンディエゴ・カウンティは、実質的には、陪審裁判を行う権利を持っていないという解釈もできるということである。しかし、このSVPプロセスは、単なる裁判官の前での審理であることに留意しなければならない。

4．SVPの処遇

SVPがアタスカデロ州立病院での最初の2年間の収容の終わりが近づいたときに、2人の精神保健専門医の意見に基づいて、病院は、さらに2年間の収容延長を求めることができることになっている。しかし、同時にまた、同じプ

ロセスが、地区検察局の延長申立てという形において進行されなければならない。そして、その者が、さらに2年間収容される必要があるということを、合理的な疑いを超える程度において立証するために、陪審裁判を開かなければならないのである。もし、再収容プロセスの間に、陪審員が、当該犯罪者はもはやSVPの基準に合致しないという結論を下した場合には、当該犯罪者は、もし、パロールの期間が残されている場合には、パロール対象者として釈放され、もはや、SVPのレッテルを貼られることはないのである。

外来患者用の処遇は、SVP病院の5段階処遇の最後段階に位置するものである。現実的には、外来患者用の処遇は、SVPが5段階への移行を検討されるまでに、処遇プログラムに積極的に関与したとしても、5年から8年かかるようである。しかしながら、SVPの側からすれば、SVPは、州立病院での1年間の収容後に、外来患者用の治療に移行することを裁判所に申し立てることができることになっている。

この5段階目の地域社会に基礎を置いた処遇段階にまで移行させるべきかどうかを決定する際には、裁判所は、治療している医師の意見や精神病院の院長の意見、あるいはSVPを評価するために指名された他の医師の意見等が提出された、聴聞会を開かなければならない。その結果を踏まえて、裁判所は、SVPが安全に地域社会で処遇されるかどうかを決定することになるのである。

5．法廷傍聴体験

私は、幸いにも、サンディエゴ・カウンティで初めてのSVPの釈放決定に関する裁判を傍聴する機会を得た。2005年9月12日、サンディエゴ上級裁判所で、1989年に4人の子ども（男児6歳と10歳、女児9歳と13歳）に対して「性的いたずら」をしたことで、12年の拘禁刑を言い渡されたマシュー・ヘッジ（Mathew Hedge）と、18歳から29歳の若い男性に性的暴行を加え拷問した犯罪歴を持つダグラス・バッジャ（Douglas Badger）の2人に対するものである。当日、マシュー・ヘッジに対しては、民事拘禁が決定し、住居として、ドノヴァン刑務所に隣接するトレラーハウスで生活することが認められた。

私の後ろに座っていたヘッジ被告人の妻の話によると、今回の決定に感謝しているとのことであったが、保護観察官の話によると、彼女は運転免許証を持っていないので、しばらくの間は、保護観察官が定期的に運転をして、買い物等の援助をするということであった。側にいた検察官によれば、ヘッジに対しては、GPSを用いて24時間の監視体制を取るということであった。私が、1人のSVPに対して、相当の予算と人材を割かなければならない現状に問題はないのかと尋ねると、危険な性犯罪者から市民を守るためには当然の処置であるとの答えであった。
　もう1人のダグラス・バッジャに対しては、次の公聴会を11月28日に開催することが決定された。
　これは後で説明を受けたことであるが、州立病院から退院させる予定であったヘッジと別の性的暴力犯罪者（ダグラス・バッジャのこと）をカウンティのどの場所に住まわせるかについての最初の提案は、市民的・政治的レベルでの論争を発生させたようであるが、今回の刑務所の敷地内に住まわせるという提案は、ほとんど何らの異論も引き起こさなかったとのことである。その場所が、最も近い学校から6マイル半以上離れており、メキシコの国境から3マイル以上離れたところに位置するという立地条件によるところが大きいようである。そこには、いくつかの政府機関の建物があり、法執行機関の小火器訓練施設や2つのジェイルもある。
　性犯罪者を監視している多様な機関の集まりであるサンディエゴ性的暴力重罪犯罪者対策本部によれば、その場所は、小高い丘で、大部分が未開発地であり、東と南東の地域はどの自治体にも属しておらず、一般車両で入り込むことが困難な場所であるとのことであった。
　これほどまでにして、刑期を終了し、その後、精神病院で何年間もの治療を受けていた人間に対し、危険な性的暴力犯罪者であるという認定に基づいて、徹底的な安全対策を採るというアメリカの現実をみるとき、彼我の差を感じるのは私だけであろうか。性犯罪者対策の重要性を知らされた法廷傍聴体験であった。

6．サンディエゴ・カウンティの統計

　最後に、今後の研究の資料として、サンディエゴ・カウンティのSVPの統計について紹介しておこう。まず、現行法のもとにおいては、サンディエゴ・カウンティのSVPのみが、サンディエゴ・カウンティの地域社会に釈放されるということに留意しなければならない。

　統計資料から見て、現在、サンディエゴ・カウンティからアタスカデロ州立病院に収容されているSVPは65人である。精神保健局長が、2003年において、受刑者をSVPと認定するための申立てを、地区検察局に試みた件数は9件であり、2004年においては、5件の申立てをしている。そして、地区検察局性犯罪部門は、2004年において、11人のSVP認定の陪審裁判と延長に関する陪審裁判を行ったが、その結果は100％の成功率であった。

　確実な統計上の結論に達するためにはもう少し詳細なデータが必要であるが、地区検察局の申立ては、2003年の9件に比べて、2004年には5件に減少しているので、新しく加わったSVPの数は、ワンストライク性犯罪法や常習性犯罪者法、さらにはスリーストライク法により、刑務所に長期間、場合によっては終身収容されているために、下降線を辿っているのかもしれないと解釈することもできるのである。

　現在、サンディエゴ・カウンティには、5人のSVPがいる。彼らは1996年以来今日までにSVPとして申立てが行われたものであり、陪審裁判によって、彼らはもはやSVPではないと認定されている者たちである。しかしながら、これらの5人は、実際上は、性的暴力重罪犯罪者対策本部によって、厳重に監視されている。また、他のカウンティで犯罪を犯し、サンディエゴ・カウンティに住むことを選択した何人かの性犯罪者もいる。もちろん、いったんプロベーションやパロールを無事終了した者は、どこにでも住む権利を持っている。しかし、彼らは、性犯罪登録法（Sex Registration Laws）に従って登録することが要求されるのである。

　アタスカデロ州立病院にいる65人のSVPのうち、釈放されることが期待されている者、あるいは5段階目の地域社会内処遇のために釈放されるべきとし

て、推薦された者は、現在のところ2人である。つまり、今回の裁判の対象となったバッジャとヘッジのみが、裁判所によって5段階目の地域社会内処遇のための有資格者として認定された4段階目にいる者たちである。4人のSVPたちは、地域社会内処遇のための釈放を可能とする5段階目に上がることを審査される以前の前段階である4段階目を完了しなければならない、3段階目にいる者たちである。その上、現在、65人いるサンディエゴ・カウンティに属しているSVPのうち、約79%が2段階から5段階にいたることを拒否されている者たちである。したがって、彼らは、地域社会内処遇のために釈放されることを、精神保健局によって推薦される可能性のない者たちであるといえよう。

　SVPを含めてサンディエゴ・カウンティに何人の性犯罪者がいるのかといえば、その数は3,867人である。それらのうち、36人が「危険度の高い者」とみなされ、性的暴力重罪犯罪者対策本部によって、厳重に監視されているのである。

　危険な性的暴力犯罪者をどうするか。カリフォルニア州でも最も進んだプログラムを持つといわれるサンディエゴ・カウンティでも、その試みが今やっと踏み出したところである。

第4章　アダム・ウォルシュ児童保護安全法

1．はじめに

　「アダム・ウォルシュ児童保護安全法」(Adam Walsh Child Protection and Safety Act of 2006）は、2006年7月26日、ブッシュ（George W. Bush）大統領によって署名され連邦法として成立した。この法律は、性犯罪者を3段階に分類し、3段階目に位置する性犯罪者は、3か月毎に住所を更新することが義務付けられている。登録を怠るか、情報を最新のものとしない場合には、重罪として処罰されることになる。また、本法は、「全米性犯罪者登録簿」（National Sex Offender Registry）を創設することを明らかにし、性犯罪者をインターネットに登録するための統一的な基準を適用することを、各州に義務付けているのである。以下においては、この新しい法律について紹介してみることにしたいと思う。

2．立法に至る背景事情

　このアダム・ウォルシュ児童保護安全法は、現在アメリカ全土に蔓延している、児童に対する暴力犯罪及び性犯罪の問題に対抗するための、包括的な試みとして制定されたものである。近年、アメリカでは、国民の関心は、幼い児童が性犯罪者や常習犯罪者（career criminals）によって殺害され、誘拐され、性的に暴行されるという、いくつかの悲惨な事件に注がれてきた。これら事件の被害者となった子どもたちの悲劇が、ついに、このような強力な強制力のある法律を制定するための原動力となったのである。これまでにも、いくつかの法律には、犯罪の被害者となった子どもたちの名前が付けられている。たとえば、法律に名前が付けられている代表的な子どもの例としては、①友達と自転車に乗って遊んでいる時に、銃を突き付けられて誘拐され、二度とその姿を見るこ

とのなかった、11歳の少年、ジェイカブ・ヴェタリング（Jacob Wetterling）、②近所に住む、2度の有罪判決を受けた経歴をもつ性犯罪者によって性的に乱暴され、殺害された7歳の少女、メーガン・ニコール・カンカ（Megan Nicole Kanka）、③有罪判決を受けた性犯罪者によって誘拐され、強姦され、殺害された9歳の少女、ジェシカ・ランスフォード（Jessica Lunsford）、④性犯罪者登録法によって登録されている性犯罪者によって誘拐され殺害された10歳の少女、ジェツェタ・ゲイジ（Jetseta Gage）、⑤子どもに対するいたずらの嫌疑で係属中の刑事事件において釈放中で、有罪判決を受けた経歴をもつ性犯罪者によって寝室から誘拐され、性的にいたずらをされた、9歳のディラン・グラーン（Dylan Groene）と8歳のシャスタ・グラーン（Shasta Groene）（ディラン・グラーンは殺害された）等がある。今回の法律は、フロリダ州で、1981年に、母親と買い物をしている間にショッピングモールから誘拐され、後に殺害されて発見された6歳の少年である、アダム・ウォルシュの名前を取って命名されたものである。

　これらの広く公表され、一般的によく知られている悲惨な事件は、続出する児童に対する性的搾取や性的暴力事件のうちの、ほんのわずかな事例である。統計によれば、アメリカでは、少女の5人に1人、少年の10人に1人が、成人に達する以前に性的被害を受けるといわれるが、これらの事件のうちの35％弱のものしか、関係当局には報告されていないのである。その上、1991年から1996年までの間における12州のデータでは、性的暴行による被害者の67％が少年少女であり、34％が12歳未満の者であったことが報告されている。しかも可哀相なことに、性的暴力の被害者の7人に1人が、6歳未満の者であったのである。

　性犯罪者の累犯率は、しばしば他の犯罪者の累犯率を上回るといわれる。司法省は、釈放された小児性愛者（child molester）は、釈放された非・性犯罪者よりも性犯罪で再逮捕されることが多いという結果を見出している。事実、釈放された性犯罪者は、釈放された非・性犯罪者よりも、性犯罪で再逮捕される割合が4倍も多いのである。

現在、アメリカでは、性犯罪者として登録されている者が55万人以上存在するが、少なくとも10万人以上の者が登録を免れているといわれる。しかも、アメリカでは現在、50州すべての州が性犯罪者登録簿を備えているが、それらの登録簿に含まれている情報は必ずしも共有されていないのである。ただ、連邦の性犯罪者登録簿だけは、法執行機関の全段階にわたり、より効果的に性犯罪者を追跡することができるように、情報にアクセスすることが認められているのである。

3．法律の内容
(1) 第1章：性犯罪者登録告知法

第1章は、全米性犯罪者登録簿の創設に関するものである。全米性犯罪者登録簿は、それぞれの性犯罪者に関する以下の情報を包含する。すなわち、氏名、住所、職業、車両身分証明情報（vehicle identification information）、指紋、DNA標本、全犯罪歴、最近の写真、その他の情報である。一般大衆は、詳細な全米性犯罪者登録簿へのアクセス権を持たない。その代わりに、全米公益ウェブサイト（national public website）において、性犯罪者に関する関連情報を入手することが可能である。全米公益ウェブサイトにおいては、郵便番号もしくは地理的範囲を特定して照会することによって、情報を検索することが可能である。また、全米公益ウェブサイトに加えて、それぞれ個々の法域においては、一般大衆がアクセスできる独自のインターネット登録簿を創設することが要請されている。

本法においては、性犯罪者は登録することが義務付けられ、性犯罪者が現在居住している場所、雇用されているか学生であるかを問わず、それぞれの法域で一般的に行われている性犯罪者登録を最新のものとすること等が強制されている。最初の登録は、有罪判決を言い渡された法域において実施され、続いての本人自らの更新は、犯罪者の居住地の法域で実施することとなっている。

本法の下では、性犯罪者は、刑務所から釈放される以前に登録しなければならず、刑務所拘禁を伴わない場合には、判決を下された日から3日以内に登録

することが要求される。その後においても、性犯罪者は、実行された性犯罪の重大さに応じて、一定の間隔で自らの情報を確認しなければならないのである。性犯罪の重大さの度合いは、3段階システムにおける性犯罪者の位置付けによって決定される。1段階目に位置付けられるあまり重大ではない犯罪者は、1年毎に出頭することを要求され、15年間登録簿に搭載することが義務付けられる。2段階目に位置する性犯罪者は、6か月ごとに出頭することが要求され、25年間登録簿に搭載することが義務付けられる。3段階目に位置する最も重大な性犯罪者は、一生登録簿に搭載され、情報を確認するために3か月ごとに出頭することが義務付けられているのである。本法によると、意図的に登録することを怠るか、もしくは情報を更新することを怠った性犯罪者は、最大限10年間刑務所に拘禁されることになるのである。仮に登録を怠った性犯罪者が暴力犯罪を行った場合には、その者は当該犯罪で言い渡された刑期に加えて、5年の拘禁刑（mandatory prison sentence）が言い渡されることになるのである。

　本法は、統一的な登録簿やインターネットサイトを創設し、機能させるために、ソフトウェアを作り、それを各法域に配布することを、司法省に要求している。ソフトウェアは、法域間での即座の情報共有を可能にし、一般大衆によるインターネット・アクセスを容易にし、告知を受けることを希望する一定の地域社会の告知関係者とのコミュニケーションを図ることを許容するのである。

(2) 第2章：児童を性的攻撃やその他の暴力犯罪から保護するために必要とされる連邦刑法の拡大

　本法は、児童に対する連邦の性犯罪や暴力犯罪に対して、数多くの厳罰化された刑罰を創設している。刑罰が拡大された犯罪には、性的虐待、児童に対する性行為トラフィッキング（child sex trafficking）、犯罪的な性的行動に従事させるか、もしくは児童売春の原因となる強制力の行使、もしくは唆しをする行為を含んでいる。その上、本法では、インターネットによるデート・レイプ用の薬物の販売に対して新たな刑罰を創設しているのである。現存する犯罪に対して厳罰化された刑罰としては、児童に対する殺人については、30年の拘禁刑か

ら終身刑まで、ある場合においては死刑。児童に対する強姦については、強制的最低限度拘禁期間30年の拘禁刑。児童に対する性行為トラフィッキングもしくは売春については、強制的最低限度拘禁期間10年の拘禁刑等がある。第2章では、また、性的虐待、児童に対する性行為トラフィッキング、児童ポルノに関するすべての連邦の重罪犯罪に対する出訴期限法（statute of limitations）を留保している。

　本法は、また、州の刑事判決に関する連邦人身保護令状（federal habeas corpus）の審査に関する「2004年犯罪被害者権利法」（2004 Crime Victim's Rights Act: CVRA）の保障の幾つかを拡大している。そのような事例の場合には、州検察官ではなく、連邦裁判所を関与させるので、この拡大は、裁判所によって執行されるCVRAの諸規定に制限されるのである。連邦議会は、州検察官に、連邦法を執行するように強制することはできないのである。この連邦人身保護手続に対して本法によって拡大される被害者の権利は、手続に出席する権利、釈放、答弁、量刑もしくは仮釈放を伴う手続で意見を聴取される権利、合理的な理由のない遅滞から抜け出すための手続に対する権利、公平性と被害者の尊厳やプライバシーに対する敬意でもって取り扱われる権利等である。

⑶　**第3章：危険な性犯罪者の民事拘禁**

　本法は、拘禁されている間に、釈放後に自分自身の行動を制御することができないことが明らかとなった性犯罪者に対する民事拘禁手続の規定を設けている。この民事拘禁に関しては、法律で定義付けられており、適切な看護と治療設備を備えた安全な施設で処遇することが規定されている。本章は、性的に危険な犯罪者に対する民事拘禁プログラムを取り入れることを明記するための権限を付与するものである。さらには、重大な精神病、精神異常、あるいは精神障害が原因で、他者に対して危険性のある特定の性犯罪者に対する民事拘禁の権限も付与している。

⑷　**第4章：性犯罪者が児童を虐待することを防止するための移民法の改革**

　この章では、性犯罪者として登録することを怠ったことで、連邦犯罪として有罪を宣告された外国人は、国外追放されるという規定が設けられている。さ

らには、本法では、未成年者（minor）に対する指定された犯罪で有罪を宣告された市民は、家族ビザの申請適格を欠くという規定が設けられている。しかしながら、仮に自国の保安関係当局の責任者（Secretary of Homeland Security）が、ビザの申請をしている外国人に対して、その権威と敬意でもって、当該外国人が危険でないことを申し出た場合には、当該規定は適用されないのである。

(5)　第5章：児童ポルノの防止

本章は、本当の性行為ではない性行為を含む出版物等を製作する者に対して、既存のポルノ記録簿への記載とラベル付けを強化するものである。これら規定の目的は、児童や10代の若者をポルノ制作者の搾取から保護するための年齢確認と記録保存を保証することである。本法の下では、これらの記録は、司法省の要求によって点検可能とされている。

(6)　第6章：児童と地域社会の安全のための助成金、研究、プログラム

本法は、児童と地域社会の安全の問題に向けられた数多くのパイロット・プログラム、助成金、あるいは研究に関する規定を設けている。そのようなプログラムには、性犯罪者の電子監視のためのパイロット・プログラム、BBS会に対する財政援助、両親に児童の指紋登録を手に入れさせるための助成金等を含んでいる。

本法は、また、保健社会福祉省（Department of Health and Human Service）に対して、児童を虐待した者もしくはネグレクトした者に関する連邦登録簿を創設するように命令している。情報は、児童を虐待した者もしくはネグレクトした者に関する州のデータベースから集められることになっている。それは、児童を虐待やネグレクトから守るために、法の下における州の責任を遂行することを目的として、州の児童保護サービス局や法執行機関が利用できるように作成されるのである。連邦のデータベースは、州に対して、児童虐待で疑われている両親や後見人の過去の経歴を追跡することを可能にするのである。児童虐待を行っている両親が関係当局の目にとまるとき、たとえば、教師が児童の打撲症について疑問をもったときなどは、当該児童の両親は、様々な法域に移動

する可能性があるのである。連邦のデータベースは、これらの両親がいずれの州に両親の住所を移しているかを探し出すことを可能にするであろう。それはまた、たとえば、両親が過去に他の州で虐待事件に関与したことが発見されたような場合には、どの事案調査を優先させるべきかどうかの判断の目安を、児童保護サービス局のソーシャルワーカーに教示することになるであろう。こうしたデータベースは、また、里親（foster parent）や養親（adoptive parent）となろうとしている者が、どういう人物であるかを評価しようと考えている州政府に対して、その者が他の州で関与した過去の児童虐待やネグレクトに関する資料を提供することにもなるのである。

(7) 第7章：インターネット安全法

　本章は、強制的最低限度拘禁期間20年を規定する児童に対する搾取行為に関して、新たな刑罰を創設している。それは、3つ以上の別々の犯罪で、1人以上の被害者を含み、3人以上の他の者と申し合わせて実行された、一連の重罪事犯の一部として、列挙されている児童に対する性犯罪の項目のうち、少なくとも1つの違反行為をしている者に対して、新たな刑罰を創設しているのである。本章は、また、未成年者を巻き込む連邦の重罪犯罪の項目のうちの1つを行った、登録されている性犯罪者に対して、強制的最低限度拘禁期間10年の刑を付け加えている。その上、この章では、さらに、人を欺いてわいせつな行為を見させる意図で、言葉もしくはデジタル画像を、ウェブサイトのソースコードに差し込むことに対する新たな犯罪を創設している。

　インターネット安全法（Internet Safety Act）の規定は、また、児童に対する性犯罪の調査や訴追のために必要とされる連邦の訴追資源を拡大している。それら拡大の具体例としては、少なくとも200人のアメリカ合衆国法務官補（Assistant United States Attorneys）の雇用財源の確保、少なくとも10か所の「児童に対するインターネット犯罪」（ICAC: Internet Crimes Against Children）の対策本部の追加、「地域コンピューター科学捜査研究所」（Regional Computer Forensic Laboratories）と「サイバー犯罪センター」（Cyber Crime Center）において必要な法医学検査官（forensic examiners）45人の追加等が含まれているので

ある。その上、インターネット安全法の規定には、性的に虐待され、もしくは性的に搾取された児童に利用可能な民事上の救済手段（civil remedy）を設けている。

4．おわりに

　本法は、25年前に誘拐されて殺害されたウォルシュ夫妻（John Walsh and Revé Walsh）の子ども（当時6歳）を追悼するために、アダム・ウォルシュ（Adam Walsh）の名前を取って、［アダム・ウォルシュ児童保護安全法］と命名されたものである。

　本法の第1の特徴は、最も重大な性犯罪者に対して一生の登録を義務付けたことに加えて、性犯罪者の登録のための統一的な基準である「連邦性犯罪者登録簿」を創設し、そして、登録を怠った性犯罪者に対して、厳しい連邦法上の刑罰を科すことを明言している点である。

　第2の特徴は、連邦性犯罪者登録簿を創設することによって、全米50州の児童保護サービス局の職員に対して情報を共有することを可能とさせ、より効果的に児童の性的虐待事件を調査する権限を与えたことである。

　第3の特徴は、常習的性犯罪者に対する強制的最低限度拘禁刑（mandatory minimum penalties）を設けるとともに、児童に対する最も重大な性犯罪に対して厳罰化を認めたことである。

　こうした子どもを性的被害から保護するアメリカの一連の施策は、メーガン法以来の伝統に従うものであり、いかにアメリカが小児性愛者の問題に真剣に対応しているかの証左であろう。我が国も我が国独自の法律を立法化することを視野に入れて、子どもに対する性犯罪者対策を考えてみる時期にきているのではあるまいか。

第5章　2004年 カナダ性犯罪者情報登録法

1. はじめに

　2005年6月1日、警察庁と法務省は、「子ども対象・暴力的性犯罪」を犯して、刑務所に収容されている者についての出所情報を共有することによって、危険な性犯罪者に対応する「再犯防止対策」を打ち出した。これは、アメリカ、イギリス、カナダ等の「性犯罪者情報登録法」を参考にしたものである。しかしながら、情報公開をどの程度まで認めるかに関しては、それぞれの国において異なっており、我が国と同じように、登録はしても告知をしないのは、カナダの制度である。しかも、これら「性犯罪者情報登録法」の先進国のなかでは、カナダが最も新しく制度を制定した国である。そのため、以下においては、この「2004年カナダ性犯罪者情報登録法」(2004 National Sex Offender Information Registration Act) について紹介してみたいと思う。

2. 性犯罪者情報登録法制定の背景

　カナダの性犯罪者情報登録法（第C-16号法案）は、2004年4月1日、女王裁可を受け、同年12月15日に施行された。これにより、指定の犯罪により有罪判決を受けかつ裁判所命令を下された犯罪者は、年に1度の警察への報告を通じて、全国規模のデータベースである「カナダ性犯罪者登録簿」(National Sex Offender Registry: NSOR) への登録が義務付けられた。これらの個人の情報は、警察官によってデータベースに入力され、データは全国の警察機関からアクセスできるようになっている。つまり、カナダの全警察が、最新かつ重要な性犯罪者情報に、迅速にアクセスすることができるようになったのである。

　カナダでは、性犯罪者情報登録法 (Sex Offender Information Registration Act：SOIRA) とそれに基づいて設置される登録簿は、性犯罪と戦い、脆弱な児童や

成人を保護し、コミュニティを防御する上において重要な一歩であると評価されている。なぜならば、性犯罪者に関する全国規模の登録システムは、一般市民や政治家によって長年求められてきたという経緯があったからである。2001年には、カナダのすべての州と準州によって、全国規模のカナダ性犯罪者登録簿の設置が要求された。そして、これを受けて、2001年5月、カナダ警察省 (Solicitor General of Canada) は、全カナダ性犯罪者登録簿の設置に向けた立法措置を取ることを発表したのである。

性犯罪者情報登録法 (SOIRA) が、第C-23号法案として初めて下院に提出され、審議されたのは、2002年12月11日のことである。同法案は、2003年2月21日には上院第2読会において審議されたが、同年11月13日に議会の会期が終了したために、この会期中に同法案が議会を通過することはなかった。しかし、2004年のはじめ、SOIRAは復活議案に指定された。

2004年2月2日に議会が開会され、2004年2月12日には、新たに第C-16号法案と名を変えた、旧第C-23号法案が上院に提出された。そして、2004年4月1日、性犯罪者情報登録法は女王裁可を受けるに至ったのである。

3．性犯罪者登録簿への登録
(1) 対象となる性犯罪

SOIRAでは、表1のような刑法犯が対象の犯罪として指定されている。

(2) 登録対象者

次の各項のいずれかに該当するカナダ在住者は、登録を義務付けられる。

カナダ国内において、指定性犯罪 (criteria sex offence：性犯罪者情報登録法により指定) で有罪判決を受けた者のうち、以下のいずれかに属する者である。すなわち、

①同法の公布時に、刑に服していた者

②同法の施行時に、プロベーション又はパロールに服していた者

③同法の施行以降に、性犯罪で有罪判決を受け、かつ登録を命じる裁判所命令を下されるか、又は登録を義務付ける遵守事項 (notice to comply) に服

表1　性犯罪者登録簿の対象となる犯罪類型

罪　名	刑法典条文番号	説　明
児童わいせつ罪 sexual interference	151	性的目的で14歳未満の者の身体に接触する行為
児童わいせつ行為誘発罪 invitation to sexual touching	152	性的目的で14歳未満の者に対し自己の身体の部分への接触を求め促す行為
性的搾取罪 sexual exploitation	153、153.1	権威者または信頼される立場の者が、性的目的で14歳以上18歳未満の者（153条）または障害者（153.1条）の身体に接触し、またはそれらの者に対し自己の身体の部分への接触を求め促す行為
近親相姦罪　incest	155	血縁によって親子、兄弟、祖父母、孫の関係にある者との性行為
獣姦罪　bestiality	160	
児童ポルノ作成・配布・所持・アクセス罪 child pornography	163.1	
親・後見人による未成年者性的行為あっせん罪 parent or guardian procuring sexual activity	170	親または後見人が18歳未満の者を第三者に性的行為の目的であっせんする行為
わいせつ物陳列罪 exposure	173（2）	14歳未満の者に対し性的目的で性器を露出する行為
性的暴行罪　sexual assault	271	
脅迫による性的暴行罪 sexual assault with a weapon, threats to a third party or causing bodily harm	272	火器の所持、使用、または使用すると威嚇することによる、または第三者に危害を与えると脅迫することによる性的暴行
性的暴行致傷罪 aggravated sexual assault	273	
その他、性的性質を帯びた犯罪を行う意図をもって行われたと証明できる犯罪		
上記の各犯罪の未遂または共謀		

していた者
④本法施行時以降、精神障害のために指定性犯罪について刑事責任能力なしと判定され、かつ裁判所の登録命令が下されるか、登録を必須とする遵守事項に服していた者
⑤成人裁判所で指定性犯罪により有罪判決を受けた18歳未満の若年犯罪者
以上の性犯罪者が登録対象者である。

(3) **登録される情報**

カナダ性犯罪者登録簿には、次のような情報が登録される。
①氏名
②生年月日
③現住所
④最新の写真
⑤識別のための特徴（入墨、傷など）
⑥有罪判決を受けた性犯罪の種類
⑦犯罪者の報告義務

SOIRAに基づく命令を受けた性犯罪者は、次のような報告を義務付けられている。

① 次の各項に該当する場合には、居住する管轄区で、警察が定めた場所と時間内に本人が出頭した上で警察に報告しなければならない。
② 報告は以下の期日から15日以内に行わなければならない。
　i 拘禁刑から釈放された日
　ii 拘禁刑が言い渡されなかった場合は有罪判決の日
　iii 刑事責任能力がないと判断され、かつ絶対的又は条件付釈放を言い渡された日
　iv 毎年、最後に報告した日から11か月目と12か月目の間
③ 次の各項に該当する場合には、書留郵便又は各州・準州によって認められた方法によって登録事項を通知しなければならない。
　i 住所の変更

ⅱ　氏名の変更
　　ⅲ　居住地を連続して15日以上離れる場合は、出発日の15日以内
　　ⅳ　カナダを離れる場合は、出発の15日以内及び帰国から15日以内
　④　報告義務に関しては、判決を受けた犯罪者が遵守事項に服する場合は、上とは異なる。

この場合、(ⅰ)拘禁刑に服していなければ、遵守事項に服してから1年経過後15日以内（ただし、犯罪者が免除命令を申請している場合は、その審理まで延期される）、又は(ⅱ)(a)犯罪者が絶対的または条件付釈放を受けた日、(b)上訴未決のうちに拘禁を解かれた日、(c)刑期の拘禁刑の部分を終えて釈放された日、のいずれかから15日以内に報告する義務が生じる。

⑷　**罰則**
①　初犯の場合：10,000カナダ・ドル以下の罰金、若しくは6か月以下の拘禁刑又はその両方
②　再犯の場合：10,000カナダ・ドル以下の罰金、又は6か月以下の拘禁刑（略式審理による有罪判決）、若しくは2年未満の拘禁刑（正式審理による有罪判決）、又はその両方

⑸　**報告を義務付けられる期間**
①　刑の上限が2年から5年未満の指定性犯罪で有罪判決を受けるか、又は精神障害のために刑事無責任を認定された者は、10年間の登録義務を果たさなければならない。
②　刑の上限が10年から15年未満の罪で有罪判決を受けた者は、20年間の登録義務を果たさなければならない。
③　刑の上限が終身刑の罪で有罪判決を受けた者、又は複数の指定性犯罪で有罪判決を受けた者は、終身にわたって全カナダ性犯罪者名簿に報告する義務を負う。

⑹　**登録簿からの個人情報の削除**
命令に関係するすべての犯罪について無罪判決を受けた場合、又はすべての指定性犯罪について恩赦を受けた場合は（女王陛下による特赦権、刑法典第748条）、

氏名及び個人情報の登録簿からの削除を求めることができる。これにはまず、恩赦の証明を地域警察に提出する必要がある。情報の削除は、各州又は準州が定める手続による。

4．性犯罪者登録簿の情報の活用
(1) 警察官による利用
　各州、準州の正規の警察機関は、その州あるいは準州性犯罪者登録センターから、直接、間接に、このカナダ性犯罪者登録簿にアクセスできる。警察官は、性犯罪が発生したと疑うに足る合理的な理由があれば、対象地域に登録し居住する性犯罪者のリストをすぐにでも取得できる。登録簿データベースの個人情報へのアクセスは、厳格に管理され、警察の捜査目的で使用され、法律に従った許可が必要である。検索にあたっては、性犯罪者の住所又は住所の一部あるいはその両方をキーとして高度な検索を行うこともできる。データベースには、犯罪に関する情報と登録情報だけでなく、写真や入れ墨その他の本人識別のための情報も記録されている。

(2) 一般市民による利用
　カナダ性犯罪者登録簿の目的は、各警察機構が、有罪判決を受けた性犯罪者に関する最新情報に迅速にアクセスできるようにすることにより、性犯罪の捜査を支援することにある。したがって、一般人は、カナダ性犯罪者登録簿にアクセスできない。また、この登録簿は、地域社会への告知に対応するものではない。危険度の高い犯罪者の釈放を一般市民に告知する際の許可については、引き続き、プライバシー法第8条(二)項(m)号に従う。

5．登録簿の管理
　登録簿は、中央データベースについては連邦警察（Royal Canadian Mounted Police：RCMP）内に設置され、RCMPが管理を行う。登録、削除、罰則の執行等の業務は各地域の警察が担当する。
(1) カナダ性犯罪者登録簿データベース

カナダ性犯罪者情報登録法の基軸となるのは、カナダ性犯罪者登録簿データベースである。このデータベースは、カナダ性犯罪者登録簿の一部として、RCMPが管理するカナダ警察機構ネットワーク（National Police Services Network：NPSN）内に設置され、管理される。

カナダ性犯罪者登録簿の設置にあたっては、有罪判決の記録（tombstone data）を管理するカナダ警察情報センター（Canadian Police Information Centre, http://www.cpic-cipc.ca/English/index.cfm）を改修してこれを利用することも検討されたが、性犯罪者登録簿に求められる機能を備えていないと判断された。そしてその結果、カナダ性犯罪者登録簿は、カナダ警察機構ネットワーク内に、ウェブベースの外部インターフェイスサーバーとして設置されることになった。

(2) 地域警察の役割

州警察や市警察は、それぞれの地域社会でのカナダ性犯罪者登録簿の維持管理において重要な役割を果たす。NSORデータベースに入力するデータの収集は、各管轄区が行う。データ収集は、各地域の警察が行い、登録規定に関する法執行についても責任を負う。登録センターの業務には、地域警察に勤務する警察官及び民間のスタッフがあたる。州又は準州は、統括的なセンターに加え、地域内の各所に複数の登録所を設置する。性犯罪者は、これらの登録所に1年ごとに報告を行ってデータを登録することを義務付けられることになる。

6. おわりに

以上が、2004年12月15日に施行されたカナダ性犯罪者情報登録法の全貌である。このカナダの法律は、アメリカの1994年メーガン法よりも、イギリスの1997年性犯罪者法に近いものであり、我が国でも参考になろうかと思う。警察庁の通達で行う性犯罪者情報の公開には限界があることを考えるとき、1日も早い立法化が望まれるところである。

参考資料

RCMP, Detailed Brochure, http://www.rcmp.ca/techops/nsor/nsor_brochure_e.htm

RCMP, Backgrounder, http://www. rcmp.ca/techops/nsor/nsor_backgrounder_e.htm
Public Safety and Emergency Preparedness Canada（公共安全軍備省）、「IMPLE-MENTATION OF THE NATIONAL SEX OFFENDER REGISTRY」http://www.psepc.gc.ca/publications/news/20041215_e.asp

第6章　オーストラリアの性犯罪者処遇理論

1．はじめに

　1990年代に入ってから、幼い少女を狙った小児性愛者の犯罪が、アメリカ、イギリス、ベルギー、ドイツ、日本と相次いで発生したことを受けて、性犯罪者対策が世界的なレベルにおいて展開されている。我が国も奈良の女児誘拐殺害事件を契機として、2005年5月には、警察庁が子どもを対象とした暴力的性犯罪の前歴者を、「再犯防止措置対象者」として登録するに至った。登録期間は出所後5年以上である。

　また、法務省は2005年4月から、私も委員を務める「性犯罪者処遇プログラム研究会」を立ち上げ、矯正局及び保護局は、精力的に我が国独自のプログラムを作成する努力を重ねてきた。そして、2005年12月には、ついに、「性犯罪者処遇プログラム」を策定するに至ったのである。プログラムの基本方針は、①性犯罪者処遇プログラムの実施目的は、性犯罪者の再犯防止であり、子どもや女性を被害から守り、社会の安全性を高めること、②矯正施設と保護観察所で行うプログラムは、共通の処遇理論及び技術に沿って作成し、密接な情報交換を行って、連携のとれた処遇を展開し、より効果的な再犯防止を実現すること、③先行する海外の知見をもとに、認知行動療法を基礎とした処遇プログラムとすること、である。

　私は、今までに、多くの機関誌に、アメリカ、イギリス、カナダ、ドイツ、スイス、韓国等の性犯罪者対策と性犯罪者処遇に関する論文を紹介してきた。2006年12月、オーストラリア国立大学への超短期在外研究の準備をしている折に、偶然にも、オーストラリアの性犯罪者対策と性犯罪者処遇理論について体系的に叙述している論文に接する機会を得た。オーストラリアの性犯罪者事情については、我が国において、あまり紹介されていないように思う。そこで、

以下においては、特に、オーストラリアにおける性犯罪者処遇理論に絞って、その概要を紹介してみることにしたい。

2. 性犯罪者処遇理論

20世紀においてかなりの注目を集めた様々な理論は、我々の性犯罪に関する考え方の歴史と、処遇に対する現在の取組みの歴史の両者を理解する上での基礎として役立つものである。性犯罪行動に対する理論的アプローチは、完全に理論的仮説に基づく考え方から、データによって証明された研究結果に基づく理論へと前進してきた。以下においては、それら代表的な理論のいくつかを素描してみることにしたい。

(1) 精神病理論

真の精神病的性犯罪者は、性犯罪者の総数のなかでは、非常にわずかな割合を占めるものである。精神病的性犯罪者の行動は、他の犯罪者に劣らず衝撃的であり、有効な介入策が必要であるが、これらの犯罪者に対しては、専門化された性犯罪者プログラムでは、その効果が期待できないようである。これらの犯罪者の多くは、行動プログラムによるよりも、むしろ精神衛生的手段を通じて処遇する方がよいといわれている。

(2) 生理学理論

最近の研究者の多くは、ある特定の個人にとっては、耐え難いトラウマの経験が、脳が一定の出来事に応じて、ある種の化学物質を分泌することによって、持続的な変化をもたらすということと関係があるかもしれないということを証明した。この研究領域は、以前においては充分に説明をすることができなかった、多くの機能障害的な反応に関連性を持つ分野の理解を可能にするものである。神経的なあるいはホルモン的な要素は、測定可能で、変更可能な状況を包含することから、生理学的研究にとっては最も期待できる領域であるように思われる。

しかし、そうはいうものの、ほんのわずかな処遇プログラムや研究が存在するのみで、多くの場合において、デポプロベラ（化学的去勢に用いる薬）の使用

といったような、これらの理論に基づくセラピーは、犯罪行動を統制するという側面からは、犯罪者を援助することができるものであるが、唯一の可能な処遇であるとは考えられていないのである。もちろん、そのような方法を使用するプログラムは、今のところ、オーストラリアでは、青少年性犯罪者の処遇には採り入れられていないことに留意すべきである。しかしながら、ここにおいて最も重要なことは、青少年性犯罪者対策にそのような方策を用いることの倫理的問題である。反テストステロン療法は、多数の副作用を伴うものであり、最も厄介な点は、成長期や成熟期において諸々の障害をもたらすことである。

(3) **家族制度理論**

この理論体系は、初期のフェミニストの考えを大いに反映したものである。1964年の近親相姦に関する文献の概観によれば、近親相姦のような行為は、主として家族の機能障害であるとみなされ、当該犯罪者の行動は、「一般的犯罪傾向とは別個のもの」として現れていることを報告している。そこでは、母親が「父と娘の親密さを助長する一方で、夫を性的に欲求不満にさせている」といったことや、被害者は「めったに抵抗もしなければ、また不平も言わず、しかも罪の意識を経験しない」ということが信じられていたのである。

1970年代における家族制度の考え方の最初の転換によって、被害者である子どもの責任は取り除かれたが、母親は、未だ重要な役割を演じるものとされていた。1980年代になって初めて、家族内の性的虐待は、犯罪者個人の責任として理解され、犯罪者はその行動に対する責任を自ら引き受けるように奨励されたのである。現在の研究では、家族の力学は重要な役割を演じることがあり得るが、家族療法は、今や、そのような行動の発生に対する説明としてよりも、むしろ犯罪者に対する特別処遇や子どもの被害者の保護や治療の役割を担うものであると考えられているのである。

(4) **学習理論**

学習理論は、すべての行動や知識は経験を通じて学習されるとする観念に基づくものである。学習理論の焦点は、行為のより受諾可能なパターンを学習することによって、性犯罪のような望ましくない行動を減らすことにある。

青少年の性犯罪という点からみると、性的興奮に関する子どもの初期の経験は、性的被害を含む搾取的な関係において現れたかもしれず、そのことは、その者自身の性犯罪の進展を支援し、かつ保護するような方法において、子どもの発育に影響を与えたかもしれないのである。多くの最近の研究プログラムは、先行する被害と続いて起こる犯罪との関係について調査を試みている。

(5) 発達理論

発達理論は、学習理論と非常に類似したものであり、そしてしばしば、学習理論や認知理論と共に使われるものである。この理論は、初期の子どもの経験や、家族、あるいは環境という観点から性犯罪を説明しようとする。したがって、家族のトラウマ、身体的・性的虐待、ネグレクト、はっきりとしない家族の役割や境界線といったような要因、性的トラウマの経験等が、性的犯罪行動の発展に貢献すると信じられているのである。

(6) 認知理論

性犯罪の1つの要素が、犯罪者の行動が受け入れられ、正当と認められ、あるいは無害であると犯罪者に想像させることにあるのではないか、といった考えがある。このような認知のゆがみもしくは不合理な形での自己正当化は、犯罪者の行動に対する社会的タブーに、犯罪者が打ち勝つためには不可欠なものである。

認知理論は、性犯罪者の思考パターンのような内在的過程を検証するものである。多くの研究は、性犯罪者の多くは、年齢にかかわらず、性犯罪者の行動を支援しかつ大目に見てくれるような方法において行動する、ある特定の類型に属するゆがめられた思考をもつことを見出しているのである。特に、女性、セクシュアリティ（性的特質）、強姦、そして性的虐待の結果に関するゆがめられた思考は、性犯罪者の態度や思考パターンを記述し分析することに向けられた多くの研究の関心事となっているのである。

認知行動的処遇技術は、行動変容を支援する方法のなかに見出されるあるゆがみのようなものに取り組み、修正することを試みる。認知的再構成を試みることは、しばしば犯罪者の基本的信念体系と直面することになるのである。性

犯罪の被害者の多くは、生じた虐待に関してゆがめられた思考的徴候を示している。性犯罪の防止に関する最近の研究は、認知行動療法が、性犯罪者と同様に性的虐待の被害者にも使用可能であることを示唆しているのである。

(7) **性的暴行周期理論**

性的暴行の周期には、記述的経過が存在する。それは、犯罪者によって報告された行動の連続性という反復的性質が原因で、そしてまた、前の犯罪がそれに続く次の犯罪を補強するといった徴候によって、周期がもたらされるのである。

性的暴行周期理論は、1978年に、コロラド州青少年局の閉鎖青少年処遇センター（Closed Adolescent Treatment Centre）において展開されたものである。研究と実践は、それぞれの犯罪者が、独特の動機付けや正当化の考え方をもっているのと同様に、犯罪もしくは被害についても独特の認識をもっており、それ

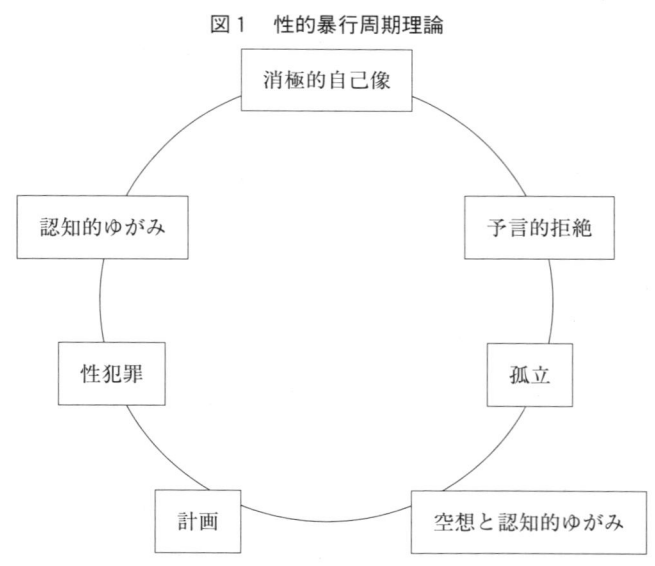

図1　性的暴行周期理論

消極的自己像 → 予言的拒絶 → 孤立 → 空想と認知的ゆがみ → 計画 → 性犯罪 → 認知的ゆがみ → 消極的自己像

資料源：Grant, A., "The Historical Development of Treatment for Adolescent Sex Offenders," Australian Institute of Criminology, February 2000, p.4.

ぞれの性的暴行事件に共通な特定可能なパターンがあったことを示唆している。そして、そこにはまた、思考に関する共通の様式、あるいは欲求充足に関する共通のタイプが存在する。すなわち、関連した行動のタイプや被害者の選択の方法、もしくは被害者から服従を得る方法さえもが、それぞれの犯罪者の間で共通の経過がみられたのである。

　この周期理論は、犯罪者と性的虐待行動を検討する処遇職員の両者を支援し、さらなる犯罪を防止するための特別な個人的介入戦略を展開するための理論的枠組を供給した。ライアン（G. Ryan）とレーン（S. Lane）は、次のように述べている。

　　「この周期理論は、状況、思考、感情、行動を考慮に入れたものであり、一般的には機能障害的パターン、それも特に性的虐待のパターンに対する多様性や適用のために、性犯罪者の処遇に対する折衷主義的アプローチへの理解のための概念枠組となり、広く用いられることになったのである」と。

(8)　統合理論

　統合理論の主な成果の１つに、予防回帰の考え方がある。この予防回帰理論は、最初に薬物中毒者の処遇に関して展開されたが、最も良く知られているのは禁酒プログラムである。そのような対象者に関する研究や処遇は、使用中止後に薬物乱用に戻る原因となる意思決定や行動の特定可能なパターンを提示している。コナリー（M. Connolly）とウルフ（S. Wolf）は、予防回帰理論に基づく性犯罪者に対する処遇の本質を以下のように記述している。

　　「個々の犯罪者は、性犯罪者プログラムの職員とともに犯罪へと導く性的に攻撃的な刺激要因や行動の個人的パターンを発見し、理解し、記録することに務めるのである。このことは、そのような行動に貢献し支援しているかもしれない、青少年自身の被害化の問題や、その他の問題に関する探求を含むかもしれないのである。犯罪者は、また、集団行動にも参加する。そして、その集団は、適切な行動を支え補強すると同時に、しばしば他の犯罪者によって表現された考えや思考と対立することにもなるのである」と。

　しかしながら、方法論的には問題があるものの、いくつかの研究は、青少年

性犯罪者は他の仲間から孤立しやすく、親密な人間関係を維持することに困難を伴うということを明らかにしている。バーカ（M. Barker）とモーガン（R. Morgan）は、そのような集団における仲間の支援基盤（予防回帰の方法を採用すること）が、犯罪者にとって非常に重要であり、しかも認知的変容に対して卓越した道具となることを確認しているのである。

　以上のような様々な理論を検証してみて分かることは、現存する研究の多くは、直接的な意味においては、もはや理論的ではないといえる。むしろ、青少年性犯罪者の分野における研究者や理論家たちは、より経験主義的なアプローチを採用し始めているのである。その結果が、発達、人間関係、個性、疫学的、社会学的、認知的、そして状況的等の要素を含んだ、広範囲にわたる変数の強調である。現在の研究や臨床的実践における第一義的な拡大路線が、伝統的な理論中心のモデルよりも、むしろ、プログラムの評価を重視するデータ中心のモデルである、性犯罪行動モデルの展開となって現れているのである。

3．おわりに

　以上において考察したごとく、オーストラリアにおける性犯罪者処遇理論には、英米諸国とはまた異なったものがあるようである。特に性的暴行周期理論は、配偶者暴力の周期（緊張蓄積期→暴力爆発期→ハネムーン期→緊張蓄積期）との類似性があり、さらなる理論検証の望まれるところである。

　しかしながら、このような性犯罪者処遇プログラムは、女性の地位、そしてしばしば、問題解決や紛争を解消するための方法として、地域社会、メディア、娯楽産業において描写されている暴力の果たす役割といったような、広範囲に及ぶ社会的問題に取り組むための必要性を軽減するものではないということに注意しなければならない。地域社会における暴力や性的行動に対する態度を改める必要性は、依然として残されているのである。特に、初期の不適当な性や、性的・攻撃的な行動に関するいかなる徴候に対しても、将来の青少年の保護を確保するために、できるだけ早く取り組みを始めなければならないことはいうまでもない。

オーストラリアの性犯罪者処遇理論から学ぶべきことは多いのではあるまいか。

第7章　性犯罪者処遇の新しい動向

1．はじめに

　最近のアメリカにおける性犯罪者処遇の新しい動向として、精神医学者がこの領域から撤退し始め、心理学者やその他の専門領域の者が、性犯罪者に対する新しい異なる処遇方法の開発に着手し始めていることが挙げられる。それらの処遇方法の多くは、何が人々に性犯罪を行わせるのかということに関しては不可知論的である。その代わりに、これらの処遇方法は、ストレートに犯罪者の思考過程や、態度、欲望、及び行動を変化させることを試みているのである。

　そうした最近の新しい処遇方法として今日一般的なのが、心理学的アプローチと医学的アプローチである。心理学的アプローチは、犯罪者の思考方法や行動様式を変化させることを手助けするものである。心理学的アプローチは、また、犯罪者に性犯罪を行うことを回避する方法を教えることに、より一層の関心を有しているのである。医学的アプローチは、主として外科的去勢や化学的去勢によるものであり、性犯罪者の性的誘因やリビドーを減退させるよう試みるものである。ここでは、犯罪者の性的衝動を減退させることが、取りも直さず、当該犯罪者による性犯罪を減少させると考えられているのである。

2．心理学的アプローチ

　性犯罪者に対するほとんどの処遇プログラムは、リラプス・プリベンション (relapse prevention) を強調する、包括的な認知行動療法モデル (cognitive-behavioral therapeutic model) を用いている。性犯罪者を効果的に治療することに対する精神分析の一般的な失敗の後、1970年代後半において、行動変容療法 (behavior modification therapy) は選択開始的療法 (treatment of choice beginning therapy) となり、1980年代の間には、セラピストは次第に認知療法を使用し始

めたのである。その後、認知行動療法モデルは、グループワークのような集団環境における性犯罪者のリラプス・プリベンションの適用とともに盛んに用いられるようになった。

　精神医学的戦略と行動療法的戦略との相互作用の結果として、性犯罪者に対する現代の認知行動療法は、一般的には、将来の犯罪の予防を目標とするとともに、不適切な性的行動に関連する問題的な思考過程を識別し定義することや、環境要因への感情的または行動的反応を変化させることを含んでいるのである。治療中の犯罪者は、典型的に、性的行動や幻想、思考や感情の経路を追い求めるよう要求され、逸脱的な興奮（deviant arousal）を強化する環境的な刺激を回避するよう要求される。現代の実務は、認知及び感情の過程を強調しているが、多くの特別な行動変容療法が、性的興奮を統制するために用いられているのである。

　最も有用な性犯罪者処遇プログラムは、行われた犯罪に特有の逸脱的な思考や行動パターンに焦点を当てた、包括的で全体観的な種々の治療方法を含むものである。様々な治療的方法が性犯罪者の処遇プログラムにおいて用いられており、典型的には、認知及び行動療法の双方が含まれているのである。もちろん、治療の選択肢は州によって様々であるが、以下においては、再発予防を目的とした治療に共通する一般的ないくつかの療法について説明してみることにしたい。

(1) 性的嗜好の再方向付け

　性犯罪者のある者は、単に逸脱的な性的嗜好（sexual preference）を抱いているだけであるが、刑事法は、これらの嗜好に基づくいくつかの性的行動を処罰しているのである。たとえば、成人のうちのある者は、子どもによって性的に興奮させられ、心を引き付けられる。他の者は、レイプの際に女性を辱め、身体的なダメージを与えることによりサディスティックな喜びを得る場合もある。これらの性的嗜好の多くは、現在の精神障害システムの下では性倒錯者（paraphilia）として臨床的に診断されるのである。また、他の犯罪者は、逸脱的な性的行動を支持するような、行動的・感情的・人格的な特徴によって性格

付けられる一種の人格障害である、特別な精神病質者（psychopathy）と診断されることもあるのである。

我々は、なぜある者が性犯罪を行うのかについて、確実には分かっていない。それにもかかわらず、人間の性衝動は性的行動を活性化させることにおいて非常に強力な力となり得るのである。様々な条件付け戦略によって、我々は、逸脱的な性的興奮を減少させ、適切な性的興奮をもたらすように努めている。

(2) 潜在的感作

潜在的感作（covert sensitization）という行動変容療法は、時として、個人の性的興奮や性的行動に基づく逸脱的刺激の効用を減少させるために使用される。セラピストの指導によるイメージを通して、犯罪者は、自分の特定の逸脱行動をイメージするように導かれるのである。性的な満足という気持ちのよい結果へと導く代わりに、セラピストは、逸脱行動は逮捕や拘禁といった耐えられない結果へと導くのだということを、犯罪者にイメージさせるのである。それによって、犯罪者は、過去において自分を犯罪行動へと導いた思考や行動を遮断し、苛酷な現実世界の結果をイメージすることを学ぶのである。反対に、セラピストによって指導されたイメージは、同様の方法において、適切な性的刺激への肯定的な反応を条件付けるためにも使用されるのである。

(3) 臭覚による条件付け

臭覚による条件付け（olfactory conditioning）は、逸脱的性行動のイメージが不快な臭いと一体化されるという、もう1つの療法である。たとえば、少年に心を引き付けられる性犯罪者には、逸脱的な刺激に対する否定的な関係性を生み出すために、少年の写真を見せ、それと同時にアンモニアの不快な臭いにさらされるようにする。いやな臭いに対する不快な反応は、過去において逸脱的性行動によって望ましい結果をもたらした一連の出来事を混乱させることになるのである。

(4) 自慰による満足

自慰による満足（masturbatory satiation）は、認知と行動という2つの構成要素の組み合わせを含む、もう1つの条件付け療法である。はじめに、犯罪者は

射精に至るまで、同意のある対等な者とのセックスのような、適切な幻想によって自慰をするよう仕向けられる。その後、オルガズムに続く、次のオルガズムが起こりえない不応期（refractory period）に、犯罪者は、彼の満たされない性的活動と逸脱的行動とを結びつけるために、子どもとセックスするといったような逸脱的な性的幻想によって自慰をするよう仕向けられる。性的に適切な思考や視覚的な刺激によって自慰をすることは、犯罪者に逸脱的な性行動に対する受容可能な代替手段を模索することを奨励することになるのである。犯罪者の逸脱的な幻想の性欲的な質（erotic quality）は、オルガズムの喜びがもはや幻想と関係がないことを理由に、減少されることになるのである。

(5) プレチスモグラフ

　プレチスモグラフ（plethysmograph）として知られる、性器体積変動記録器は、様々な刺激に対する陰茎の生理学的な反応を測定し、性犯罪者がいまだ逸脱的な性的嗜好を有しているかどうかを調べるために利用される。プレチスモグラフは陰茎の陰茎体（shaft）に装着した小さな計器を通して、陰茎の円周を監視することにより、性的興奮を測定するものである。計器を装着している犯罪者には様々な刺激が与えられ、陰茎の反応がプレチスモグラフにより記録される。たとえば、幼い子どもに関係する視覚的・聴覚的な情報が犯罪者の勃起を引き起こした場合、犯罪者は、幼い子どもに対していまだ性欲を抱いていると解釈されるのである。いく人かの専門家は、これらの勃起測定は、個々人を彼らの有している性倒錯の類型について、特に小児性愛（pedophilia）を伴う者を分類する際や、逸脱的興奮について焦点を絞ることに関して有用であると考えているのである。また、同様に、このテストは、いずれの治療を用いるべきかについて決定し、性的興奮の前・後の測定値をとることによって、その効果を調べるために用いることが可能である。

　しかしながら、この装置は絶対確実なものとはいえないかもしれない。ある者は、性的行為の描写を見ないかもしれないし、あるいは聞かないかもしれない。また、ある者は、彼らが検査されている間、みずから興味を逸らすことによって、性的反応を抱くことを回避する方法を学習するかもしれない。そうし

た事実があったか否かは完全に明白ではなく、いくつかの研究は、多くの性犯罪者は性的興奮を抑制することが可能であることを示唆している。こうした故意の企てに対処するために、臨床医は、この装置を使用している間、犯罪者が彼らの逸脱的な性的興味を隠すために行うそのような企てを発見するため、あるいはまた防止するために、様々な工夫を凝らしているのである。個々人が実際に性的刺激を見聞きしていることを確かめるための方法としては、性的刺激に対して付加されたシグナルを識別することを犯罪者に要求したり、彼らの目の動きを観察すること等が試みられている。また同様に、臨床医は、犯罪者に、彼らが他のことを考えていなかったかどうかを確かめるために、性的刺激について話すように要求するのである。

(6) 認知の再構築

多くの性犯罪者は、自らの行為や被害者に対する衝撃の度合いについて、歪んだ認識をもっているといわれる。しばしば、彼らの特異な態度（ときに「自己弁護」と呼ばれることもある）は、犯罪者をして、彼らの犯罪行動を容認することを許すような事態を生み出すこともあるのである。そうした歪んだ認識は、共通して、否定や最小化、合理化や正当化等といった、認知防衛機能（cognitive defense mechanism）が関係しているのである。たとえば、強姦犯は、被害者が、その服装やある種の振る舞いによって、強姦してくれるように「求めている」と考えており、あるいは、ほとんどの女性が当該体験を実際には「楽しんでいる」と考えているのである。小児性愛者（child molester）は、子どもとの性的行為は単なる子どもに対する彼らの愛情表現の1つであり、セックスは幼い者たちにとって良い経験であると信じているのである。あるいは、彼らは、また、子どもたちを単に愛撫しているだけであり、暴力を行使しているわけではないことを理由に、みずからの行動の重大性を最小化する傾向があるのである。そしてまた、性犯罪者のもう1つの典型的な考え方は、自分はみずからの行為を合理化するのを手助けする無力な被害者である、というものである。そのため、ここでの「認識の再構築」とは、犯罪者が自分が行ったことに対する思考方法を変化させ、恐ろしい行動をとったことや、被害者に対して重

大な害悪を与えたことに対する現実的な理解をもたせることである。

(7) **被害者への共感**

多くの犯罪者は犯行現場からすぐに立ち去るために、被害者に対する彼らの行為のおそろしい情緒的な結末を目の当たりにしたり認識することがない。結果として、多くの性犯罪者処遇プログラムは、被害者がどのような犯罪体験をしたかということの理解を通じて、性犯罪者に被害者に対する共感を抱くことを教えるように努めているのである。ある犯罪者は被害者に対してエッセイや手紙を書き（通常、その書簡は実際には被害者に送られることはないけれども）、そうすることによって、犯罪者は、被害者が犯行時にどのように感じたのか、犯罪の衝撃が被害者の生活に与えた影響はどのようなものであったか、あるいは、犯罪者が被害者の立場になった場合どのように感じるのか等の、様々な要因を想像することができるのである。被害者は、また、個人的な対面の場や話し合いの場で、あるいは間接的にビデオテープによって、みずからの恐怖の体験を説明し、その場において犯罪者に考えさせるために、事件の恐怖を物語ることもできるのである。いくつかの性犯罪者処遇プログラムにおいては、性犯罪者に、実際に被害者の役割を演じさせているようである。被害者に対して与える性犯罪の衝撃を理解させることは、犯罪の結果に対する犯罪者の思考方法を変化させ、将来の性犯罪を回避するように動機付けることになるというのが、この療法の基礎となっている考えである。

(8) **社会的な適応能力の養成**

性犯罪者のある者は、社会的適応能力の欠陥を示していたり、単に社会的な相互作用の仕方やセックス・パートナーの探し方を知らない者もいる。したがって、ソーシャル・スキルの開発や対処戦略の展開は、性犯罪者に対して、適切な社会的機能の範囲を広げることを助け、彼らの欠陥を補うことを手助けするものとなる。こうしたアプローチは、性犯罪者が他の大人との社会的関係性を確立する方法や、セラピーの後の段階だけではあるが、犯罪者が自己の犯罪について責任を持ち、治療において格段の進歩が見られた後に、性的パートナーを探し出す方法を学習することの手助けとなるのである。しばしば、集団

療法の場における役割演技（role-playing）が、犯罪者に適切なソーシャル・スキルを教える技法として用いられている。基礎的な性教育や関連する情報が、この治療手段の一部として提供されることがあり、犯罪者は性的なコミュニケーション・スキルを学習し、対等な者との性的関係について学習するのである。

(9) ストレス・アンガー・マネージメント

多くの性犯罪者に共通するその他の犯罪に関連した個人間の問題が、しばしばストレス・アンガー・マネージメントや薬物乱用等を含むセラピーにおいて対象となる。多くの性犯罪者は、不法な性的行動によりストレスに対処している。また、ある者は、怒りが生じたとき、暴力的な性的行動で反応している。アンガー・マネージメント訓練は、性犯罪者に、自分の怒りへの引き金がどこにあるかを認識することを教え、怒りに対する彼らの典型的に不適切な反応を確認させ、当該怒りの感情を表現するための適切な方法を学習させ、過度の怒りに対する将来の暴力的性体験の可能性を減少させることを教えているのである。

(10) リラプス・プリベンション（再発防止）

リラプス・プリベンション（Relapse Prevention）とは、依存症の治療のために開発されたもので、性犯罪者の特別な治療のために修正が施された認知行動療法の1つの応用技法である。リラプス・プリベンションの目的は、犯罪者に、過去において性犯罪行動に導いた危険性の高い状況を抑制するための対処技術を、日々の生活において日常的に用いる方法を教えることにある。理論的には、たとえば、逸脱的な思考や感情、あるいは性的幻想のような内面的な出来事、あるいは特定の状況や特定の性的行動のような外面的な出来事が、性犯罪の遂行以前に確実に生起するのである。そして、そのような出来事は、認知行動療法によって抑制することができるのである。

そのため、この認知行動療法は、性犯罪の遂行へと導く一連の出来事が開始される以前の、先行的な内面的思考や外面的高度リスク要因の連鎖を、犯罪者自身に同定することを要求するのである。たとえば、性犯罪者の犯罪の典型的

なパターンは、子どもを愛撫するという幻想から開始される。リラプス・プリベンションは、犯罪者に、この幻想を追い払うことを手助けするための戦略を提供するものである。あるいは、犯罪者はアルコール等を摂取した後や、子どもと2人だけで一緒にいる場合等に、しばしば性犯罪を行う傾向がある。犯罪者は、これらの性犯罪を行うことに寄与するような状況を回避するための対処技術を学習し、そのことと同程度に重要である、彼らが性犯罪を行う以前に彼らを性犯罪へと導く幻想を、追い払う方法を学習するのである。それゆえ、性犯罪者は、子どもが近くにいる間はアルコールを摂取しないように努めなければならないし、仮に子どもが側にいるときにアルコールを摂取してしまった場合には、すぐにその場を立ち去るか、他の成人が居合わせていることを確認しなければならないことを学習するのである。

3．医学的アプローチ

　性犯罪は、一般的に、少なくとも性衝動の心理学的反応から起こるものであることが理解されることから、社会が性犯罪者の再犯を減らすために、医学的アプローチを求めているということは、意味のあることである。以下においては、性犯罪者の処遇において最も一般的な2つの医学的アプローチについて紹介しておくことにしたいと思う。

(1) 外科的去勢

　生殖腺（gonads）の外科的除去（orchidectomy：睾丸摘出手術とも呼ばれる）である去勢は、アメリカにおいては全くといってよいほど用いられていないが、近年まで、ヨーロッパでは、一般的に男性の性衝動や攻撃性を減少させるために、広範囲に用いられてきた。ほとんどの研究が、今日では性犯罪者とは考えられてはいない同性愛者を含み、研究そのものが精査されていないが、それにもかかわらず、それらの研究では、去勢は危険性の高い犯罪者の間でさえも、性犯罪の再犯を減少させていると結論付けているのである。

　たしかに去勢は首尾よく性衝動を減少させ、その結果として性犯罪の再犯を減少させ得るように思われる。しかしながら、拘禁されている人間が、法的に

有効なインフォームド・コンセントを与え得るかどうかは不明である。去勢すれば釈放するという同意の求め方は、あまりにも強制的なものであり、受刑者の選択が本当に任意的なものであったかどうかを考慮することはできないのである。同様に、憲法がたとえ当人が同意しているとしても、政府に将来の犯罪を防止するために、人間に物理的に撤回不可能なほどに一生残る傷を負わせることを認めているかどうかも不明である。しかしながら、裁判所が有罪を宣告された性犯罪者に対して刑罰として外科的去勢を施すことを容認するであろうとは考えられないことである。

(2) **化学的去勢**

同様に薬物は男性の性衝動を減退させる効果があり、それゆえに、性的に逸脱した行為を減少させ得ると考えられている。事実、いくつかの薬物は、男性ホルモンであるテストステロンの製造を抑制あるいは減少させる効果がある。これらの薬物のうち最も一般的なものが、抗男性ホルモン（antiandrogens）と呼ばれるものである。これらは外科的去勢と同様の性衝動減少効果をもたらすことができるが、外科的去勢とは異なり、薬物による去勢は、単に薬物の摂取を中止することにより、その機能を元に戻すことが可能である。しかしながら、抗男性ホルモン剤は、体重の増加や疲労、頭痛や体毛の減少、うつや胃腸の障害等を含む、好ましくない副作用を有している。ほとんどの男性は抗男性ホルモン剤を服用することを好まない。他の薬物はテストステロンの製造を妨げないが、そのかわりに当該ホルモンの効果的な使用を抑制させる。酢酸シプロテロン（cyproterone acetate：CPA）は、こうした薬物の最も一般的なものであり、テストステロンの細胞内の取り込みや、アンドロゲンの細胞内での新陳代謝を妨げる効果がある。

抗男性ホルモン剤のうちのただ1つ、酢酸メドロキシプロゲステロン（medroxyprogesterone acetate：MPA）だけは、実証的に結果が評価されているが、それでさえ、結果の有効性に関しては意見の相違がみられるのである。ある研究では、MPA を服用した小児性愛者は、服用していない者よりも、再犯が少ないことを示している。しかし、他の研究では、性犯罪の再犯を減少させ

るという点において、MPAの有効性を支持してはいないのである。同様に、他の研究でも、MPAを服用した犯罪者と服用していない犯罪者の間には、性犯罪の再犯において何らの相違もみられなかったことを示している。そしてまた、これらの薬物を服用した犯罪者は、服用していない犯罪者よりも高い再犯率を示しているという結果を報告している研究も存在するのである。もちろん、当該研究において薬物療法を受けた犯罪者は、もともと再犯の危険性が高い犯罪者であり、それゆえに、薬物療法でしか処遇できないようなハイリスクの性犯罪者であったということに注意しなければならないであろう。

中央神経システムのセロトニンの送信システムを変容する他の薬物も、性犯罪者を治療するために用いられている。これらの薬物には、クロミプラミン（clomipramine）やフルオキセチン（fluoxetine）、その他の抗うつ薬が含まれている。薬理学的な作用としては、比較的副作用が少ないのが特徴的で、うつや不安、攻撃性や強迫神経症的な行動等を減少させる効果があるのである。これらの薬物は、心理学的な治療と組み合わされた場合、性的に逸脱した幻想の頻度や強度を減少させることが可能であるが、性犯罪の再犯を減少させるという点において、その有効性がいまだ確立されてはいないのである。

現在のところ、研究者は、性的な再犯を減少させるために薬理学的な戦略を使用することについての有効性と意義に関しては、正反対の結論に達している。しかしながら、アメリカ精神医学会（American Psychiatric Association）が作成した特別委員会報告書は、抗男性ホルモン剤とホルモン物質を併用した性倒錯者（性犯罪者を含む）の薬理学的な治療は、性的幻想や性衝動、性的興奮や性的行動の減少を通して、再犯率の減少をもたらすことに成功したことを報告しているのである。

しかしながら、ライス（M. E. Rice）とハリス（G. T. Harris）という2人の著名なカナダの研究者は、利用可能な証拠を再検討した結果、テストステロンを減少させる薬物を自発的に服用している性犯罪者は少なく、期間を延長してそれらを服用している者はさらに少ないということを結論付けている。治療の一環としてこれらの薬物を服用している性犯罪者が、低い再犯率を示していると

いうことを特定の研究が結論付けていることには同意するが、それにもかかわらず、彼らは、「薬物が再犯の減少を引き起こしているということを信じるために充分な説得力のある証拠はまだ存在しない。治療を受けている少数の割合の性犯罪者のみが、特別に高く動機付けられているということかもしれない」と彼らは断定しているのである。

現在、アメリカのいくつかの州では、多くの性犯罪者に、彼らの刑務所からの釈放やパロールの条件の1つとして、これらの薬物を服用することを要求している。こうした戦略は、深刻な憲法上の問題や倫理的な問題を惹起するだけではなく、これらの薬物が性的な再犯を減少させるという、誤った推定に基づいて処遇を展開することになるかもしれないことを警告するのである。

4．おわりに

以上において紹介したアメリカの新しい性犯罪者に対する心理学的アプローチや医学的アプローチが、我が国においてどこまで利用可能であるかは未知数である。しかしながら、2006年4月から、我が国でも矯正と保護の分野において、性犯罪者処遇プログラムが実践されていることを考えるとき、我が国の性犯罪者に適合するプログラムの完成を目指す上からも、これらの処遇技術が何らかの参考になるのではないかと思う。再犯防止に繋がるような斬新な施策の展開を望みたいものである。

第8章　アメリカの性犯罪者処遇の有効性

1. はじめに

　性犯罪者、それも小児性愛者のような、危険な暴力的性犯罪者を処遇する場合には、施設内での処遇と地域社会内での処遇が直結していなければならないといわれている。現在、アメリカでは39州が刑務所における公式的な性犯罪者処遇プログラムを持っており、ほぼすべての州が認知行動療法（価値観や考え方あるいはイメージなどの認知的な歪みを治療して修正する技法）に基づく処遇方式を採用しているようである。しかし、多くの文献によると、本当に重要なのは地域社会内での処遇であり、その善し悪しが、社会復帰が成功するか否かを左右するほど重要であることを指摘している。

　性犯罪者を地域社会内で監督する保護観察官は、性的暴力によるこれまでの被害者、そしてまた、これからの被害者を保護するという、重大かつ挑戦的な仕事に直面しているといわれる。実際のところ、保護観察官の責任そのものは、今や、これまで以上に重大なものとなっているようである。近年、地域社会内矯正に携わる専門家の取り扱い件数に占める性犯罪者の数は増え続けており、被害者自身や地域社会に対する性的暴力の深刻な影響については、疑問の余地のないものとなっている。

　性犯罪者に対する刑事司法システムの反応は、典型的には、刑罰と無害化である。これらの戦術に、さらに施設収容が加わった場合には、犯罪者の潜在的被害者への接近を排除し、それによって、再犯を防止するという施策が整ったことになるのである。しかし、それでもなお、ほとんどすべての性犯罪者は、遅かれ早かれ地域社会に戻ってくることになる。この現実と取り組むために、地域社会内矯正プログラムは、より一層、性犯罪者に対して真摯に処遇を受けることを要求するのである。

以下においては、暴力的な性犯罪者の処遇効果について、バーモント州の事例を参考にして考察してみたいと思う。それというのも、以下の資料は、2005年2月28日と3月1日に、フジテレビの朝の番組「とくダネ！」で知り合った、バーモント州の性犯罪者処遇プログラムの責任者マグラー（Robert J. McGrath）から頂いたものだからである。

　それはともかく、一般に、性犯罪者の処遇効果については、以下の3つの疑問に答えることが要求される。すなわち、①処遇は再犯を減らすのに有効か。②処遇コストは効果的か。③処遇は被害者の必要性に取り組む上で効果的か、の3つである。以下においても、この3つの視点から分析・考察を進めることにしたいと思う。

2．処遇は再犯を減らすのに有効か

　少なからぬ社会一般の注目が、性犯罪者処遇は再犯率を減少させることができるのかどうかという点に焦点を当てている。専門的な論争も、また、この点に集中しているのである。幸運にも、性犯罪者処遇の調査報告書、特に最近の研究結果に対する分析によれば、処遇の効果について、「それは極めて有効である」という非常に楽観的な結論を導き出している。

　ここ15年にわたって、少なくとも7つの調査研究グループが、性犯罪者の処遇研究を分析した結果、ファービ（L.Furby）ほかの研究を除いたすべての研究が、総じて肯定的な処遇効果を見出しているのである。たとえば、アレキサンダー（M. A. Alexander）は、性犯罪者の処遇結果について、かなり広範囲にわたる研究を行っている。

　68の従来の研究を分析した、アレキサンダーの性犯罪者処遇に関する研究結果によれば、処遇を受けた犯罪者の再犯率が10.9％だったのに対して、処遇を受けなかった犯罪者の再犯率は18.5％だったことを見出している。また、処遇を強制された犯罪者は、処遇に自発的に参加した犯罪者よりも、僅かながら低い再犯率であったことが明らかとなっている（10.5％対12.4％）。そして、これは決して驚くべきことではないが、処遇を完了した犯罪者は、処遇から脱落し

た犯罪者よりも、かなり低い再犯率を示している（10.4%対18.4%）のである。

さらに2つの研究成果は、処遇技法における最近の進歩が、よりよい処遇結果に帰結しているという認識に、支持を与えるものである。1980年以前に行われた処遇研究に参加した犯罪者の再犯率は12.8%であったのに対して、1980年以降の研究で処遇を受けた犯罪者の間での再犯率は7.4%であった。さらに、最近開発された、行動療法（Behavior Therapy：治療の焦点を心理療法のように内面的なものに当てずに、直接観察可能な異常行動を対象に治療を行う技法）あるいはグループ・セラピー（Group Therapy：治療的に組織化された集団のなかで、対人交流や集団の持つ力によって、人格や行動の改善を目指す技法）と組み合わせた、再発防止介入プログラム（Relapse Prevention Intervention：自らが社会生活において再犯に繋がる危険性を認識し、これを回避する方法を取得させる技法）による処遇を受けた犯罪者は、行動療法とグループ・セラピーの組み合わせで処遇を受けた犯罪者よりも、目立って低い再犯率を示した（5.9%対13.4%）ことを見出しているのである。

処遇結果は、また、各人が犯した犯罪のタイプとも関連があるように思われる。アレキサンダーやその他の最近の研究が示唆しているのは、グループとして、子どもを強姦した男性は、処遇に対してかなり敏感な反応を示す傾向があるということである。しかし、それ以外の強姦をした男性に対する処遇の効果は、いまだ未知数である。処遇効果に対して必ずしも明瞭でないその他のタイプの性犯罪者としては、多種多様な性犯罪で有罪宣告を受けたり、逸脱した性的興奮パターンに執着したり、あるいは重篤な精神異常という人格特性を有する人々が挙げられている。

これは改めていうまでもないことであるが、すべての性犯罪者処遇に等しく効果があるというわけでもなければ、すべての性犯罪者が等しくセラピーに敏感に反応するわけでもないために、地域社会内矯正の専門家は、注意深く処遇プログラムを選択しなければならないのである。幸運にも、最も効果的だと思われるタイプのプログラムは、最も一般的なタイプのプログラムである。現在、アメリカで行われている1,500の成人と少年の性犯罪者処遇プログラムのほぼ

60％は、最近、クナップ（F. A. Knopp）、フリーマン＝ロンゴ（R. Freeman-Longo）、スチーブンスン（W. F. Stevenson）によって確認されたところによると、認知行動療法（Cognitive-Behavioral Treatment）あるいは再発防止処遇モデル（Relapse Prevention Treatment Model）を使っているとのことである。さらに、グループ・セラピーは、これらのプログラムの98％で好まれて使用されている、第１の処遇方法であるとのことである。

　成功した処遇プログラムは、また、類似した処遇目標を持っているようである。それらの処遇目標が典型的に共有しているのは、①犯罪の責任を引き受けること、②被害者への共感を発達させること、③逸脱した性的興奮を統制すること、④社会的な適応能力を向上させること、⑤再発防止スキルを開発すること等である。

3．処遇コストは効果的か

　関係者の苦しみを減らすことが、性犯罪者処遇の第１の目標であるとはいえ、財政上の現実を無視することはできない。社会における、性的攻撃による財政上の影響は甚大である。表２の見積りは、バーモント州における最近の概算コストに基づいた、１つの再犯にかかる平均的なコストである。犯罪者に関連した再犯に関わる経費として含まれるものは、判決前調査費、裁判費用、施設収容費、施設内処遇費、それにパロール保護監督費である。被害者に関連した経費として含まれるものは、社会サービス局の経費、病院費と医療費、それに被害の評価に関する経費と治療サービス費である。必ずしもすべての被害者が、家庭以外の施設へ入所することや、医療サービスを要求したり、あるいは精神保健治療を探し求めたりするわけではないので、被害者関連の経費は平均化されている。

　その他の重要な財政上の変数は、性犯罪者の再犯防止のために計画された、処遇サービスのコストである。ここでの焦点が外来患者用の処遇（Outpatient Treatment）にあるとはいえ、他の調査者は、施設内における性犯罪者プログラムの費用対効果について分析している。バーモント州においては、保護観察官

表2 再犯に要する財政的コスト

犯罪者関連費用	判決前調査費	1,200ドル
	裁判費用	4,010ドル
	施設収容費（5年分）	111,235ドル
	施設内処遇費（3年分）	12,813ドル
	パロール保護監督費	1,170ドル
	犯罪者関連全経費（小計）	130,428ドル
被害者関連費用	社会サービス局経費	5,000ドル
	病院費／医療費	325ドル
	被害の評価に関する経費	825ドル
	治療費（1年分）	2,250ドル
	被害者関連全経費（小計）	8,400ドル
総　　計		138,828ドル

は、すべての性犯罪者に、専門化された外来患者用の性犯罪者処遇プログラムを適用している。プロベーションとパロールでは、契約した処遇提供者に、その処遇を行うための経費として、犯罪者1人につき平均年間346ドルを支払っているのである。さらに、各犯罪者は、自らの支払能力や、利用可能な第三者保険への請求書の送付という形において、自らの処遇コストを負担しているのである。各犯罪者が約3年間、毎週受ける平均的なグループ処遇に対して提供される、州の処遇コストの合計は、約1,038ドルである。

　これらの数字に基づいて、100人の処遇を受けた性犯罪者と、100人の処遇を受けていない性犯罪者に対する節約度を調査した費用便益モデル（バーモント州で処遇を受けた性犯罪者の、最近の再犯率6％が、このモデルにおいては使用されている）によれば、処遇を受けた犯罪者と処遇を受けていない犯罪者との間に、再犯率上何の相違もみられない場合、州のコストとして、処遇グループに配分される処遇経費は、103,800ドル（1,038ドル×犯罪者100人）である。この事例においては、処遇によって、再犯を減らしてもいなければ、その費用便益もないことになる。しかしながら、100人の処遇を受けていない犯罪者の再犯率が7％の場合、州の支出は、7つの再犯それぞれに138,828ドル、総コストで971,796ドルが必要となる。処遇を受けたグループの支出は、前例の場合と同

様、処遇経費103,800ドルに、6つの再犯各々にかかる費用138,828ドルを掛け合わせた金額で、総コストは936,768ドルである。このように、処遇を受けた性犯罪者の再犯がたった1％減少することで、州に対して35,028ドルのコスト節約という結果をもたらすことになるのである。処遇を受けた犯罪者と処遇を受けなかった犯罪者との間の、再犯率の差が8％、あるいはそれ以上の場合、コスト節約の総額は100万ドルを超えることを明記すべきであろう。

　明らかに、再犯率を減少させる最小限度の効果しかない通院処遇ではあるけれども、費用便益はあるのである。幸運にも、今日行われている、専門化された性犯罪者処遇は、概して、費用対効果を実現するための、最低限度の要求を充足し、そして、それよりは幾分か優っている結果をもたらしているのである。実際、処遇を受けた犯罪者と処遇を受けていない犯罪者との間の、10％を超える再犯率の違いは、州にとって、達成可能な目標であり、そして事実、莫大なコストの節約という結果をもたらしているのである。

4．処遇は被害者の必要性に取り組む上で効果的か

　性犯罪者への処遇提供者は、過去の被害者の現在の葛藤に無関心であってはならない。被害者に対して、犯罪者から支払われる金銭賠償は、重要な一歩である。犯罪者は、また、以下の事例研究において示されているような、被害者に対する、情緒的な償いを提供することもできるのである。

　　「サムは、処遇が進展するなかで、10歳の姪を強姦したことに対する、すべての責任を認め始めた。処遇スタッフが、被害者の母親に、サムからの謝罪が彼女の娘に役に立つものかどうかを尋ねたとき、母親は、加害者とのいかなるコミュニケーションも有害なものとなるであろうと答えた。しかし、彼女は、『ご存知のように、私の夫（虐待事件以前に離婚していた）は、これまでだいたい週に1度は、娘（被害者）に会いに来ていた。彼（前夫）は、この事件が起きてから、娘に会っていない。娘は父親に会いたがっている。夫はそのような事態になったのは娘のせいだと思っている。そのことについて、あなたにできることが何かあるのでは……』ということであった。それに応

じる形で、サムと彼のカウンセラーは、サムの兄、つまり、被害者の父親に会った。感情をさらけ出した面談のなかで、サムは、彼がしたことについて、兄に謝罪した。しかしながら、より重要なことは、どのようにサムが彼の姪を騙したり脅かしたりして性交渉を持ち、そして、もし彼女がしゃべったら、彼女は面倒なことに巻き込まれるだろうということを、どのように彼女に確信させたのかということについて説明したことである。この面談の数日後に、被害者の父親は彼の娘に連絡を取り、会いに来なかったことを詫び、あの虐待が彼女のせいではなかったことを告げ、そして、定期的に彼女を訪問し始めたのである。」

今まで、他の人々が、その虐待が彼女のせいではなかったことを、この被害者の父親に納得させようとしては失敗してきた。この事件の性犯罪者である弟が、彼の兄と姪にすでにもたらした被害を取り返すことはできないとはいえ、処遇を通して彼は、彼らの和解を促進する手助けをすることができたのである。

加害者は、様々な方法で、被害者の手助けができるものである。ある被害者は、怒りやその他の感情を、直接加害者に表したいと思っている。他の被害者は、犯罪者に、その虐待について質問したいと考えており、たとえば、「なぜあなたはそんなことをしたのか？」、「それは私のせいなのか？」、そして、「あなたはそのことをまたするつもりなのか？」といったことについて、問いたいのである。ある被害者は、犯罪者に、面と向かって会いたいと思い、そして他の被害者は、手紙や録音テープやビデオを使って、コミュニケーションを図りたいと思っている。多くの被害者は、加害者と、いかなる接触もしたいとは思っていないのである。いずれにしても、これらの望みは尊重される必要がある。望まない接触は、効用よりもずっと多くの弊害をもたらすからである。

5．おわりに

ひとことで結論をいえば、処遇は有効である。性犯罪者への処遇は、すべての性犯罪者に対して有効であるというわけではないし、また、すべての処遇が

等しく有効であるわけでもないが、処遇そのものは概して有効であるといってもよいであろう。処遇は再犯率を減少させることができるし、特に、小児性愛者に対する処遇として、認知行動療法や再発防止プログラムは有効である。強姦犯罪者に対する社会復帰の有効性については、いまだ不確かなものがあるようであるが、とはいえ、処遇は、特に、地域社会に基盤を置いた処遇の場合、費用対効果があるというのが結論である。バーモント州の例にみるごとく、再犯率のわずかな削減でさえ、大きな財政上の節約効果を生み出すことができるのである。我が国の性犯罪者対策も、こうした観点を考慮しての大胆な処遇プログラムの展開が期待される。

第9章　小児性愛者に対する薬物療法

1．はじめに

　最近、我が国において問題となっている性犯罪のなかでも、性器露出症（exhibitionism）やフェチシズム（fetishism：対物性色欲異常症）のような被害者に直接的なダメージを与えることの少ない性犯罪はともかくとして、奈良の事件のような小児性愛者（pedophilia）による犯罪の場合には、一般に、性犯罪者の処遇で用いられている認知行動療法やリラプス・プリベンション（再発防止）・プログラムのみでは、顕著な効果を得ることが難しいといわれている。

　2005年9月11日から18日にかけて、法務省の「性犯罪者処遇プログラム研究会」の委員の1人として、アメリカ合衆国のカリフォルニア州サンディエゴ市とメリーランド州ボルティモア市を訪問し、危険な暴力的性犯罪者に対する処遇プログラムの現状を視察し、サイコセラピー（psychotherapy：心理療法あるいは精神療法）に参加し、臨床心理士と精神科医から薬物治療に関する意見を聴取することができた。

　特に、ジョンズ・ホプキンス大学病院に勤務し、自ら経営するクリニックで、144人の性犯罪者を治療しているフレッド・S・バーリン（Fred S. Berlin）は、小児性愛者には薬物治療が必須であるとの意見を堅持され、自分のクリニックでは、50％弱の対象者にリュープロライド・アセテート（Leuprolide Acetate）を用いた治療を行っているとのことであった。

　幸いにも、私の手元に、このリュープロライド・アセテートを用いた、ナンシ・レイマンド（Nancy Raymond）他による、小児性愛者に対する治療の実例についての報告論文があるので、以下においては、最も危険な暴力的性犯罪者と認識されている小児性愛者の処遇について紹介してみることにしたい。

2．最近の性犯罪者の治療に関する文献

　現在、性犯罪を行った犯罪者の治療に関する文献は、主に、心理療法あるいは精神療法による介入や抗男性ホルモン剤（antiandrogens）の使用に焦点を当てている。最近においては、セロトニン再取り込み阻害剤（serotonin reuptake inhibitors：SSRI）のような精神医学で用いられる薬物による治療の効能を支持する症例報告書や叢書が出版されている。現在のところ、ごくわずかな出版物が、性犯罪者の治療に、リュープロライド・アセテート、つまり、黄体形成ホルモン・放出ホルモン拮抗剤（LH-RH antagonist）の効能に注目しているのみである。リュープロライド・アセテートは、他の抗男性ホルモン剤と比較した場合、投与の期間中、より少ない副作用とより優れた安全性という観点から、利点がみられるのである。以下においては、レイマンド他の研究を参考にしながら、小児性愛の基準を満たし、多様な他に共存する精神医学的診断を持っている犯罪者に対するリュープロライド・アセテートの使用の是非について検討してみることにしたいと思う。そして、レイマンド他の症例報告書においては、リュープロライド・アセテートが、小児性愛の妄想や衝動や行動を減少させることに効果があるという結論を導いていることについて注意を喚起したい。加えるに、強迫観念に支配された性衝動や共存する精神病のために、効果的な個別化された薬物療法に基づく治療を受ける犯罪者も、また、心理療法や精神療法に基づく介入に、よりよい反応を示していることを明らかにしたいと思う。

3．性犯罪者治療の概観

　前述のごとく、現在、性犯罪を行った犯罪者の治療に関する文献は、主に、心理療法あるいは精神療法に基づく介入と抗男性ホルモン剤の使用に焦点を当てている。薬物療法という観点からみて、精神医学の分野における薬物の使用に関するいくつかの報告書によると、関連する文献は、性犯罪を行った犯罪者を治療するための、抗男性ホルモン剤治療について最も多く触れているのである。それによると、性的衝動を減少させること、あるいは性的行動を遂行する能力を減弱させることは、性犯罪を行った犯罪者の犯罪行動を減少させること

になるという理論に基礎を置いて、多くの臨床医や研究者は、性犯罪を減らすために、酢酸メドロキシプロゲステロン（Medroxy Progesterone Acetate：MPA）（アンドロゲンを抑える効果がある）か、あるいは酢酸シプロテロン（Cyproterone Acetate：CPA）（抗アンドロゲン薬：これは合成プロゲステロン製剤で、脳下垂体からのゴナドトロピン分泌抑制作用があるため、アンドロゲンを抑制する。これはアメリカでは作られておらず、カナダで用いられているとのことである）を使用しているとのことである。

　これらの出版物の多くは、こうした薬物治療の効能を支持する症例報告書である。薬理効果のない偽薬で治療効果をあげるという「プラセボ効果」を抑制した研究に関する報告もいくつか存在する。プラセボ効果抑制研究とは、抗男性ホルモン剤を用いた治療は、性的行動の回数に減少をもたらすだけでなく、性的覚醒や性的関心をも減少させるという結果を示したものである。クーパ（A. J. Cooper）＝サンデュ（S. Sandue）他の研究は、さらに、7人の小児性愛者を対象に、MPAとCPAの二重盲検法（double-blind：実薬とそれと外見のすべて同じ無効薬（プラセボ）を無作為に患者に割りつけ、暗示効果、自然治癒などを差し引いた薬効を想定する方法。患者も医師もともにいずれの薬物がどの患者に割りつけられたか知らないので、二重盲検法と呼ばれる）を用いたプラセボ効果抑制実験に関する報告を試みている。彼らは、性的思考と妄想を減少させること、早朝の勃起回数を減らすこと、マスターベーションの回数とマスターベーションから得られる喜びを減らすこと、性的な欲求不満のレベルを下げること等において、MPAとCPA両方の薬物治療は、同等の効能があったことを報告している。しかしながら、CPAはアメリカでは入手できず、CPAは、臨床医と研究者によって、長らく、MPAと同じような副作用があることが確認されている。すなわち、MPAは、体重の増加、疲労、神経過敏、憂うつな気分、胃の不調、下痢、女性型乳房、血栓性静脈炎、高血糖症、それに胆のうの病気等を含む、かなりの副作用がもたらされるようである。また、性犯罪行動の衝動的な特性を治療することに効き目があるといわれるセロトニン再取り込み阻害剤について報告している、いくつかの症例報告書と叢書もある。三環式抗うつ病、塩酸ブスピ

ロン（抗不安薬）とリチウムの効能に関する症例報告書も出版されている。デシプラミン（抗うつ薬）とクロミプラミン（うつ状態患者の不眠初期治療薬）の両方が、パラフィリア（性欲倒錯症：性的偏奇とほぼ同義）の治療に有効であるということを示す、二重盲検法交差型研究もある。

　ごく最近においては、小児性愛者と他の性犯罪者の、循環しているアンドロゲン（男性ホルモン物質）のレベルを下げるために、リュープロライド・アセテートの使用を提案している文献において、症例報告がなされている。リュープロライド・アセテートは、性腺刺激ホルモン放出ホルモン（GnRH）の1つである黄体形成ホルモン・放出ホルモン拮抗薬（LH-RH）の合成アナログ（類似化合物）である。したがって、リュープロライド・アセテートは、効き目が強い黄体形成ホルモン・放出ホルモン作動薬（LH-RH agonist）なのである。リュープロライド・アセテートは、テストステロンと他の精巣ステロイドの産出を刺激する。これは、当初は、性的衝動の増加を導く可能性があるが、長期にわたる投与によって、精巣ステロイドの産出が抑えられ、性的衝動と機能がそれに従って減少するのである。リュープロライド・アセテートは、副作用が比較的少ないという利点がある。短期的な共通の副作用は、皮膚の紅潮、吐き気、めまい等である。長期使用に伴う主たる懸念は、骨減少症（osteopenia：副作用のなかでは、この点をフレッド・S・バーリンは大変気にしておられた。そのため、毎月、骨レントゲンを撮っているとのことであった）である。女性型乳房、血栓塞栓症、水腫、あるいは肝臓病や胆のうの病気のような副作用が、リュープロライド・アセテートの使用例において報告されているが、これらの副作用は、他の薬物を使うよりもずっと少ないようである。

　以下においては、レイマンド他の研究において、彼らの性犯罪者治療プログラムに、自由意思に基づいて治療に参加し、多様な他の薬物治療が、当人の小児性愛の衝動を充分に減少させることができなかったことを受けた後の、リュープロライド・アセテートを試用した患者の症例について紹介することにしたいと思う。

4．事例研究
(1) 患者の訴えと精神医学的診断

　患者は、41歳の男性で、性犯罪者治療プログラムに自発的に参加した者である。彼は、子どもに対する自分の性的感情と行動をコントロールすることができないことについて、かなりの心痛と自己嫌悪を示していた。判定のとき、彼は小児性愛者と診断された。彼は、小児性愛の行動と自分の全体的な性的行動に対して、強い衝動的な性格をあらわにした。彼は、明らかに、10歳から18歳の若い男の子を性的な対象に選択し、若い男の子に対して性的興奮を覚えたが、同時に、大人の男性に対しても性的興味があった。彼は、ベビーシッターをしているときに、思春期にあった若い少年を性的に虐待している。彼は、同性愛の相手を探して街路をうろついたり、自分が同性愛者であることをさらけ出すことによって相手と出会っており、長年にわたって、若い少年と性交渉を続けていたようである。彼の行動のパターンは、若い男娼を求めて通りをぶらぶら歩くことや、成人男性や少年との性的な出会いを得るために、出会い系サイト（Sex Phone Lines）を利用することであった。彼は、自分の甥を性的に愛撫することを含め、少なくとも40人の少年と性的接触を持ったことがあると告白し、5人の少年とは、何か月あるいは何年という単位で、長期にわたって性的関係を持ったことを詳述している。彼の少年との関係は、通常、贈り物、お金、旅行、ドライブ等の代償として、引き換えに性交渉を要求したものであった。暴力と強制が性的な出会いにおいて用いられたが、彼は、これが、また、性的に刺激する要因であることを発見している。彼は、約800人から1,000人の成人男性を何年にもわたって性的なパートナーとし、パートナーの多くは、彼が街角や本屋で出会った男性や男娼であり、相手の名さえ分からない性的な出会いであったと報告している。彼は、また、12歳のときから、露出症や摩擦症（frotteurism：陰部を他人に擦りつけて快感を得る性倒錯）さらには衝動的なマスターベーションの病歴を持っていたことを報告している。彼が治療を始めたとき、彼は、ほとんど絶え間ない、しかも休むことのない性的覚醒を報告している。彼は、若い男娼や少年を求めてぶらぶら歩きたいという衝動に駆られるだ

けでなく、公的あるいは私的場面（たとえば、彼の子どもの友人や親戚等）にいて、子どもを観察しているとき、未成年の少年と性交渉を持ちたいという多面的な衝動が起こることを告白している。

　彼は、また、衝動的に賭け事（ときには1週間で3,500ドルを失っている）をし、衝動買い（数か月で、自分の退職金の3分の1である、50,000ドルを費やしている）や、万引きのような、他の衝動的な行動をも報告しており、衝動制御障害の診断と一致するものである。

　外来患者のためのクリニックでの診察のときに、彼は12歳のときから薬物依存症の病歴を持っていることが判明している。彼は、ちょうど、アンフェタミン、マリファナ、コカインの乱用のための入院患者用の薬物乱用治療プログラムを終了したところであり、1か月間禁欲的であった。

　彼はまた、双極性障害（Bipolar Disorder）、つまり、ラピッド・サイクリング型（Rapid Cycling Type：リチウム療法に反応しにくい気分障害のなかに、年4回以上の躁うつあるいはうつの病相を繰り返す患者が存在することに注目し命名された）と診断されている。そのことから、これらの共存状態を治療することと監視することが、彼の性障害の治療の必要不可欠な一部として考えられたのである。

(2)　**精神療法的治療**

　患者は、集中的で包括的な外来患者用性犯罪者治療プログラムにおいて、8か月間治療を受けた。治療は、①行動の限界を同定し、治療プログラムを組み立て、プログラムの内容に固執することによって、犯罪行動を止めることや危険な状態を回避すること、②実体を変化させるような雰囲気を慎むこと、③性犯罪のサイクルを明らかにし理解すること、④否認を最小限にし犯罪行動の責任を取らせること、⑤被害者への共感を発達させること、⑥治療と社会的活動の両方に積極的に関わっている様々な家族や社会的サポート・システムを発展させること、そして最後に、⑦健全で適正な性的行動を展開すること等に焦点を当てている。治療の回数は、他の性犯罪者と合同で、1週間に2時間の集団心理療法（Group Psychotherapy）から成り立っている。そして、月に2回、他のグループ構成員を含む、家族や友達や支援する人々との間での家族心理療法

(Family Psychotherapy）あるいは個人心理療法（Individual Psychotherapy）の会合も設けられている。また、月に1回の外来患者用の薬物治療も行われている。

(3) 薬物治療

　彼は、最初に、双極性気分障害を安定させようとする試みのなかで、バルプロ酸（valproic acid）と炭酸リチウム（lithium carbonate 抗躁剤：不眠、多弁、他動、他人への過度な干渉などの躁病特有の症状が改善される）を組み合わせた薬物を使って治療がなされた。患者は、両方（バルプロ酸と炭酸リチウム）の鎮静剤の副作用に極めて敏感で、どちらの薬物治療にも充分に耐えることができなかった。同時に、うつ病の症状を治療するためと、セロトニン効果が彼の衝動的で性的な関心事を減少させるかもしれないということが期待されて、1日1回150ミリグラムから225ミリグラムまでの、ベンラファキシン（venlafaxine：抗うつ剤）を使って治療がなされた。患者は、この時点では、かなり多くの時間、自分の行動をよくコントロールすることができたようである。しかしながら、彼は、ほとんど絶え間のない衝動に悩まされ、若い少年と性交渉を持つという妄想を持ち続けたことを報告している。

　その後、うつ病の悪化のためと、自殺念慮の明白な増大、コカインを使いたいという衝動や、性的行動を実行したいという強い衝動のために、患者は病院に収容されている。入院の間、彼の双極性の症状は、ガバペンチン（gabapentin）300ミリグラムを1日に3回と、バルプロ酸を1日に125ミリグラム、6カプセルに分けて投与するという組み合わせ（鎮静剤の副作用を防止するためにこの方法で投与した）で安定化することができた。受け入れ前に用いられていたベンラファキシンの投与は中止され、パロキセチン（paroxetine）の性的な副作用が、彼の性衝動をコントロールする助けになるかもしれないと考え、試用された。しかしながら、患者は、パロキセチンによって引き起こされた遅発射精が、実際には、小児性愛の妄想を増大させていることが分かった。なぜならば、彼がマスターベーションによってオルガスムに達するためには、さらに激しい妄想が必要とされたからである。

　そこで、患者の現在の薬物治療と心理療法あるいは精神療法に加えて、

リュープロライド・アセテートを使用することが、患者に提案された。彼には、リュープロライド・アセテートを使用することによって、性的機能の低下がもたらされること、リビドー（性的エネルギー）が低下すること、骨密度が低下することを含む、起こりうる副作用についての告知がなされた。彼には、また、小児性愛を治療するために、人間に対してリュープロライド・アセテートを使用することは、薬物治療のためとしては、食品医薬品局（Food and Drug Administration: FDA）によって認可されていないことを知らせた。しかしながら、患者は、自分を小児性愛の妄想と衝動から何とか助け出したくて死に物狂いであると述べ、薬物治療を受けることに同意した。患者には、皮下に1.0ミリグラムの試験投与が行われた。次の日、彼は、筋肉内に、リュープロライド・アセテート7.5ミリグラムの最初の投与を受けた。彼は、毎月7.5ミリグラムの筋肉内注射を打たれた。なぜならば、患者が入院しているメンタルヘルス・クリニックには、筋肉内注射を投与するための設備がなかったからであり、看護師に薬物治療を担当させ、1か月毎にクリニックへ文書をファックスで送付するという条件で、すべての取り決めが、患者のかかっている内科医の事務所との間で行われた。投薬の開始から7日ないし10日後に、小児性愛の妄想が減弱したことが報告されている。病院から退院後の1か月から2か月後には、彼は、自分の小児性愛の衝動（絶え間のない毎日の性衝動から、1週間に1回ないし7回の性衝動）が劇的に減少し、小児性愛の妄想に無我夢中になることからの解放感を報告している。彼は、自分がもはや若い男娼を求めて街をぶらつくようなことはないと断言している。

　病院から退院して3か月後には、患者は、気分の高まり、プレッシャーをうけたような話し方、生産的活動の増大、思考の高まり、それに小児性愛の妄想に夢中になることの増大等を含む、軽いうつ的な症状を報告している。しかしながら、彼は衝動に従って行動しているのでもなければ、若い男娼を求めてぶらぶら歩くような行動もないことを報告している。ガバペンチンは、このうつ病の症状の悪化に応じて、1日に付き3回、1,200ミリグラムまで増量されている。他の薬物治療はもとのままであった。

病院を退院した最初の6か月の間、リュープロライド・アセテートの投与を続けた結果、患者は、小児性愛の妄想と行動で示したいという衝動が明白に減少したことを報告している。彼は、性的なパートナーを見つけるためにぶらぶら歩きをすることがなくなり、彼がリュープロライド・アセテートを用いた治療をする以前には、1週間に数回の高度に危険な行動に従事していたものが、現在では、高度に危険な行動に従事することは、1か月に2回、3回に留まっていることを報告している。しかも、このような状態が6か月ほど続いた後、患者は、初めて、小児性愛の衝動から解放されたことを報告しているのである。彼は（マスターベーションをすることに何の問題もないが）、マスターベーションの回数は明白に減少していることを報告している。しかしながら、病院から退院後の4か月から6か月までは、患者は、マスターベーションをすると痛く、オルガスムに達することはほとんど不可能で、性的機能の喪失を経験したことを報告している。そのために、罪を犯したいという衝動を再発させることなく、性的機能が改善されたかどうかを見極めるために、リュープロライド・アセテートの投与の量は、減らされているのである。特に、この患者は、自発的に性犯罪者治療プログラムに参加した者であるので、患者の満足を、こうした教育プログラムに従うための保険とする必要性があったのである。リュープロライド・アセテートの投与量は、毎月、筋肉内注射5.0ミリグラムに調節された。患者は、現在、マスターベーションと同意のある性的関係は可能であることを報告しているが、彼は、同時に、自分が現在の投与量を持続した6か月間のあいだに、子どもたちとの性的行動の妄想と興味が増大したことをも報告している。彼は子どもに接近したいという衝動が増大したことを認知しているが、それらの衝動に従って行動することはなかったし、ぶらぶら街をふらつき歩くこともなかったようである。しかしながら、本件の場合には、性的機能と小児性愛の妄想や衝動の両方に対応しながら、これからも監視を続ける必要があるであろうし、リュープロライド・アセテートの投与量を滴定することが必要であるとの認識がもたらされている。

5．若干の考察

　この症例は、特定の心理学的・精神医学的な性犯罪者治療プログラムとの協力関係において、薬物治療の使用を必要とした小児性愛と多数の共存する精神医学的診断を伴った犯罪者に関する、刺激的で興味をそそる臨床事例の１つである。この症例では、リュープロライド・アセテートの有効性を例証している症例報告を付け加えているが、この症例は、また、どのように患者の精神医学的困難性という複雑な事情をも加味しながら、どの薬物療法と結合させた方がよいかということについても例証しているのである。単一の薬物による薬物療法は、性犯罪者の治療において最初の対応策としては効果があるかもしれないが、賢明な臨床医は、様々な共存する精神病的状態をコントロールするために、薬物療法の結合を考える必要があるのである。

　この症例では、患者は、リュープロライド・アセテートの副作用とリスクを進んで受け入れた。なぜならば、リュープロライド・アセテートは、子どもたちとの性的関係を追い求める、絶え間のない妄想を減弱させるという効果がみられたからである。レイマンド他の研究グループにおいては、この症例と類似した徴候を持った患者を、コールマン（E. Coleman）が「パラフィリア的強迫的性行動」（Paraphilic Compulsive Sexual Behavior）として特定したものに分類される類型として採用している。レイマンド他の臨床実験では、多様な症例報告書をもとにしているので、セロトニン・システムに影響するセロトニン再取り込み阻害剤と他の薬物治療は、パラフィリア及び非パラフィリア的強迫的性行動を伴う犯罪者に対して効果があることは分かっていた。この症例は、もし他の治療方法が失敗したならば、リュープロライド・アセテートは、重いパラフィリア的強迫的性行動を伴う犯罪者の治療に役立つかもしれないということを例証しているのである。臨床的には、MPA あるいは CPA よりも、リュープロライド・アセテートが持つ主な利点は、副作用が少なくないということにあるのである。

　たしかに、患者が自発的に薬物治療を受けている場合、継続的な薬物治療への協力を得るために、ある程度の性的機能を維持することを考慮しながら、投

与量を滴定しようとすることは重要である。すべての治療提供者が、症状や治療計画のレベルに関して、同じ情報を持つということを保証するために、このような患者に対する外来患者の管理にとっては、メディカル・スタッフとセラピスト間の緊密な協力関係が必要不可欠であるといえよう。小児性愛を伴う患者の治療は、治療が包括的な治療プログラムを通して与えられているのでない限り、治療提供者に対して顕著な医学的・法的なリスクをもたらすかもしれないのである。

　同時に行われた心理療法あるいは精神療法では、常に、これらの患者の治療において、特別な処置の必要性が示されているのである。もちろん、薬物治療のみが、この種の患者にとって効果があるということを主張する者は誰もいない。患者の性犯罪のための心理療法ないしは精神療法は、患者の休むことのない、絶え間ない小児性愛の妄想と衝動が、より良くコントロールされるとすれば、それは、より生産的なものであることはいうまでもない。これらの妄想と衝動の効果的な薬物療法の実施に先立って、心理療法や精神療法は、必然的に、自分の不適切な性衝動や行動をコントロールするために、危機管理に焦点が当てられるのである。いったん、この行動統制が成し遂げられると、次の段階では、以下のような他の心理療法あるいは精神療法の分野に焦点を当てることができるのである。

① 治療に、自分の子どもや兄弟、そして他の家族や友達を関係させること。
② 患者に、患者の重い双極性の病気に対処させるための追加的戦略を用いること。
③ 患者に、ギャンブル、買い物、万引き、そして薬物を使用したいという衝動をコントロールさせること。
④ いくつかのより重要な問題を指摘して、長い期間が過ぎた病歴の変更を行うこと。

　さらには、小児性愛の治療に、リュープロライド・アセテートが効果的であるかどうかを見定めるために、より科学的な実験が必要とされる。その上に、心理療法ないしは精神療法と個々人に合わせた薬物療法が、性犯罪を犯した犯

罪者に対して、より効果的な治療を導き出すことができるかどうかを決定するために、さらなる研究が必要とされるのである。そのためにも、臨床医は、しばらくは、現存する臨床的症例研究の文献から学ぶことが必要であろう。そしてそのことは、取りも直さず、性犯罪者治療プログラムに存在する精神病の典型的なものだけに関心を持つのではなく、パラフィリアを治療するに際しては、精神科医の知識とのより深いかかわり合いを必要とするであろうと思われる。そして、それはまた、精神科医の通常の業務においては、この種の専門化された教育を受けることは極めて稀であるため、より専門化された訓練を要求することになるのである。

6．おわりに

以上において考察したごとく、危険な暴力的性犯罪者といわれる小児性愛者の治療に関しては、臨床心理士や精神科医の協力なくしては、その実現が不可能である。アメリカにおける性犯罪者の治療の現実をみるとき、このことはあまりにも当然のことであるといえる。しかしながら、そのアメリカにおいても、危険な暴力的性犯罪者の治療が本格化したのは、わずか10年前のことである。薬物の治療に伴う副作用の研究も未だ充分であるとはいえない。小児性愛者に対する薬物治療は、リュープロライド・アセテートが効果的であるというが、フレッド・S・バーリンの話では、骨が細くなり脆くなるという。その他の副作用を列挙するまでもなく、この一事をもってしても、我が国では人権侵害の声が高まるであろうことは、火を見るよりも明らかである。しかも、バーリンの話では、月に1度の注射で700ドルの支払いが性犯罪者に要求されるという。この他に、診察料や諸々の経費がかかることはいうまでもない。これらすべてが性犯罪者の負担である。バーリンは、そのために多くの患者は保険に入っているというが、我が国では、性犯罪者の薬物治療のために、保険を認める保険会社があるようには思われない。しかもその上に、月に1度の注射は、一生続くことになるというのである。

我が国において、もし性犯罪者の薬物治療を行うということになれば、こう

した経費のすべては国家が負担することになるであろう。コスト・ベネフィットの観点からだけみても、薬物治療を導入することは、我が国では難しいのではないかと思われる。

　そうだからといって、私は、性犯罪者の薬物治療を放棄せよ、といっているのではない。小児性愛者から子どもを守り、地域社会の安全を全うするためには、金銭的な配慮は二の次とすべきであろう。しかも、リュープロライド・アセテートが性犯罪者の性的欲望のバランスを保ち、再犯の危険性が減少するというのであれば、なおさらである。

　しかしながら、とりあえずのところは、現在我が国で実施中の認知行動療法とリラプス・プリベンション・プログラムを統合した、我が国独自の性犯罪者プログラムの効果をみてみることが必要なのではあるまいか。薬物療法は、その後で考えてみても遅くはないのである。

参考文献

Raymond, N., Robinson, B., Kraft, C., Rittberg, B. and E. Coleman, "Treatment of Pedophilia with Leuprolide Acetate: A Case Study," in Miner, M. H. and E. Coleman (Eds.), *Sex Offender Treatment: Accomplishments, Challenges, and Future Directions.* New York: The Haworth Press, Inc., 2001, pp. 79-88.

第10章　日本とカナダの性犯罪者の再犯率

1．はじめに

　奈良・女児誘拐殺害事件、広島・小1女児強姦殺人事件、栃木・小学女児強姦殺害事件等一連の小児性愛者の事件を契機として、性犯罪者は、その性犯罪の性質ゆえに、我が国の国民にとって重大な関心事となっている。国民は、性犯罪者、とりわけ小児性愛者（pedophiles）の再犯率はかなり高いものであると信じる傾向にある。そこで、以下においては、2006年3月の法務総合研究所の「性犯罪者の実態と再犯に関する分析」と、1999年のカナダのアルバータ州ジョン・ハワード協会 （John Howard Society of Alberta）の「性犯罪者の常習性」（Sex Offender Recidivism）という研究を基にして、性犯罪者の再犯率の問題について概観してみることにしたいと思う。

2．法務総合研究所の調査結果

　強姦、強制わいせつ、わいせつ目的拐取及び強盗強姦などの性犯罪によって、行刑施設に入所した者及び保護観察に付された者を対象に、性犯罪の実態、再犯の状況に関して、総合的な調査・分析を行うことにより、性犯罪者の再犯防止対策等の施策の基礎資料を提供することを目的として、法務総合研究所は、『性犯罪者処遇プログラム研究会報告書』の中で、「性犯罪者の実態と再犯に関する分析」の結果を発表している。

　法務総合研究所が、性犯罪者に関する調査として行ったのは、実態調査と再犯調査である。

　実態調査は、2005年6月1日現在全国の行刑施設において在所受刑者中の性犯罪受刑者1,568人の調査、及び2005年7月1日から12月31日までに全国の保護観察所で新規に受理した性犯罪保護観察対象者330人を対象とした調査であ

る。

　再犯調査は、1999年中に行刑施設を出所した性犯罪者672人を対象とした調査、及び2000年中に執行猶予判決を受けた性犯罪者741人を対象とした調査である。これらの者の2004年12月31日までの再犯について、調査している。

(1) **調査結果の概要**

　実態調査の対象となった性犯罪者の罪種別・被害者別構成比は、①在所受刑者実態調査では、強姦（13歳以上）69.3％、強制わいせつ（13歳以上）16.4％、強姦（13歳未満）5.2％、強制わいせつ（13歳未満）9.1％である。②保護観察実態調査では、仮出獄者は、強姦（13歳以上）64.0％、強制わいせつ（13歳以上）30.0％、強姦（13歳未満）2.0％、強制わいせつ（13歳未満）4.0％で、保護観察付執行猶予者は、強姦（13歳以上）36.3％、強制わいせつ（13歳以上）35.0％、強姦（13歳未満）1.3％、強制わいせつ（13歳未満）27.5％である。

　再犯調査の対象となった性犯罪者の再犯状況構成比は、調査対象者のうち出所受刑者の性犯罪再犯率は11.3％（満期出所者では19.1％、仮出獄者では8.3％）であり、執行猶予者の性犯罪再犯率は3.8％（保護観察付執行猶予者では7.1％、単純執行猶予者では2.9％）であった。

　性犯罪者の実態により深く迫るために、本調査では、実態調査及び再犯調査の対象者を、被害者に13歳未満の者を含む者と含まない者とに分け、次に、罪名が「強姦」の者と「強制わいせつ」の者とに分け、さらに、単独犯行のみの者と共犯による犯行がある者とに分ける3段階の類型化を行い、全体として得られる8類型のうち、構成比の大きい5類型について、その特徴を分析している。ここでの特徴的な「性犯罪者の5類型」とは、次のようなものである。

　① 　単独強姦タイプ：被害者に13歳未満の者を含まず、罪名に強姦を含む単独犯行の者
　② 　集団強姦タイプ：被害者に13歳未満の者を含まず、罪名に強姦を含み、共犯による犯行がある者
　③ 　わいせつタイプ：被害者に13歳未満の者を含まず、罪名が強制わいせつのみである単独犯行の者

④　小児わいせつタイプ：被害者に13歳未満の者を含み、罪名が強制わいせつのみである単独犯行の者
⑤　小児強姦タイプ：被害者に13歳未満の者を含み、罪名に強姦を含む単独犯行

(2) 実態調査と再犯調査の結果

本調査による類型別実態調査の結果を箇条書き的にまとめてみると、次のようになる。

①　調査対象者となった在所受刑者の類型的な特徴は、単独強姦タイプが半数以上を占め、次いで、わいせつタイプ、集団強姦タイプの順となっている。
②　小児わいせつタイプは、性犯罪前科のある者や知能の低い者の比率が高く、集団強姦タイプは、犯行時年齢30歳未満の者や、初回入所者の比率が高いなどの特徴が見られる。
③　仮出獄者では、小児わいせつタイプが内気で自信に乏しく、ストレスをためやすいこと、保護観察付執行猶予者では、集団強姦タイプが性犯罪に関し罪障感が乏しいことなどの特徴がみられる。

類型別再犯調査の結果は、次の通りである。

①　性犯罪再犯率は、小児わいせつタイプが最も高く、集団強姦タイプは0％であった。
②　単独強姦タイプの属性別性犯罪再犯率は、入所回数の多い者、性犯罪前科のある者、被害者との面識のない者、性犯罪保護処分歴のある者が高かった。
④　わいせつタイプの属性別性犯罪再犯率は、性犯罪前科のある者、性犯罪保護観察処分歴のある者、被害者が男性である者が高かった。
⑤　小児わいせつタイプの属性別性犯罪再犯率は、犯行時年齢が30歳未満の者、被害者が男性である者、性犯罪保護処分歴のある者、精神障害のある者が高かった。

このように、今回の調査研究により、これまで統計的に必ずしも明らかでな

かった性犯罪者の再犯率に関するデータが得られたほか、性犯罪者の実態及び再犯の状況等を類型別に明らかにするなどの成果を得ることができた。今後の我が国の性犯罪者プログラムの発展にとって有意義な研究成果であるといえよう。

3．カナダの再犯率調査研究

次にカナダの研究であるが、カナダの研究プロジェクトにおいて、ハンスン（R. K. Hanson）は、4年から5年の追跡調査期間を用いて、性犯罪者の再犯率に関する61の過去の研究について分析している。この研究においては、13.4％の性犯罪者が、同じ性犯罪を繰り返していることを見出し、また、12.2％の性犯罪者が、性的ではない暴力犯罪を行い、36.6％の性犯罪者が、性犯罪以外の何らかの他の犯罪を行っていることを見出している。

また、カナダにおいて児童に対して性的いたずらをした者（child molesters）に関する長期間の追跡調査研究では、42％の性犯罪者が、15年から30年の追跡調査期間の間に、性犯罪もしくは暴力犯罪で再び有罪を宣告されたことを見出しているのである。

それに加えて、児童に対して性的いたずらをした者の長期間（15年から30年）の追跡調査研究では、この集団の性犯罪者の平均的な再犯率は、性的でない犯罪者の平均的な再犯率よりも実際には低い（新たな有罪判決につき、それぞれ61％対83％である）ことを示しているのである。

また、長期間の追跡調査研究において、性的でない犯罪者からなる対照群をも含めて調べ直した結果、過去に性犯罪歴がある者について、再犯率の中でも最も高い比率（77％）の性犯罪は、家族以外の少年を被害者に選んだ者、あるいは1度も結婚をした経験がなかった者であることが報告されている。

一般的に言って、強姦犯罪者は児童に対して性的いたずらを行う者よりも、頻繁に再犯を行っているようである。

さらには、児童に対して性的いたずらを行う者の中でも、男児が被害者である性犯罪者は、最も高い再犯率を示すことが見出されており、次に多かったの

が、血縁関係にない女児が被害者になっている場合であった。近親相姦の犯罪者は、すべての性犯罪者の中で、最も低い再犯率を示している。

(1) 再犯の動機に関する研究

性犯罪者の間で再犯に至る動機に関するカナダのハンスン（R. K. Hanson）＝ハリス（A. Harris）の研究では、性的常習犯罪者は、社会的支援の乏しさ、性的偏見、性的暴行に寛容な態度、反社会的生活様式、自己管理能力の弱さ、地域社会内保護監督と協働することの困難さ等が考えられることを指摘している。

この研究では、また、処遇プログラムを受けた性犯罪者と受けなかった性犯罪者の再犯率はほぼ同じであったことが報告されている。しかしながら、本研究での再犯者は、処遇プログラムの脱落者かもしくは処遇不適格者であった公算が大きいようである。

多くの性犯罪者に条件付釈放を用いることを拒否するように立案された「矯正及び条件付釈放法」（Corrections and Conditional Release Act）の最近の改正では、条件付釈放に付された性犯罪者は、再犯もしくは条件違反の危険性が高いという認識があることを示唆している。しかしながら、モティーク（L. Motiuk）＝ブラウン（S. Brown）の研究では、性犯罪者は、一般犯罪者と同様に、条件付釈放の成功率では同じであることが示されているのである。

条件付釈放に付された性犯罪者の追跡調査研究でも、ほぼ80％の者が、条件付釈放によって成功をおさめたことを見出している。同様に、1996年と1997年のカナダの全国仮釈放委員会（National Parole Board）の統計値は、パロールや法定の釈放（statutory release）に付された犯罪者の85％以上が成功を収めたことを示すデータを明らかにしているのである。

(2) 処遇と再犯率の関係

処遇が再犯率と関係する重要な要素であることはいうまでもない。処遇は、矯正プログラムや、処遇を性犯罪者にとっての高い優先順位に置く場合においては、再犯率に影響を及ぼす重要な因子の1つとなり得るのである。

国民は、性犯罪者は処遇によっては改善されないと信じる傾向がある。しか

しながら、効果的な性犯罪者処遇プログラムは、再犯の危険性を減少させることが立証されているのである。

処遇という面から考えると、最も高度に重要視される取組みとしては、最も危険性の高い性犯罪者に対して、再発防止の技法（relapse prevention techniques）を用いた認知行動療法が使用されている。この認知行動療法は、性犯罪者に関するカナダ矯正局（Correctional Service of Canada: CSC）の評価において最大の信頼を勝ち得ている処遇方法である。CSC は、性犯罪者の行動の性質や傾向を特定し、性犯罪者の再犯の危険性を減少させる対抗戦略（coping strategies）を常備することに焦点を合わせているのである。このカナダの取組みは、犯罪者に対して自分の行動に責任をもたせることや、自分の犯罪周期を認識すること、あるいは、自分が陥る危険性の高い状況を特定することや、再発を避ける戦略を展開するための手助けをすること等の必要性を強調するのである。

プログラムの強度は、性犯罪者のニーズと連動している。中度から高度のニーズの者は、プログラムがより長期でより集中した、中警備もしくは重警備の安全環境において処遇される。低度のリスクあるいはニーズとして特定された者は、軽警備の安全環境において、そしてまた、地域社会においても、低密度の短期間の継続プログラムによって処遇される。

処遇プログラムの大部分は、通常、性的理念や関係性に対する態度、共感の高揚、怒りの処理能力、被害者意識、性的倒錯への覚醒を減少させもしくは統制する技術、再発防止技術等を強調する教育プログラムを組み込んでいる。ここで強調されているものは、自己管理と外的統制の組み合わせによって、性犯罪の危険性を減少させることである。

(3) **カナダにおける性犯罪者対策の新たな側面**

カナダにおいても、性犯罪者の再犯に対する国民の不安はもっともなことのようである。性犯罪の影響は、性犯罪後何年もの長い間、被害者、家族、地域社会によって持続されるからである。

過去数年間にわたって、カナダは、性犯罪者の取扱いについて、法と実務の双方において変更を余儀なくされたようである。以下のものは、それらのうち

の新たに着手した事項のいくつかである。
① 「矯正及び条件付釈放法」は、量刑の2分の1の段階で、裁判官にパロール適格を認めることを許容した。
② 性犯罪者は、量刑の終わりまで拘禁することができる。
③ 警察には、特定の個人もしくは地域社会全体に、再犯を行う高い危険性がある性犯罪者の釈放について、通知する権限が与えられる。
④ 警察は、裁判所に対して、地域社会に住んでいる性犯罪者に対して、彼らの行動を制限するために、平穏保証証書（peace bond）を提出し、警察への報告義務（reporting）を要求し、特定の場所に居住することを強制するように要請することができる。
⑤ 性犯罪者は、刑の言い渡しの時点で、少なくとも2年間の刑務所収容に続く、最大10年までの地域社会内保護監督を受けるということを意味する、「長期間犯罪者」（Long Term Offender）の宣告をされることがある。
⑥ 性犯罪者は、刑の言い渡しの時点で、無期限に刑務所に収容することができることを意味する、「危険な犯罪者」（Dangerous Offender）の宣告をされることがある。
⑦ 恩赦を与えられた性犯罪者の犯罪歴は、法務次長（Solicitor General）による承認に基づいて公表することができる。

4．おわりに

　これらの施策の多くは、比較的に新しいものであり、カナダでも、これらの施策がうまく機能するかどうかを見極めるためには、かなりの時間が必要なようである。しかしながら、そうはいっても、これらの施策は、地域社会の保護という観点からは、かなりの包括的な防衛策を提供するものであるといわれている。施策の中には、より効果的に用いられるものがあり、しかも、性犯罪者を処遇している者にとっては、確かな処遇プログラムを形成する基盤を提供するものである。地域社会における性犯罪者の再犯防止の確立は、刑務所に拘禁されている間における適切な処遇、条件付釈放の期間における地域社会内保護

監督の実践に必須の強化的な再発防止プログラム、そして、性犯罪者に負担をかけずに、性犯罪者に「必要とされる」社会的基盤の整備と、長期間の追跡調査や息の長い支援活動に依存しているといえよう。

　我々が地域社会に提供することができる最善の刑事政策は、何よりもまず、性犯罪の防止であることはいうまでもない。ジョン・ハワード協会（John Howard Society）は、性犯罪を防止するための最も効果的な方法は、家庭や家族における性的虐待や性的暴力の周期を断ち切ることであると述べている。カナダでは、連邦刑務所に収容されている男性受刑者の50％は、児童虐待の被害者か家庭内暴力の被害者であるといわれている。カナダの児童福祉ワーカーは、早期の介入や初期の段階での迅速な問題点の改善がなされておれば、成人になって、性犯罪者にはなっていなかったであろうと思われる多くの性犯罪者に遭遇するという。そうしたことから考えれば、結論は、我々が性的逸脱を示す児童や青少年に集中して働きかけることが早ければ早いほど、成人の性犯罪者を生み出すことを防止することになるということである。性犯罪者の再犯防止を考える以前に、我々は、ドメスティック・バイオレンスや性的児童虐待を絶滅することに、優先順位を与えなければならないということになるであろう。このことは我が国とても同じなのではないだろうか。

第 3 部　最近の刑務所事情

第1章　刑務所運営の透明化についての提言

1．はじめに

　名古屋刑務所事件を契機として、現在、我が国において行刑改革が進められているが、法務大臣の私的諮問機関である行刑改革会議は、刑務所運営を抜本的に見直すためのいくつかの提言を試みている。たとえば、①軍隊式行進や正座の強制をやめる、②受刑者の人権救済のための「刑事施設不服審査会」(仮称)を創設する、③1日8時間となっている刑務作業時間を短縮し、カウンセリングや生活指導、職業訓練などを受けられるようにする、④親族との面会を増やし、現在は原則として認められていない友人や知人との面会も認める、⑤受刑者の服役態度によって外出や外泊を認める、⑥刑務所の透明化を高めるための方策として、市民や専門家からなる「刑事施設視察委員会」(仮称)を創設する等がそれである。

　以下においては、行刑改革という視点から、①刑事施設における外部交通の拡大強化と②行刑運営に関する透明性の確保の問題を中心として、我が国の刑務所運営の在り方について考えてみたいと思う。

2．外部交通の拡大強化

　受刑者が外部との接触を図ることによって、社会生活からの隔絶を防止し、社会復帰に資するという姿勢は、行刑実務においては早くからみられたところである。しかし、現行監獄法の建前は、外部との交通を施設側の許可にかからしめ、事案及び累進処遇に応じてこれを一部緩和するという考えに立っているために、現行憲法との整合性の問題がないではなかった。そこで、憲法上の表現の自由や知る自由の保障という観点からは、受刑者の外部交通は原則として自由であり、施設管理上の必要性から一定の制限が行われるという思想転換

が、判例、学説、実務経験を通じて行われたのである。

　最高裁判決（最大判昭和58・6・22民集37・5・793）ほか多数の裁判例によれば、被収容者の権利自由は、行刑施設収容に伴い身体的自由が剥奪されるほかは、規律及び秩序の維持並びに管理運営上必要かつ合理的な範囲内で一定の制限が加えられるにすぎないとの考え方に立つのであるから、外部交通のうち、「面会の自由」「信書の発受の自由」は、憲法上保障される基本的人権であると考えることができるであろう。

　しかし、そうはいっても、自由刑は、受刑者を一定の場所に拘禁して社会から隔離し、その自由を剥奪することを目的とするのであるから、そうした目的からすれば、外部交通にも一定の限界があることはいうまでもない。つまり、ここでは、受刑者の改善更生及び円滑な社会復帰のために外部交通を拡大強化するという要請と、規律及び秩序の維持並びに施設管理運営上の必要性との関係が問題となるのである。

　以下においては、行刑改革会議の提言を参考にして、外部交通の拡大強化について検討してみよう。

⑴　親族との面会の充実

　現在、親族については、一般的に受刑者の改善更生及び社会復帰の促進に有益な者として、受刑者の面会が許されている。特別のものとして弁護人又は保護司との面会がある。行刑改革会議の提言によれば、「面会の回数及び時間を増やすとともに、面会場所について遮蔽板のない部屋を用いたり、面会方法について職員の立会いを緩和するなどの配慮をしていくべきである。また、職員配置のための体制が整うことを前提として、土曜日又は日曜日に面会ができるよう配慮していくべきである」としている。ここでは夫婦面会制を意味するアメリカやブラジルのようなコンジュガル・ビジット（conjugal visit）までも視野に入れているのかどうか定かではないが、監獄法（現在は、「刑事収容施設及び被収容者等の処遇に関する法律」（平成18年法律第58号））の規定を超えて親族との面会を強化していこうとする態度が看取できるであろう。

(2) 友人・知人との外部交通

現在、実務において、親族以外の者との外部交通については、特に必要が認められる場合に許可されることになっているが、運用上は、身元引受人、保護司、行刑施設に入所する前の雇用主等に認められるにとどまっている。そこで、行刑改革会議の提言では、友人・知人との外部交通を認めることを、次のように提言しているのである。

「監獄法制定から100年近くが経過した現在、一般には、親族だけでなく、友人、知人が、受刑者と社会との良好な関係の維持に重要な役割を果たすに至っている。……そこで、受刑者について、現在の運用を改め、友人、知人との面会を積極的に認めていくべきである」と。

もちろん、提言においても、友人、知人との外部交通については、無制限に認めるべきではなく、受刑者の改善更生及び円滑な社会復帰を促進するために有益な場合に限ることを明言している。

(3) 電話

電話については、監獄法上、外部交通の手段として認められていない。電話は管制の方法がないので認めないのである。しかし、電話は我々の日常生活において通信手段として一般的な方法であり、遠方に居住しているなどの理由により、行刑施設へ容易に面会に行くことのできない親族等との関係を維持するためには有効な手段である。また、欧米の多くの国でも認めている。確かに、電話の場合は、その性質上、通話の相手方が誰であるのかの確認が困難であることは分かるが、モニタリングすることを条件に認めてもよいのではないかと思われる。

(4) 信書の発受

これまで、実務において、受刑者の信書の発受については、人権救済を求めたり、告訴するために、裁判所、検察庁、法務局、弁護士会又は弁護士に対して、信書の発信を求める場合にも、検閲が行われていた。そのために、受刑者が萎縮することが従来から懸念されていたところである。刑務所の透明化という視点からは、矯正当局以外の機関等に人権救済等を求めることができる環境を

整えるべきであり、そのためには、原則として検閲はすべきではないであろう。

3．行刑運営に関する透明性の確保

　従来、我が国の行刑運営については、受刑者の社会からの隔離、施設内における秩序の維持、被収容者のプライバシー保護の観点等から、いわゆる「行刑密行主義」が採られてきた。しかしながら、名古屋刑務所事件を契機として、行刑運営の透明化の確保が要請されるなか、平成15年7月28日の行刑運営に関する調査検討委員会の『行刑運営をめぐる問題点の整理』を受けて、行刑改革会議は、行刑運営を市民の目に触れさせることによって、国民の理解を得ることが重要であり、現行の情願制度及び所長面接制度等の苦情申立制度の整備により、行刑施設の自浄能力を高めることはもちろんのこととして、イギリスの独立監視委員会（Independent Monitoring Boards）やドイツの施設評議会（Anstaltsbeirat：行刑改革会議では「刑事施設審議会」という呼称を用いている）を参考にしながら、刑事施設視察委員会（仮称）を創設することを提言している。

(1) イギリスの独立監視委員会

　イギリスでは、行刑法（Prison Act）によって、行刑施設は独立監視委員会なしでは運営できないことになっている。独立監視委員会のメンバーは、刑務所を訪問し、所内の状況はもちろん、施設運営や受刑者の処遇が公正で人道的であり、品位が保たれているかどうかを確認する。行刑施設への訪問は、原則として24時間可能であり、自分専用の鍵を持ち、職員の関与なしに受刑者と面会することができるのである。

　独立監視委員会のメンバーは、週に1回誰かが刑務所を訪問し、建物をチェックし、受刑者と話をし、舎房を訪れる。その際、受刑者の食事を試食することも義務づけられている。また、隔離ユニットを訪れ、隔離ユニットにいる受刑者と話をすることが要請される。訪問の最後には報告書を書き、所長及びその他の職員に配布する。所長は報告書において指摘された問題に真摯に対処しなければならないことになっているのである。

　現在、イギリスには138の独立監視委員会があり、約1,700人のメンバーがい

る。メンバーはボランティアであり、内務省の国務大臣によって任命される。任期は3年である。もちろん、再任は妨げない。メンバーとなれるのは18歳以上の成人であるが、メンバーのなかには、少なくとも2人の治安判事が含まれることが、法的要件である。メンバーは、刑務所外で刑務所に関して知り得たことを一切話すことはできない。しかしながら、公務員の守秘義務のような制裁はなく、違反者は直ちに解雇されることになっている。

　イギリスでは、この独立監視委員会のほか、刑務所の管理運営を適正なものとするための機関として、オンブズマン、刑務所監察官（Chief Inspector of Prison）等の制度がある。

⑵　ドイツの施設評議会

　ドイツの施設評議会は、1976年に制定されたドイツ行刑法に根拠をもつ。ドイツ行刑法では、各施設ごとに施設評議会が組織されなければならないとされており、その細目は、各州が規定することになっている。行刑職員は施設評議会の構成員とはなれない。構成員の任務は、行刑の形成及び受刑者の保護に協力し、問題提起及び改善提案により施設長を支援し、受刑者の釈放後の社会復帰を援助することである。構成員は、受刑者と面接し、感じた印象等を刑務所側に伝えるという活動を行っている。また、刑務所と一般市民との仲裁をする機能を持ち、刑務所のために一般市民に広報活動も行っている。構成員の権限は、受刑者の希望、問題提起及び苦情の受理であり、収容、就労、職業訓練、食事、医療的配慮及び処遇に関する情報の獲得、施設及びその設備の視察であり、受刑者及び被収容者の居室の訪問ができ、会話及び信書の発受は監督されない。

　宮澤浩一・外山美砂子（『刑政』115巻4号、5号参照）によれば、施設評議会は、①世話と統合の機能、②助言の機能、③統制の機能、④公開の機能を持つという。すなわち、「世話と統合の機能」とは、被収容者の所内生活を世話し、施設外の一般市民の生活へと戻り、社会生活に円滑に再統合できるよう働きかけることである。「助言の機能」とは、受刑者の要望により、日常生活はもとより、釈放後の生活に関する有益な助言をすることである。「統制の機能」と

は、悪意で監督することではなく、施設側と互いに協力するという意味での積極的統制であり、その関係は施設と評議会の相互を尊重しながら交わされる対話から生じる。「公開の機能」とは、評議会が矯正施設の現状について、外部に開かれていることの実質をいかに実現するかであり、評議会委員の構成員に外部社会の目をいかに取り入れるかが重要であるとするのである。要するに、ドイツの施設評議会は、受刑者から得た情報を、常に社会を意識しながら、今後の行刑に生かせるよう施設に働きかける役目を担っているのである。

(3) **刑事施設視察委員会**（仮称）

行刑改革会議は、その提言において、行刑運営の透明性の確保のために、上に述べたイギリスの独立監視委員会やドイツの施設評議会を参考にしながら、我が国における市民参加の組織として、「刑事施設視察委員会（仮称）」の創設を提案している。つまり、地域社会との連携の重要性や機動性等を考慮に入れて、各行刑施設ごとに、地域の市民及び専門家からなる刑事施設視察委員会（仮称）を創設することが必要であるとするのである。

行刑改革会議の提言では、この委員会は、個別事案の救済を図ることを目的とするものではなく、行刑施設長に意見を述べることなどによって、行刑施設の運営全般の向上に寄与することに重点が置かれているとのことである。すなわち、

　「この市民参加の仕組みは、行刑施設の長に意見を述べることなどによって、行刑施設全般の運営の向上に寄与することを目的としていることから、その職務として、まず、定期又は臨時に会合を開催して、行刑施設の運営全般について協議し、行刑施設の長に対し、意見を述べることができるものとすべきである。

　また、この職務を行うため、委員は、いつでも、委員会の議を経て、行刑施設を視察し、被収容者と面接ができ、一方、行刑施設の長は、面接等に関する委員会の要請に協力するものとする。委員会又は委員は、その職務を行うに当たり、規律に影響を及ぼすおそれのある事項について、行刑施設の長と協議するものとする。

そして、行刑施設内にメールボックスを設置したり、委員会の要請があるときは、状況に応じて、職員の立会いなしの面接を認めるなど、被収容者が委員会に対して忌憚なく意見等を述べられる環境を整えるべきである。
　さらに、このような職務を委員会が行うに当たっては、行刑施設の運営全般に関する情報が必要であることから、行刑施設の長は、委員会に対し、定期又は臨時に、行刑施設の運営状況について報告するものとするとすべきである」と。
　そしてまた、「このような委員会の活動が、更に多くの国民の目に触れるよう、委員会は、活動の結果について年次報告書を作成し、法務大臣に提出するとともに、適宜の方法によりその内容を公表すべきものとすべきである」と提言している。
　刑務所運営の透明化の視点からは歓迎すべき提言であるといえよう。
　以上の他にも、行刑運営に関する透明性の確保という視点からは、内部監査（現行の内部監査としては、巡閲及び矯正管区による監査がある）の充実強化や、法務省内の行刑施設に対する実施監査の情報公開、あるいは地域社会への積極的な広報活動等の問題もあるであろうが、要は、国民に理解され、支えられる行刑施設を作り、行刑運営の実情を市民の目に触れさせ、職員にも市民の目を意識させることが重要であるということになるであろう。

4．おわりに

　以上、私は、受刑者の人権及び人間性の尊重と改善更生・社会復帰の促進という両面から、刑務所運営の透明化について検討してみた。率直に言って、現在の我が国の行刑を取り巻く社会情勢は、特に名古屋刑務所事件以降、極めて厳しいものがある。行刑改革会議の提言を待つまでもなく、受刑者が真の意味での改善更生を遂げ、社会に復帰するためには、刑務所における処遇そのものが受刑者の人権に充分に配慮したものであることが必須の条件であり、たとえどのような理由があろうとも、受刑者の人権が侵害されることがあってはならないのである。そして、このことは、今や、国際的な常識でもある。

しかしながら、こうした国際的な基準を充たす処遇を実現するためには、監獄法を全面的に改正し、時代の変化に見合ったものとすべきであろう。そして、監獄法改正作業の過程を国民に情報公開することによって、国民の真の理解を獲得し、受刑者の改善更生・社会復帰に資する法律の制定を目指すべきではないかと私は思う。そして、そうすることこそが、とりもなおさず、刑務所運営の透明化につながると思うのである。

　　注：本稿で提案した施策の大部分は、「刑事収容施設及び被収容者等の処遇に関する法律」によって実現された。

第2章　最近のアメリカ合衆国における刑務所人口の動態

1．はじめに

　近年、我が国においては、刑務所の過剰収容問題をどう解決するかが喫緊の課題となっているが、こうした事態は、なにも我が国に限ったことではなく、世界共通の課題である。特に、2005年2月末現在、世界の刑事施設に収容されている約900万人の受刑者のうち、アメリカが209万人、中国が155万人、ロシアが76万人を占めているということから考えて、アメリカが最も深刻な状態にあることはいうまでもない。そこで、以下においては、アメリカの最近の刑務所事情について素描してみたいと思う。

2．2002年末現在の刑務所人口

　連邦もしくは州の成人矯正局の管轄下にある受刑者の総数は、2002年末の時点で、144万655人であった。2002年の間に、州刑務所においては3万88人増加し、連邦刑務所においては、6,535人の増加がみられた。全体で、全米の刑務所人口は2.6％増加したが、これは1995年末以降、3.6％という年平均増加率よりも少ないものであった。

　2002年末の時点での刑務所への収容率は、アメリカ国民10万人あたり476人となっているが、これは1995年の411人と比べれば増加している。このことは、州もしくは連邦の管轄下において、男性では約110人に1人、女性では約1,656人に1人の割合で、判決が言い渡され、刑務所に収容されている計算になるのである。

　換言すれば、アメリカ全体で、2002年末の時点において、216万6,260人の受刑者を拘禁していることになるのである。この合計数の内訳は、以下のようで

ある。すなわち、連邦及び州刑務所に136万1,258人（地方のジェイルに収容されている連邦及び州の受刑者を除く）、準州の刑務所に1万6,026人、地方のジェイルに66万5,475人、移民局（Bureau of Immigration）あるいは出入国・税関管理局（Bureau of Immigration and Customs Enforcement：以前の移民帰化局）によって運営されている施設に8,748人、軍の施設に2,377人、ネイティブ・アメリカンのためのジェイルに1,912人（2001年半ばころの数値）、少年施設に11万284人（2000年10月現在）等である。

3．アメリカ国民に占める受刑者の割合

このように、統計でみる限り、2002年末の時点で、アメリカ国民の143人に1人が、刑務所もしくはジェイルに収容されていることがわかる。事実、2002年末現在で、136万1,258人の受刑者たちが、州もしくは連邦刑務所の監督下にあり、66万5,475人が、地方のジェイルの監督下におかれているのである。2001年末以降、刑務所人口は、7万2,084人、すなわち、比率にして3.7％増加し、1995年以降の年平均増加率3.6％をわずかに上回っている。国家及び民間によって運営されている施設を含めると、州刑務所の受刑者数は、2002年の間に2.5％増加し、連邦刑務所は5.8％、地方のジェイルは5.4％増加しているのである。

4．1999年以来最大の増加率

アメリカの刑務所人口は、2002年の間に2.6％増加したが、これは1999年以来最大の年間増加率であった。2002年に、州もしくは連邦管轄下の受刑者数の増加率は2.6％であったが、これは2001年の増加率1.1％と比べて、2倍以上であったからである。州もしくは連邦の管轄下にある受刑者人口は、2002年の間に3万6,623人増加したが、これは2001年における増加数、1万5,521人よりも多いものであった。

刑務所人口は、1995年末以降、毎年平均4万5,000人（3.6％）の増加を記録している。しかしながら、全米の刑務所人口の増加率は、1995年の6.7％から、

2001年には1.1%という最低値を記録し、2002年に2.6%といくぶんかの上昇傾向を示しているのである。

1995年1月1日以降、州刑務所の受刑者の6か月ごとの比率は下落している。各年ごとの前半における比率は、前半・後半ともに1.2%であった2002年を除いて、おおむね年の後半における比率よりも高い。同様に、連邦刑務所の受刑者の比率をみると、1999年の前半の6か月には6.0%の最高値に達しているのである。このときを境として、各年の前半における比率は減少している（2001年は5.1%、2002年は3.0%）。

5．各州ごとの増減率

アメリカの刑務所人口を州ごとでみてみると、17の州が、2002年の間に、最低5%増加したことを報告している一方で、9つの州が減少したことを報告している。たとえば、2002年1月1日から12月31日までの間で、メイン州は、11.5%という最大の増加率を経験し、ロードアイランド州は8.6%、そしてコネチカット州、コロラド州、さらにはミネソタ州では7.9%増加したことが報告されている。一方、アラスカ州が最大の減少率を示し（3.8%減）、ついでイリノイ州（同3.7%減）、デアウェア州（同3.2%減）、さらにはマサチューセッツ州（同2.4%減）と続いている。

受刑者の絶対数からみれば、5つの法域においては、2002年の間に、少なくとも2,000人の受刑者数の増加がみられる。連邦刑務所（6,535人増）においては、過去最大の増加を経験し、次いで、カリフォルニア州（2,873人増）、フロリダ州（2,806人増）、ペンシルバニア州（2,106人増）、さらにはバージニア州（2,067人増）の順序となっている。

全体では、西部の法域における受刑者が3.0%増加し、次いで、南部の法域が2.5%、さらには北東部及び中西部がそれぞれ1.9%の増加となっている。同時期に、連邦刑務所では4.2%増加している。

6. 州刑務所の増加率

2002年の最後の6か月間において、州の刑務所人口は、1万5,000人以上の増加をみている（2002年7月1日から12月31日の間に、州の管轄下にある被収容者数は、2001年の最後の6か月間の0.5%の減少と比べて、1.2%増加した。実数で、126万1,414人から127万7,127人となっている）。連邦刑務所の人口は、2002年の中頃以降では1.1%の増加率であり、より緩やかな割合で増加していることが分かる。2002年の最後の6か月間における連邦刑務所の人口は、最初の6か月における4,688人の増加と比べて、1,847人の増加であった。

1995年以降、州刑務所における判決を言い渡された受刑者の数は、27%増加した。この期間において、12の州では、刑務所人口が最低でも50%増加したが、特にノースダコタ州（86%増）、アイダホ州（86%増）、さらにはオレゴン州（85%増）での増加が顕著であった。1995年から2002年の間に、連邦刑務所では、1年以上の拘禁刑を言い渡された受刑者が5万9,377人増加し、71%の増加が報告されている。

7. 女性受刑者の増加

州もしくは連邦刑務所の管轄下にあった女性受刑者の数は、2001年において0.2%下落したのに対して、2002年においては、4.9%増加している。刑務所における男性受刑者の数も、2.4%増加し、前年の1.2%に比べて上昇している。したがって、2002年末の時点では、9万7,491人の女性と、134万3,164人の男性が、州もしくは連邦刑務所内にいたことになる。

1995年から2002年まで、女性受刑者人口の年平均の増加率は5.2%であり、男性受刑者人口における年平均の増加率の3.5%よりも高かった。1995年以降、男性受刑者総数が27%増加しているのに対して、女性受刑者数は42%増加している。したがって、2002年末までに、女性は、すべての受刑者の6.8%を占め、1995年の6.1%からみて上昇傾向を示しているのである。

アメリカの住民人口との関連においてみれば、男性は、女性の15倍、州もしくは連邦の刑務所に収容されていることになる。2002年末の時点で、男性は、

10万人あたり、906人の判決を言い渡された者がいたのに対して、女性は、10万人あたり、60人の判決を言い渡された者がいたにすぎないからである。

女性受刑者の3分の1以上が、3大法域において拘束されている。すなわち、テキサス州（1万3,051人）、連邦刑務所（1万1,234人）、及びカリフォルニア州（1万50人）では、すべての女性受刑者の3分の1以上を収容している計算となるのである。オクラホマ州（住民人口10万人あたり、131人の女性受刑者）、ミシシッピ州（同126人）、ルイジアナ州（同96人）、さらにはテキサス州（同96人）が、最も高い女性の拘禁率を示している。女性の拘禁率が最も低い州は、北東部に集中しており、ロードアイランド州及びマサチューセッツ州（両州ともに住民人口10万人あたり、11人の女性受刑者）、メイン州（同12名）となっている。

1995年以降、連邦の管轄下にある女性受刑者数は、7,398人から1万1,234人と、52％増加しており、他方、州の管轄下にある女性受刑者数は、6万1,070人から8万6,257人と、41％増加しているのである。それゆえ、2002年末の現在の時点で、1,656人に1人の女性と、110人に1人の男性が、州もしくは連邦の刑務所に拘禁されている計算になる。

8．民営刑務所における拘禁者数

アメリカにおいては、民営刑務所が、2002年において、州及び連邦刑務所の受刑者総数の約6.5％を拘禁していることが報告されている。すなわち、2002年末の時点で、31の州と連邦刑務所が、民間によって運営されている施設に合計9万3,771人の受刑者を収容したことについて報告しているのである。事実、民営刑務所は、すべての州の受刑者の5.8％、ならびに連邦の受刑者の12.4％を収容している。これらの州のなかでも、テキサス州（1万6,773人）とオクラホマ州（6,470人）が、2002年に最も多い数値を報告している。5つの州、すなわちニューメキシコ州（民営率43％）、アラスカ州（同31％）、ワイオミング州（同30％）、モンタナ州（同29％）及びオクラホマ州（同28％）は、25％以上の民営刑務所収容率を報告している。

ウィスコンシン州（同16％）及びニュージャージー州（同9％）を除いて、民

営刑務所の使用は、南部及び西部の諸州に集中されている。全体としてみると、北東部における1.8％及び中西部における2.7％と比べて、南部における8.0％、西部における6.2％といった具合に、州の受刑者の一定の割合の者が、民間によって運営されている刑務所に収容されているのである。

2002年において、地方のジェイルは、約5％の州及び連邦の受刑者を収容している。すなわち、2002年末の時点で、32の州と連邦は、地方のジェイル、またはカウンティ（州の次に小さな自治体の単位）、もしくは地方当局によって管理されているその他の施設に、合計7万1,256人の受刑者を収容していることを報告している。地方のジェイルに収容された受刑者数は、2002年におけるすべての受刑者の4.9％を占めるものであった。

なかでも、ルイジアナ州は、地方のジェイルに収容された受刑者人口で、最大のパーセンテージ（45％）を示しているのである。ルイジアナ州シェリフ（保安官）連盟と地方当局との協力のため、1万6,048人の州の受刑者が、2002年度末の時点で、地方のジェイルに収容されている。テネシー州（27％）及びケンタッキー州（23％）のほか、5つの州は、5分の1以上の受刑者を、地方のジェイルに収容しているのである。

受刑者を収容するために地方のジェイルを利用する地域で最も多いのは南部の諸州（10.2％）であり、続いて、西部（1.8％）、北東部（1.3％）、そして中西部（0.7％）の順となっている。

9．過剰収容の実態

25の州と連邦刑務所が、最大の収容定員ぎりぎり、もしくは過剰収容の状態で運営されている。州の刑務所の収容定員を推計するために、これらの法域では、2002年度末の時点で、3つの基準を提供するように求められている。すなわち、見積上の収容定員、運営上の収容定員、計画上の収容定員である。これらの基準は、以下のように定義されている。

「見積上の収容定員」とは、査定を行う職員によって、法域内の施設に割当てられたベッド数もしくは受刑者数である。

「運営上の収容定員」とは、施設のスタッフ、現存するプログラム、さらにはサービスを基礎として、収容することができる受刑者数である。

「計画上の収容定員」とは、立案者もしくは設計者が、その施設について予め意図していた受刑者数である。

22の法域が、1つの基準か、もしくは、それぞれの基準に見合った数字を提供している。また、報告された収容定員の種類が複数あった28の法域においては、刑務所人口の見積もりは、提供された最も高い数字と最も低い数字に基礎を置いているのである。

2002年末の時点で、24の州が、州の最も高い収容定員の100％未満で運営していると報告し、25の州と連邦の刑務所は、州の最も高い収容定員の100％かまたはそれ以上で運営をしていると報告している。アイダホ州は、最も高い収容定員の71％で運営しているが、最も低い占有率を報告している。デラウェア州（報告された最も低い収容定員を116％超過）及びアラバマ州（同101％超過）は、占有率が最も高かった。

2002年末現在の時点で、連邦刑務所は、収容定員の33％超過で運営されていた。全体としては、連邦刑務所は、最も高い収容定員の1％超過から、最も低い収容定員の17％超過の間で運営されていた。

10. おわりに

以上が、最近のアメリカの刑務所に関する主要なデータである。アメリカも過剰収容問題を抱えているようであるが、これまでのアメリカでの過剰収容問題を解決するための施策は、刑務所の増築と刑務所の民営化であった。我が国の過剰収容問題を解決するためには、まず、警察段階での微罪処分、検察段階での起訴猶予、裁判段階での執行猶予、矯正段階での仮釈放等の比率を上げることが考えられる。しかしながら、このダイバージョンと呼ばれる施策は、多用することになると、国民の刑事司法制度に対する信頼を失い、犯罪への不安感を生み出し、厳罰化の要求となってあらわれるという危険性がある。厳罰化の主張を受け入れれば、再びまた過剰収容となり、結局のところは、堂々巡り

となるおそれがあるのである。

　アメリカのように、刑務所の増築や民営刑務所の創設も考えられるが、アメリカの実例をみても分かるように、そうした施策では、国民の予算を使って施設数を増やすばかりできりがなく、過剰収容のための施策としては限界がある。

　それゆえに、何よりも重要な過剰収容解消策は、犯罪を減少させることである。犯罪が減少すれば犯罪者が減少し、刑務所への被収容者が減少することは、自明の理であるからである。

　かつて我が国は世界で最も犯罪の少ない国といわれた。その当時の失業率が2.8％であったことを考えるとき、いま何よりも大切なことは、日本の将来を背負って立つ若者に、夢のある職場を提供することであると私は思う。このことは、一見したところ、遠回りの施策であるように思われるかもしれないが、実は、過剰収容を解消するための抜本的な解決策である。夢と希望のある将来像を若者に示すこと。それができるかどうかが、過剰収容問題を解決するための最も重要な施策であると私は信じるのであるが、皆さんの考えはどうであろうか。

第3章　厳罰化政策とカリフォルニア州刑務所の現状

1．はじめに

2003年11月現在の統計によれば、世界の刑務所人口は約900万人以上と推計されている。アメリカが約203万人、中国が約151万人、ロシアが約86万人であるから、この3か国だけで世界の刑務所人口の半数近くを占めることになる。特にアメリカの刑務所は危機的状況にあるといっても過言ではない。なぜならば、年間3万人から4万人の受刑者人口の増加が見られるからである。しかしながら、世界で最も犯罪が少ないといわれた我が国においても、刑務所が過剰収容状態にあることは周知の事実であり、このままで推移すれば、我が国の刑務所においても過剰収容ゆえの暴動が起こる危険性さえあるのである。

平成16年版犯罪白書は、そのことを意識して特集を組み、世界一安全な国といわれた1970年代、それも一般刑法犯の認知件数が最低値を示した1973年（昭和48年）と、刑法犯の認知件数が戦後最高を更新し続けた犯罪多発時代の2003年（平成15年）とを対比して、矯正処遇の現状を次のように分析している。

「現在、我が国の行刑施設は、深刻な過剰収容を余儀なくされている。収容人員に応じた収容施設・整備を確保して、これを解消することはいうまでもないが、同時に人的体制の整備も欠かすことはできない。どれほど科学が進歩しようとも、犯罪者の処遇は、結局のところ、『人』対『人』のかかわり合いを通じた働き掛けが基本となるからであり、受刑者の特性に応じた処遇を推進し、各種の処遇類型別指導、職業訓練等の充実を図っていくためには、業務の合理化、外部委託の推進などの努力を継続する一方で、刑務官はもとより、各種専門スタッフの確保が必要不可欠であるとおもわれる」と。これは明治時代以来の矯正界の標語である「矯正は人なり」を提言化したも

のであろうと私は思う。続けて白書は、「また、人的体制の整備が重要であることは、更生保護の分野においても同様である。我が国は、犯罪者の改善更生・社会復帰を助け、社会に再統合していくための処遇の担い手として、5万人近い保護司という貴重な社会的資源を有しているが、定年制の完全実施により、多くの者が退任年齢を迎えようとしている。それとともに、年齢層の若返りを図りつつ、行動力や柔軟な処遇能力を備えた適任者を幅広い層から確保していくことが課題となっており、今後は、そのための具体的な方策の検討が必要になると思われる」としている。

本白書では、「治安再生に役立つ犯罪者の処遇」、「国民に開かれた犯罪者の処遇」、「犯罪者処遇のための基盤整備」がその基本的方策となっているのである。

これは、まったくの偶然かと思うが、実は2005年7月3日のサンフランシスコ・クロニクル紙も、我が国の白書と同じく、30年前の1975年の頃のカリフォルニア州の刑務所の実情と2005年の現在とを比べて、今、カリフォルニア州の刑務所が抱える問題の重大性を指摘している。以下においては、この危機に直面するカリフォルニア州の刑務所の実情を紹介することによって、我が国が近い将来当面するであろう同じ問題に、どのように対処すべきであるかを考える素材にしたいと思う。

2．カリフォルニア州の刑務所の実情

サンフランシスコ・クロニクル紙は、次のように述べている。

「カリフォルニア州が、毎年のように増加する犯罪に対抗するために、厳しい量刑法を用いて断固たる処置を採ってからおよそ30年後の現在、以前から専門家が指摘していたように、最も不備な計画でしかもアメリカにおいて最も欠陥のある刑務所運営が、現実に、州全土に蔓延するという長年のつけを支払う時期を、今迎えようとしている」と。

問題の核心は、「法と秩序」を標榜した、これまで30年にわたる厳罰化政策の不当性にあるようである。すなわち、立法者や検察官は、結果として税金を

投与することを厭わなかった、カリフォルニア州民の許容限度よりもはるかに多くの犯罪者を、刑務所へと送っているからである。余りにも深刻な過剰収容のために、重要な刑務所プログラムやサービスが機能不全に陥り、現在では、途方もなく高価な解決策を要求する結果となっているとするのである。

　2005年6月30日、連邦裁判官は、「刑務所医療制度の軽視と堕落」と彼自身が名づけた出来事に対して衝撃を露にし、管財人が管理を行うことを命令した。この裁判所命令による改善は、すでに1年当たり11億ドルを費やしている、このプログラムの総経費を高騰させるおそれさえあるのである。

　ちょうど数週間前に、矯正局は、7億1,600万ドルの費用をかけて新築した、総計45億ドルの刑務所建設プログラムによって新しく建設される22の新刑務所の最後の1つとして認知されているカーン・バレー州刑務所（Kern Valley State Prison）を開設した。しかしながら、後日、矯正局長官であるロデリック・Q・ヒックマン（Roderick Q. Hickman）は、「現行システムは企図した受刑者数の2倍を抱えており、いまなお増加していることから、カーン・バレー刑務所を最後の刑務所とすることはできない」とサンフランシスコ・クロニクル紙に語っている。

　さらに、ヒックマンは、「納税者は、古くなった刑務所を改善し、極めて劣悪であるために、受刑者の憲法上の権利を侵害している状況にある刑務所の改善を要求する裁判所命令に従うために、何百万ドルかの税金を支払わなくてはならない」とも述べているのである。受刑者1人当たりの経費が最も高く、違反者が最も多く、パロール（仮釈放）を受けた者が刑務所に再収容される割合が最も高く、最悪な過剰収容率のなかで、カリフォルニア州の矯正システムは、アメリカ合衆国における他のいかなる州のシステムとも異なる様相を呈しているというのが現実である。

　「すべてのことはカリフォルニア州から始まる」とニューヨーク州のヴェラ司法研究所の所長であり、前ニューヨーク市ジェイル・システムの所長であったマイケル・ヤコブソン（Michael Jacobson）は述べている。こうした政策の失敗の代償は、現在では、明白なものとなっているのである。

過剰収容の主たる原因は、他の州よりもはるかに多く、釈放された受刑者を刑務所へ再収容しているパロール制度にある。社会復帰プログラムに重きを置かず、パロール期間を長期化し、違反者に処遇を提供する代わりに、彼らを刑務所に再び戻すという矯正局職員と政治家による決定は、全米で最も高い約60％の再収容率を生み出しているのである。
　しかも、医療制度が非常におろそかにされているために、医師の雇用率が最高30％空席となっており、いくつかの診察室には流しさえ付いていない。連邦裁判所が管財人を任命すれば、すぐに、納税者は、新しい職員を雇い、施設を修復するための費用を支払わなくてはならないであろう。その間にも、より長期の刑の言渡しが、より高価な医療を必要とする、高齢の受刑者人口を生み出し続けているのである。
　また、1年間に何十万回と刑務所内外に人々を移動させる矯正システムにおいて、時代遅れの情報技術システムに刑務所運営者は足をとられているようである。経費を削減し、エラーを無くし、経営を合理化するための近代的なコンピューター・ネットワークの導入は数年先のことであり、その時には、何億ドルもの費用を必要とするかもしれない、と職員は述べている。
　カリフォルニア州の問題は、他の州が市民の安全を確保すると同時に、何百万ドルも節約しているという、全米の一般的な傾向に反するがゆえに、特に衝撃的である。仮にその機能不全に陥っているプログラムを修復することができるならば、この会計年度に73億ドルを支出する予定の矯正局は、1年間で何億ドルもの節約ができることになる、と専門家は述べているのである。
　ミシシッピ州やルイジアナ州といった厳格な「法と秩序」を表看板として掲げる州でさえ、短期量刑（shorter sentences）の要素を取り入れた新たな量刑モデルや、改良された社会復帰プログラム、そして、より多くの刑務所代替策などを採用しているのである。カリフォルニア州よりも高い犯罪率で、ほとんど同じくらいの数の受刑者を収容しているテキサス州では、多くのパロール違反者のほんの一部分のみを刑務所に収容しているに過ぎない。
　「カリフォルニア州では、何ら有効性が証明されていない政策を今でも用い

ており、彼らが採用している施策は、すべて高い経費を必要としている」と、ニューヨーク市のジョン・ジェイ刑事司法単科大学（John Jay College of Criminal Justice）の学長であるジェレミー・トラビス（Jeremy Travis）は述べている。「カリフォルニア州は、公共の安全のために何らの利益を有していない矯正政策のためのポスターチャイルド（特定の性質や行動を体現する人物の意味）である」というのである。

クロニクル紙のインタビューのなかで、ヒックマンは、パロール制度に関して、「非常に率直に言って、カリフォルニア州は、全米の他の地域と比較して異常である」と述べている。

アーノルド・シュワルツネッガー（Arnold Schwarzenegger）州知事は、就任した最初の日に、ヒックマンを、成人刑務所と、より小規模の少年施設を運営する、青少年・成人矯正庁（Youth and Adult Correctional Agency）の長官に任命した。ヒックマンは、パロール制度の問題は16万4,000人もの受刑者を詰め込んでいる刑務所に対して重要なものであるから、パロール制度を抜本的に改革する決意でいると宣言し、実行に着手したのである。

20か月後の2005年7月1日、組織の再編成の結果として、彼の「青少年・成人矯正庁」は「矯正・社会復帰局」へと名称変更になった。しかしながら、幾人かの批評家は、これまでにほんの僅かな成果しか達成されてはいないと、深い失望感を表している。

現在抱えている問題の根源は、民主党員であったジェリー・ブラウン（Jerry Brown）州知事と共和党員職員が、州の刑事司法政策を強化した1970年代に溯ることができるのである。

毎年のように増加する犯罪率が、「法と秩序」の雰囲気を醸成するのに従い、ブラウン知事は、裁判官に定期刑を言い渡すことを要求する法案に署名した。その他の法律が、薬物犯罪や性犯罪、そして常習犯罪者に対して長期の量刑を要求するようになり、1994年には、重罪を反復した犯罪者に、終身刑を義務付ける「三振法」（Three Strikes and You're Out Law）においてピークを迎えている。

「州として充分な準備ができていない」という警告はなされていた。1979年

に矯正局長であったジロウ・エノモト（Jiro Enomoto）は、「刑務所人口が2万人から、1986年に2万7,000人となったときに、抑制できなくなるかもしれない」と警告を発していたのである。結果として、1986年末には5万4,000人となり、州政府は、その全受刑者を収容する設備を整えることはできなかったのである。

今日、刑務所は、収容定員のおよそ2倍の受刑者数を抱えており、多くの刑務所では、体育館やその他の空間を大規模な共同居室へと変更させている。過剰収容は人種的な緊張やその他職員との緊張を高め、刑務所に、その管理を極めて困難ならしめており、提供される限られた処遇や治療さえも妨げているのである。

「人々は入所時よりも確実に悪化して出所している」とオークランドの「犯罪と非行に関する全米協議会」（National Council on Crime and Delinquency）の会長であり、私の指導教授の1人であったベリ・クリスバーグ（Barry Krisberg）はいう。彼は刑務所を調査し、重要な改善を勧告する諮問機関である「ブルーリボン委員会」（Blue-Ribbon Commission）において15年間委員を務めたが、その時の勧告のほとんどは無視されていると述べている。

「むしろ、事態はより一層悪化している。これらの受刑者は、結局のところ、地域社会に戻ってくるのであるから、公共の安全は確実に損傷を受けることになる」とクリスバーグは警告するのである。

1978年、州知事及び州議会がより厳しい量刑法を16年に亘って開始した当時、州刑務所は全体で2万1,000人に満たない受刑者数であった。しかしながら、1984年に22の新しい刑務所の初めの1つが開設されたときまでには、すでに刑務所人口は4万3,328人にまで増加していた。そしてそれが、2005年現在では、16万3,717人に達しているのである。表3は、パロール対象者に関するデータである。

我が国が同じ結果を招かないように、仮釈放と保護観察（プロベーション）体制の見直しと充実策を展開することが、緊急の課題であるように私には思われる。

表3　パロール対象者の処遇

	1984年	2003年
パロールで釈放された受刑者	2万4,711人	11万5,424人
刑務所に戻ってきたパロール対象者	1万1,409人	7万8,053人
(i)条件違反のために刑務所に戻ってきたパロール対象者	7,421人	6万2,377人
(ii)新たな有罪宣告を受けて刑務所に戻ってきたパロール対象者	3,988人	1万5,676人

資料源：California Department of Corrections and Rehabilitation

3．おわりに

　以上、厳罰化政策を背景とした危機に直面するカリフォルニア州の刑務所の現状を紹介したが、我が国でも同じような状況が現出しつつあることに留意しなければならない。幸いにも、我が国では、2005年5月18日、長年の懸案事項であった「刑事施設及び受刑者処遇等に関する法律」（平成17年法律第50号）が成立した。筆者自身が5月10日の参議院法務委員会において参考人として意見を述べたということもあって、その感慨はひとしおである。本法は公布の日から起算して1年を超えない範囲内において施行される予定であるが、本法の成立によって、従来は刑務作業中心の処遇が展開され、個別処遇において必要な特別な処遇をする場合においては、必ず受刑者の同意を得ることを必要としたが、今後は改善指導、教科指導が義務化されたため、積極的な個別処遇の展開が可能になった。その上、専門的知識の活用も明文化されたため、今後は受刑者の社会復帰に向けた本格的な矯正処遇の充実が図られるものと思われる。

　アメリカの犯罪者処遇理念が「刑罰モデル」であるのに対して、我が国の犯罪者処遇理念が「社会復帰モデル」であることを考えるとき、我が国がアメリカのような事態に陥ることはないであろうと思われるが、「刑事施設及び受刑者処遇等に関する法律」の施行を契機として、受刑者に対する教育的処遇の積極的な展開と大胆な過剰収容解消策の推進が期待される。

第4章　カリフォルニア州で採用されている　ピースキーパー（特警員）制度

1．はじめに

「犯罪と非行に関する全米協議会」（National Council on Crime and Delinquency: NCCD）の会長であり、私の指導教授の1人でもあるベリ・クリスバーグ（Barry Krisberg）からの情報（2006年1月23日AP通信）によると、昨今、カリフォルニア州の刑務所では、ピースキーパー（peacekeeper：我が国において、戦時中に創設された「特警隊制度」、戦後は「特警員制度」と呼ばれた）による看守殺しの話題で騒然とした状況にあるという。

我が国のピースキーパー、すなわち、特警員制度は、小野義秀の『日本行刑史散策』（矯正協会・2002年）によれば、「折りからの職員不足を補うため、昭和18年（1943）4月から試験的に一部で行われていたものを昭和19年（1944）9月、正式に認め、行刑累進処遇令49条の2に『第1級受刑者中操行特に善良なるものは戒護其の他につき刑務官吏の補助に当たらしむことを得』という規定を新設して一般化した制度である（243頁）」という。

また、刑務所での実務経験のある井上一志の『行刑施設の変遷』（カヅサ共済法規出版・1988年）によれば、「昭和18年3月造船部隊の隊員中から成績優秀な受刑者を選定し、『東京造船部隊奉公隊』が結成された。これは、看守の不足を補うため戒護補助として編成された一隊であり、特警隊とも呼ばれた。……昭和19年8月8日時局下における隊員の欠員が増大したことから有能な受刑者を集団で練成し戒護力の充足を図るため、『特警隊練成要綱』が定められた。……特警隊に選抜されて練成を終了した受刑者は構内外の作業所に配置され、戒護補助者として見張その他の任務についた。特警隊員は一般受刑者と拘禁が区分され、自治が認められ、普通衣が許された（460—461頁）」との叙述がある。

第4章 カリフォルニア州で採用されているピースキーパー（特警員）制度 169

　時代は変わって、2006年現在、カリフォルニア州の刑務所システムにおいて、刑務所内の秩序を維持するために設けられた、最もタフで恐れられている受刑者をピースキーパーとして使用する慣行が、看守の死をもたらしたという前述の事件を、FBIは当該慣行が2件目の殺人にも寄与したおそれがあるとして捜査中であるとのことである。以下においては、この古くて新しい制度、ピースキーパー制度の問題点について考えてみることにしよう。

2．ピースキーパー制度と特警員制度の抱える問題

　刑務所内での行状の良い受刑者を職員の補佐として用いるピースキーパーの制度は、アメリカの多くの州では禁止されているようであるが、カリフォルニア州の矯正局は、ピースキーパーの制限的な利用を支持しており、権力を与えられた受刑者は、職員を助け、人種間の緊張を緩和し、ある局面においては、仲間の受刑者を管理しているとのことである。

　ピースキーパーに与えられた自由と特権は、結果として、彼らを薬物に走らせ、受刑者に暴行を命じ、その他の犯罪を行わせるおそれがあると、この制度に対する批判者はすでに早くから警告を発していたのであるが、実際に、その危惧は現実のものとなり、カリフォルニア州の刑務所で、ピースキーパーとして働いていたギャング・メンバーの幹部が、一定の役割を果たしているのではないかとされる2件の殺人事件について、現在、綿密な調査が行われているとのことである。

　2005年1月に、チノにおいて、人種間の暴動の後、調停をするために居室から釈放されたピースキーパーが看守を刺殺したと、刑務所システム監察副長官（Chief Deputy for the Prison System's Inspector General）であるブレト・モーガン（Brett Morgan）は述べている。

　AP通信社が入手した矯正局の機密文書によれば、何週間も前から、サクラメント地域の刑務所のピースキーパーは、看守が受刑者を殺害するという結果に終わった暴行事件を、受刑者に命じていたようである。

　機密文書によれば、当該事件におけるピースキーパーは、刑務所内でも非常

に長い犯罪歴を有する者であり、州監察官は、彼のピースキーパーとしての地位が、彼に殺人現場に近寄らせることを許したのではないかとの疑念を抱いていることを、調査に精通した刑務所職員は、公的に話すことは許されていないからとして、匿名にすることを条件に、談話として発表しているのである。

連邦検察官は、FBIに、殺人と受刑者のピースキーパーとしての地位が、これらの事件に寄与したか否かを調査するように依頼していると、連邦検察局スポークスマンのパティ・ポンテロ（Patty Pontello）は述べている。刑務所側では、独自に、サクラメントでの死亡事件の調査を行っており、ピースキーパーを抑制するよう努めていると、刑務所長はいう。

インタビューのなかで、カリフォルニア州矯正局長官ロデリック・ヒックマン（Roderick Q. Hickman）は、警察官による情報提供者（informants）の利用の実務に例えて、刑務所職員は、伝言を伝え、その反応を確かめるために、ピースキーパーを利用していることを認めている。そして、彼は、当該慣行が危険性を有していることをも認めているのである。

「ピースキーパーを使うのは、それなりの理由と役割がある。その用い方のプロセスにおいて、人選を誤るとき、問題は起こるのである」と、勤務歴25年のベテランの矯正職員であるヒックマンは述べているのである。

我が国が1943年に「特警員制度」を試行したとき、すでに、受刑者を施設の規律維持のために利用するべきではないという考えは、国際的に共通する認識となっていたようであるが、我が国の場合には、戦時の人手不足という必要性が、こうした特別の制度を生み出すことを余儀なくしたという事情があった。

我が国の場合は、発足時には、特に優秀な受刑者を選別し、研修を行って実施したようであるから、初めのうちは大いにその成果があがったようである。しかし、次第に質の低下をきたし、自分たちの立場や地位を利用して、他の受刑者を威圧し横暴な振る舞いを行うようになった。冒頭で紹介した『日本行刑史散策』によれば、「特警隊(員)制度は、戦後になっても廃止による反発を恐れて続けられ、その選定や運用に関する注意通達が出されているものの効果はなく推移していたが、昭和22年(1947) 9月、遂に特警員による重大事故が発生

した。静岡刑務所では特警員らが所長や幹部を脅迫して不法な仮釈放を行わせたという事案で、その数日後にはこの不祥事に対する当局の調査を事前に察知した特警員9名が夜間勤務を利用して逃走するという驚くべき事件である。こうなっては、もはや猶予は許されないと、同月『静岡刑務所事件に鑑み注意すべきこと（通達）』が出されて、特警員制度の全廃が指示され、ようやく禍根を断つことになった（小野・2002年・244頁）」との説明がなされている。

3．ピースキーパーによる不祥事

　33の州立刑務所と、山火事の消火活動に従事する消防士となるための訓練をする41のキャンプ、16の地域社会内矯正施設（Community Correctional Facilities）、子どもを持つ女性のための8つの母親受刑者施設（Prisoner Mother Facilities）があり、2006年現在、およそ16万8,000人の受刑者を抱えるカリフォルニア州の刑務所システムは、全米でも最大規模のものであるが、近年、いくつかのスキャンダルに見舞われている。劣悪な医療制度や生活条件は、連邦政府による医療サービスの管理という事態を引き起こしており、一般大衆と職員との信頼関係を回復させるために、アーノルド・シュワルツネッガー知事は、刑務所運営の在り方を再編成し、その手助けをする者として、ヒックマンを矯正局長官に任命したのである。

　ピースキーパー制度は、決して新しいものでも、カリフォルニア州独特のものでもない。我が国の特警員制度のように、何十年間も、特典が与えられた模範囚（trusty）あるいは信頼を勝ち得た受刑者が、看守の命令を受けて、刑務所で働く他の受刑者を管理することを手助けするという制度は存在したのである。

　「ピースキーパーの使用は、ミシシッピ州、アラバマ州、その他いくつかの州では違法とされている」と、矯正コンサルタントであり、テキサス州刑務所システムの前指導者であったスティーブ・マーティン（Steve J. Martin）は述べている。テキサス州では、当該慣行が訴訟により1980年代に打ち切られるまでに、暴行やその他の犯罪を引き起こしていたという事実が存在するのである。

「評判の良い立派な矯正職員は、受刑者が他の受刑者に対して影響力を及ぼすというのは決して好ましいことではないということに同意している」と、アメリカ自由人権協会（American Civil Liberties Union：ACLU）の全米刑務所プロジェクト（National Prison Project）に関わっている弁護士であるディビッド・ファティ（David Fathi）は述べている。

カリフォルニア州の法律は、原則として、受刑者が他の受刑者を支配することを禁止しているのである。しかしながら、実際のところ、現実の慣行は、刑務所ごと、看守ごとに異なっているようである。いくつかの施設では、ピースキーパーは存在感を確立しているが、他の施設では、ピースキーパーは一時的に任命されたものであるにすぎないといったように、その形態は様々である。また、ピースキーパーを選定する方法や、職員がピースキーパーをピックアップする方法も様々であり、その人数も不明確である。

この話題に関してインタビューを受けた幾人かの職員は、「それは悪魔との契約となり得るかもしれないが、受刑者も何らかの役割を果たさなければならない」と述べている。

「一部の受刑者の利用は、本当に解決策の1つであろうか」という問いに対して、「その通り。しかし、それはあたかも国連の代表者を送り出すように、受刑者を他の受刑者のなかへと送り出すことではない。誰が彼らを統制しているのか。ピースキーパーを利用する場合、誰が支配し運営しているのかを明らかにしなければならない」と、カリフォルニア州刑務所看守組合の副会長であるチャック・アレクサンダー（Chuck Alexander）は述べている。

2つの矯正監督委員会（Corrections Oversight Committee）の委員長であり、州上院議員与党リーダーでもあるグロリア・ロメロ（Gloria Romero）は、「現実主義者は、看守と受刑者との間には仲介者（intermediary）が必要であることを認識している」と述べている。「それはデリケートなバランスである」と、ロメロは言う。

2005年1月10日、チノ刑務所の看守が、人種暴動の後に、警察官を殺害しようと試みた罪で75年の拘禁刑に服していた、クリップス（アメリカ西海岸を拠点

とする構成員3万人を誇る全米最大規模のストリート・ギャング集団）のギャング・メンバーで、最重警備ユニットに収容されているジョン・ブレイロック（John C. Blaylock）に、受刑者を再び一緒にするための準備を手伝わせようとしたときに事件は起こったと、州監察官は述べている。居房から解放されたブレイロックは、看守であるマニュエル・ゴンザレス（Manuel Gonzalez）の心臓を一突きにした、というのである。

「ブレイロックは、決して外に出すべきではなかった」と、州監察官は述べる。当該事件の後、刑務所長とその2人のトップ・アシスタントは異動を余儀なくされているからである。

4．事件の顛末

監察長官の報告書が提出された3月、矯正局長であるヒックマンは、「職員らは故意に怠慢な態度を取ったわけではなかったが、手抜きをしようとしていた」と話している。

AP通信が入手した報告書によれば、何週間も前から、殺人罪で服役している、白人優越論者でありピースキーパーであった、ジェームス・ブーツ・タイガー（James "Boots" Tigar：31歳）は、サクラメントの重警備刑務所において、部下に他の受刑者を刺すよう命じていたようである。AP通信によれば、加害者である、ウェイド・シフレット（Wade A. Shiflett）は、看守が警告弾を発射した際にはためらったが、タイガーが、「奴をもう一度襲え」と叫んだ後、攻撃を再び開始した。この時に、看守はシフレットを射殺している。

報告書によれば、顎にカギ十字の入れ墨を入れているタイガーは、その後職員が監視塔から降りてきた際に、別の受刑者に看守であるサム・ベス（Sam Bess）を殺害するよう命じているのである。

刑務所の機密報告書によれば、「彼を始末して欲しい」とタイガーが受刑者に依頼していたと、目撃した受刑者が州監察官に述べている。

受刑者が拒否したために、タイガーは、彼を襲撃するように命じたようである。その後、当該受刑者は保護拘禁（protective custody）を認められ、タイガー

は、彼の居室の音声監視が更なる復讐を計画していたことを発見した後に、スーパーマックスと呼ばれている超重警備刑務所である、ペリカン・ベイ州刑務所に移送されている。

　タイガーは、受刑者と管理者側との間の連絡役として奉仕するピースキーパー・グループのなかから選出された会長であり、刑務所全体を通して広範なアクセス権を与えられた立場であったために、看守と親しかったのである。

　刑務所の機密文書によれば、タイガーは、襲撃命令やその実行、薬物の販売、武器の密輸や人種暴動の煽動、その他の罪で40回以上告発されていたにもかかわらず、男子諮問協議会実行委員会（Men's Advisory Council Executive Body）を率いていたのである。

　スコット・ケマン（Scott Keman）刑務所長は、刑務所のインタビューのなかで、「タイガーの他の受刑者への影響力に関しては充分に認識してはいたが、彼と関連付けられている報告書の内容は充分に確認されてはおらず、しかも、受刑者自身にも、あまりにも多くの悪行に関する報告がなされていた」と述べている。

　しかしながら、そうはいうものの、タイガーを閉じ込めなかったのは、ケマン所長の責任であることは確かである。

　2004年11月30日の殺人事件から5か月後の2005年4月、ケマン所長は、「特別に権限が与えられていない場合には、受刑者をピースキーパーとして使用してはいけない」と、職員に警告を発している。曰く、「受刑者は、階段を歩き、職員の期待を他の受刑者に伝えるために利用されてはいけない。受刑者が武器やその他の密売品を入手し、移動させるという、公認されていないアクセス権を用いることや、用いることを可能とさせることは、彼ら自身を、受刑者や職員に対する暴行に関与させることになり、刑務所の安全を危険に晒すおそれがある」と警告しているのである。

5．タイ王国におけるトラスティ制度

　我が国の特警員制度も、前述のごとく静岡刑務所で特警員らが所長や幹部を

脅迫して不法な仮釈放を行わせたという事案が起こったがために、昭和22年9月、廃止されるに至っている。

　なお、特警員の存在が戦後行刑に暗い影を落とした事例として、1946年7月に発生した岐阜刑務所の暴動は、終戦直後に行われた大幅な仮釈放の選に漏れた不良特警員によって引き起こされたものだといわれており、また、1948年1月、松江刑務所大山農場の騒擾は、特警員制度廃止により特権を奪われた受刑者が首謀したものといわれ、戦時に便宜的に作られた特警員制度は、戦後まで手痛い後遺症を行刑に残している（小野・2002年・244頁）のである。

　実は、タイ王国でも、1997年の経済危機以降、刑務所職員の不足を補うため「トラスティ制度」(Trustee System) を採用しているようであるが、本制度において選ばれた受刑者には様々な恩恵が与えられているために、権力の乱用や汚職の蔓延という事態を引き起こしているという。たとえば、私のリサーチ・アシスタントである三井英紀は「タイ王国における行刑施設の過剰収容問題」という論文において、「トラスティ制度とは成績や行状の良い受刑者が職員の補佐として選ばれ、他の被収容者と識別可能な服を着用し、警棒を持ち構内を警備し、鍵を持って構内各所にある通用口開閉の任にあたる制度であり、古くから職員の不足に悩む同国ではこの制度を用いてきた。トラスティ制度は、概ね施設内での治安・秩序維持に功を奏しているが、本制度においては選ばれた受刑者には様々な恩恵が与えられるため、権力の濫用や汚職の蔓延という問題を引き起こしている点も看過することのできない問題となっている（三井・2005年・247頁）」と述べている。

6．おわりに

　それにしても、アメリカやタイ王国の行刑が、「ピースキーパー制度」あるいは「トラスティ制度」とその名称に違いはあれ、60年前の我が国と同じ「特警員制度」を利用しているという現実をどう評価すればよいのであろうか。「悪い古い時代への悲劇的な回帰」（a tragic return to the "bad old days"）と呼ぶにはあまりにも悲しい現実である。

参考文献

①　Marquez, J. and D. Thompson, "Death of Guard, Inmate Tied to 'Peacekeepers'," Tuesday, January 24, 2006, Associated Press.
②　小野義秀『日本行刑史散策』矯正協会（2002年）。
③　井上一志『行刑施設の変遷』カヅサ共済法規出版（1988年）。
④　三井英紀「タイ王国における行刑施設の過剰収容問題」『大学院年報』34号（2005年）243-260頁。

第5章　ペット・パートナーシップ・プログラム

1．はじめに

　2005年4月22日、PFI手法による新しい刑務所、官民協働による運営形式ではあるが、我が国最初の民営刑務所「美祢社会復帰促進センター」の事業者が決定した。建設終了後の運営開始は、2007年4月1日である。場所は山口県美祢市にある「美祢テクノパーク」で、刑務所の規模は、男子500人、女子500人、初犯受刑者を収容する。私も「事業者選定委員会」の委員として事業者の選定に関わったが、落札業者ではなかったものの、受刑者の社会復帰に向けた有用な教育内容の提案のなかに、盲導犬協会の全面的な協力のもとに、「盲導犬パピー育成による矯正教育プログラム」の実施という項目があった。

　実を言うと、私自身、新しい教育的処遇プログラムの内容の1つとして、ワシントン州の女子刑務所で実施されている「介助犬育成プログラム」を、我が国の刑務所においても取り入れることができないかと考えていたところなので、ユニークなプログラムになるのではないかと思い、「入札参加者に対するヒアリング」で、そのプログラムの具体的な事業内容について質問したところである。

　ここでは、「美祢社会復帰促進センター」での事業者提案の盲導犬育成プログラムではなく、アメリカ合衆国ワシントン州の「ペット・パートナーシップ・プログラム」について紹介してみたいと思う。

2．プログラム設立の経緯

　刑務所ペット・パートナーシップ・プログラム（Prison Pet Partnership Program：介助犬育成プログラム）は、ワシントン州の刑事司法システムにおける、女子受刑者の社会復帰のための国家的事業モデルの1つである。このプログラ

ムは、1981年に、シスター・ポーリーン・クイン（Sister Pauline Quinn）のアイディアにより開始されたものである。そこには、受刑者が身体障害者を介助するための犬（介助犬）を育て、訓練することにより、動物を世話し慈しむという介助犬に向けられた愛情を、自分の犯した罪の反省と他者への思いやりの気持ちに転化し、同時にそのことが、身体障害者に援助の手を差し伸べることにもなるという理念が、その前提となっているのである。

このプログラムは、ワシントン州立大学、タコマ・コミュニティカレッジ、そしてワシントン州矯正局、介助犬訓練士、並びにボランティアの協働により成り立っている。このプログラムでは、ワシントン州女子矯正センター（Washington State Corrections Center for Women：以下、WCCWとする）において、受刑者が、刑務所の塀のなかで、どのように犬を訓練し、グルーミングし、飼育するのかを学ぶのである。このプログラムは、利益を目的としない独立した組織として、1991年に、法人化されている。このプログラムの開始以来、500頭以上の介助犬が、ハンディキャップを持った個人や家族、そしてまた、身体障害を持った個人や家族のところに送り出されているのである。

1986年には、この刑務所ペット・パートナーシップ・プログラムは、フォード財団とハーバード大学ジョン・F・ケネディ経営学大学院によって認められた、州政府及び地方政府レベルでのイノベーション（経営革新）のトップテンの1つに選ばれている。

1997年には、湾岸戦争で「砂漠の嵐作戦」を指揮したシュワルツコフ将軍（General H. Norman Schwarzkopf）が、NBC放送の「アメリカにおいて正しいものとは何か」という番組のホスト役として、WCCWを訪問している。彼は、刑務所ペット・パートナーシップ・プログラムを、刑務所システムが、どのように受刑者の社会復帰を援助しているのかということを伝える一方で、どのように地域社会の役に立つことを教えているのかということを我々に伝える好例として、紹介しているのである。

この機関の財政的基盤は、矯正局との契約を通じて獲得されているが、同時に、財団、動物愛護団体、個人の寄付金により賄われている。その他には、施

設内にある犬の美容室とペットホテルを兼ねる犬舎からの収入がすべてである。このプログラムの訓練の1つであるグルーミング・サービスが、プログラムのための継続的な財政的基盤を提供しているというのもユニークである。

アシスタンス・ドッグ・インターナショナル（Assistance Dog International）によれば、介助犬に質の高い訓練を提供するための費用は、およそ1頭当たり1万ドルであるとのことである。しかも、この介助犬育成プログラムのために選ばれた15頭から20頭の犬のうち、介助犬にふさわしい素質を持ち、知能と気質を具えている犬は、たったの1頭であるという。

介助犬は、通常、8か月から12か月くらいの時間的枠組のなかで訓練される。このプログラムで、介助犬又はセラピー犬（アニマル・セラピーに参加する犬のこと。一番大切なことは大勢の人に慣れさせることである）として訓練するための基本的な資質を欠いている犬は、いわゆる「仮釈放されたペット」（Paroled Pets）として、地域社会で活動することを可能にするための基本的な命令に服従する技能を身に付けるべく訓練されるとのことである。

興味深いことには、このプログラムのために介助犬として養成される犬のすべては、飼い主が何らかの事情で飼えなくなったり、野良犬として放置されていて、本来ならば、「不要犬」として、1週間以内に引き取り手が見つからない場合には処分される運命にある犬であるとのことで、安楽死させるよりも、障害者の介助のための生活を送らせることができないかと考える、動物救助団体（Animal Rescue Organizations）によって送られてくるということである。

したがって、このペット・パートナーシップ・プログラムの成果の1つは、行き場のない犬たちを1頭でも多く、動物管理施設（Animal Shelter）から救い出すことにあるといえるであろう。

3．プログラムの内容と意義

刑務所ペット・パートナーシップ・プログラムは、受刑者である訓練士たち（プログラムに雇用されるためには、ドッグ・トレーニングの講座を受け、試験に合格しなければならない）に、彼女たちが刑務所の外での生活を再び始めたときに、

仕事を見つけるための職業上の技能と関連した、ペット産業に勤めるための諸技能を学習する機会を与えているのである。彼女たちは、アメリカン・ボーディング・ケンネルズ協会（American Boarding Kennels Association）を通じて、「ペットケア技能検定」（Pet Care Technician Certification）の１級と２級の免許を取得することを目指して、努力することができる。彼女たちは、さらに、コンパニオン・アニマル保健士（Companion Animal Hygienist）検定を、ワールド・ワイド・ペット・サプライ協会（World Wide Pet Supply Association）を通して受験することができる。現時点では、釈放された受刑者の100％が仕事を得ており、加えて、過去３年以上にわたり、再犯率はゼロである。

　犬たちの訓練、飼育、グルーミングに加え、受刑者たちは、また、施設内の事務所で働くことにより、事務員としての技能を取得することもできるのである。彼女たちは、また、仕事に対しては金銭的報酬を受け取っており、そうでない者は、見習い実習生としてのプログラムに置かれているのである。現在、14人の受刑者がこのプログラムに参加しているが、彼女たちには、最低２年間の訓練期間を充足することが要求されている。そのために、犬たちは、たくさんの時間を、刑務所という場においてではあるが、彼らの訓練士たちと過ごすことができるのである。このことは、他の受刑者にとっても、彼女たちが、たとえ、直接にそのプログラムに参加していなくても、犬の存在から「癒し」以外のいろいろな利益を得ることを可能にしているのである。

　この刑務所が最重警備刑務所であり、受刑者の多くが強盗、殺人のような重い罪を犯して収容されているために、長い間刑務所で暮らさなければならないことを考えるとき、無条件に愛情に応えてくれる犬の存在は、情緒的な安定を得る上では、非常に重要なことではないかと思われる。

　話が少し逸れるかもしれないが、この論文の草稿が出来上がったところで、大塚敦子さんというフォト・ジャーナリストが、この女子刑務所を訪れ、著書を出版していることを知った。草稿は私のパソコンのなかで２年間眠っていたので、新しく資料を追加しようと思い、早速に著書を取り寄せて読んでみた。精力的な取材に敬意を表すると同時に、著書のなかから多くのことを学ぶこと

ができた。ぜひ、読者のみなさんも、大塚敦子著『犬が生きる力をくれた』(岩波書店)を読んで頂きたいと思う。
　その著書のなかに、訓練士としての女子受刑者の言葉として、次のような文章が載せられている。
　「私でも誰かの役に立てることを教えてくれた。人の命を奪ったこの私が、社会に何かをお返しできることを……それからなの、自分のなかで癒しが始まったと感じられたのは……自分自身を、ほんの少しずつ肯定できるようになっていった。(41頁)」
　「自分の訓練した犬が誰かの人生を変える……その様子を見る喜びを、なんて表現すればいいのかしら。犬もその人も、そしてこの私も、みんなが誇りに満たされていることを……1頭の犬を訓練するたびに、私はよりよい人間になっていったと思う。犬たちはみんな違うし、犬を訓練する過程で、私も多くを学び、成長していったから……。(188頁)」
　説明は要らないであろう。受刑者の心情形成に与えたこのプログラムの影響の大きさが窺える言葉である。

4．プログラムの最終目標

　社会的に意義のある活動的な政策を作成することを援助するボランティア理事会は、現在、スタッフと協力して展開しているこのプログラムの経過を監視しているところである。
　現在のところ、介助犬を受取人に引き渡す前の社会化の訓練のために、20人のボランティアが、介助犬を地域社会に連れ出す際の援助をしてくれているのである。これは、実際の訓練士である受刑者が刑務所から出られないためで、この訓練は、介助犬が、その受取人とエレベーター、レストラン、病院、食糧品店、その他の施設に同行できるようになるための訓練を含んでいるのである。通常、訓練士と受取人は、30時間から60時間の合同訓練のあいだに、その犬の性格や癖、好きな遊びや食べ物などについても、詳しい引継ぎを行うことになっている。

このプログラムでは、病気のために突然の発作を起こす人（たとえば、てんかん患者など）、多発性硬化症や自閉症といった病気を患っている人、又は多くのハンディキャップを有する人等のニーズに合うような援助をするために、良く訓練された発作予知犬、介助犬、セラピー犬等を供給することを目的としているのである。

　発作予知犬は、発作が起こる5分から20分くらい前に発作を予知し、飼い主の顔を舐めたり、前足で引っかいたりして、発作が起こることを知らせることができる。そのことによって、飼い主は安全な場所に身を移すことができ、突然倒れてけがをする危険性を回避することができるのである。発作が起きる前に人の体臭等が変化することから、犬はその鋭い臭覚からそうした変化を察知できるのではないかといわれている。いずれにしても、この発作予知犬は、極めて数少なく、おそらく全米でも、30頭足らずではないかと思われる。発作予知犬の育成に取り組んでいる団体は全米でもこのプログラムを含めて5か所しかないのである。

　セラピー犬は、アニマル・セラピーと連携して、ヒューマン・カウンセリングから良い効果を得ることができる人や老人ホーム等に送られている。

　ところで、このプログラムの目標であるが、目標は大きく分けて次の3つである。

① 1年間に60頭の犬を受取人のもとに送ること。そして、少なくとも、そのうちの25％は介助犬、発作予知犬、セラピー犬であること。

② 刑務所から釈放された受刑者が教育的処遇と関連したペット産業を続けることを援助するために、奨学資金を設立すること。（現在のところ、14人の受刑者のうち6人が、1997年から1998年の間に出所することになっている。）

③ 施設で訓練された介助犬に対して、彼らが地域社会に送られる前に、上質の獣医学的ケアを保証するためと、そしてまた、多くの、低収入で補足保障保険（Supplemental Security Insurance）を受けている受取人と介助犬に対して、彼らが獣医にかかる医療費を支払うことができないときの援助のために、ボサック・クルーガ財団（Bosack Kruger Foundation）により1995に始め

られた、獣医療補助基金（Veterinary Assistance Fund）を維持し続けること。
　資金戦略は、プログラムそのものを、現在の飼育とグルーミングのビジネスに拡大することを可能にし、組織を支えるための資金援助を増加させることをも可能にした。その上に、受刑者である訓練士、受取人、そして介助犬のために、充分な上質の訓練と訓練時間を保証する、個別の新しい訓練施設も建設されたのである。さらには、事務の仕事を援助するためのスタッフと受刑者のために、より充実したオフィス・スペースも確保した。そして、そのことが、プログラムに参加する受刑者の数を増大することを可能にしたのである。

5．おわりに

　人間と動物の結びつきについての研究は、人間は動物だけが与えることのできる無条件の愛と受容を必要としているという結論に達した。もちろん、動物は見返りとして愛されることを望んでいる。介助犬と訓練士、そして、とりわけ介助犬とその飼い主との間で分かち合われ培われた結びつきは、関係したすべての者の精神的・身体的健康にとって、直接に貢献したという喜びと満足の気持ちを提供するのである。
　刑務所ペット・パートナーシップ・プログラムが、長年にわたって、介助犬の育成に携わっている受刑者たち、介助の生活を営むことを託された犬たち、良く訓練された介助犬を生活の質を高めるために受け取る身体的なハンディキャップをもった子供たち、女性たち、そしてまた、男性たちに与えてきたものの本質が、今まさにそこにあるのである。
　「『女子刑務所の介助犬育成プログラム』では、1度は人間に見捨てられ、行き場のなくなった犬たちを、社会からはみ出した受刑者たちが訓練し、障害者や高齢者を助ける犬に育てる。その過程で怒りや憎しみに凝り固まった受刑者たちの心が開かれ、また、介助犬を得た人びとは生きる力を取り戻していく。犯罪をおこなった女性たちがふたたび愛することを学び直し、障害を持つ人びとが介助犬とともにポジティブに生きようとする姿から、私は勇気を与えられた。」

これは大塚敦子さんの著書の「あとがき」からの引用である。事実を見つめた人だけが言える真実がそこにある。

　我が国でも、遅まきながら、平成14年10月、「身体障害者補助犬法」（平成14年法律第49号）が施行された。この法律は、公共施設や交通機関、あるいはホテル、レストラン、病院などの民間施設に対して、盲導犬、介助犬、聴導犬を同伴した身体障害者の受け入れ義務を課したものである。我々国民の一人ひとりが補助犬の同伴を断ることなどないように肝に銘じたいものである。

第6章　刑務所における暴力に関する研究

1．はじめに

　現在、我が国の刑務所が過剰収容状態にあり、施設によっては、収容率が120％を超えているところもあることは周知の事実である。従来、アメリカにおいては、収容率が120％を超えると暴動が起こる可能性があるといわれ、裁判所は、収容率が120％を超えた刑務所に対して、強制的に残刑期を指定して釈放命令を出すことが一般的である。我が国がそうした事態に陥らないためにも、アメリカとカナダの研究ではあるが、刑務所における暴力に関する著書を探し出すことができたので、以下においては、この著書について紹介してみたいと思う。

2．刑務所における暴力と被害化

　ところで、我々日本の刑事政策学者は、刑務所、それも特にアメリカの刑務所において、暴力とそれによる被害化がありふれたものであるということを仄聞することがしばしばである。ある意味で、暴行及び喧嘩口論は、アメリカの刑務所生活の構造にしっかりと組み入れられているとも考えられるのである。しかも、刑務所内での暴力は、他人による搾取の危険性が特有な社会的文脈を背景として発生するといわれる。刑務所においては、言葉によるののしり、脅迫、暴行の割合が高い上に、他方で、受刑者は、舎房内での窃盗、閉め出し、強盗にも注意しなければならないのである。いわば、アメリカでは、刑務所が基本的に人間のニーズを満たしていないということが、刑務所を潜在的に激しく葛藤する環境にしているともいえるのである。

　「暴力と秩序」との間において考えられる関係性という視点から分析すれば、刑務所における暴力の機能は、刑務所のタイプに応じて異なっていること

が多くの研究によって示されている。たとえば、高い水準の日常的な暴力及び脅迫によって証拠立てられるように、若年犯罪者施設における暴力は、いわば因習として、つまり問題解決の常套手段として用いられる傾向が強い。他方、成人施設における、より年配で、長期間収容されている受刑者たちによる暴力は、暴力そのものを、彼らの日常生活に対する破壊行為とみなすようである。そして、女子刑務所においては、暴力は、ある意味での「規制」であるとみなされている。女性が暴力を用いる場合、暴力は、囚人社会の道義に背いた者を処罰するのに役立つからである。このように、それぞれの施設における特定の受刑者たちにとって、暴力は、いわば、課せられた規律に反抗する手段の1つであるともいえるのである。

「葛藤」が個人間の暴力の要因となることはいうまでもない。葛藤は、受刑者間においては、テレフォンカード、タバコ、あるいは薬物といったような物質的な利益、ならびに名誉、忠誠、さらには公平等を含む価値観に関して生じるのである。受刑者たちが葛藤に対処する場合、非難すること、脅迫すること、敵意を持った身ぶり、さらには挑戦といった、彼ら独得の戦術が、平和的な解決という選択肢を縮小することになるのである。受刑者間におけるこうした問題状況は、同様に、支配力を独占するという彼らの関心事によって、大いに影響を受けることになる。刑務所においてさえ、権力争いはごくありふれたことなのである。そして、こうした葛藤状態においては、それぞれの側が勝つことのみを目的とし、交渉ごとは弱さの証拠であるとみなし、解決策としての暴力を擁護する価値観を支持するのである。

管理者側が、刑務所内の暴力を予防するための方策を引き出すことができるのは、このような背景事情の的確な把握が可能なときのみであるといわれている。

それでは、受刑者たちが暴力に訴えることなく、彼らの葛藤を解決することを可能にする条件とは一体何であろうか。アメリカの刑務所における葛藤状況に目を向けるとき、紛争を解決するための暴力の行使を先延ばしにし、それを抑止し、さらには暴力を最小化するのには、いくつかの要因があるようである。

たとえば、そうした要因の1つとして、物質的な理由が挙げられる。すなわち、受刑者たちには、暴力を行使することによって、失う危険にさらしたくない具体的な利益があるようである。しかし、より広い展望をもつことや、長期間に及ぶ結果についての認識、さらには、短絡的に反応する前に熟考することを選択するといった、何人かの受刑者たちが実際に例証した能力を含め、受刑者の態度そのものが、非暴力による問題解決に対して大きな役割を果たしている場合があるのである。加えて、何人かの受刑者たちは、潜在的ともいえるもめごとに対する早期の認知力、意識的に相手を威圧しない身ぶりや手ぶり、さらには、彼らに敵対する者に対して理性的であるように説得する、特定の技能を発揮している場合もある。

当面する状況が、①受刑者たちに対して、彼らの利益を守ることについて交渉することを許した場合、②受刑者たちが、問題を解決するための非暴力的な手段を見出すことに、彼ら自身積極的に力を傾けた場合、さらには、③彼らが対立を緩和する技能を有していた場合において、受刑者たちは、暴力を防止することに成功しているのである。

3．暴力の発生の予防を阻害する諸要因

刑務所内での暴力を最小化するために、職員や管理当局に何ができるかについて検討するためには、予防に対する努力を妨げる、刑務所における状況的要因について検討することが必要であろう。

まず最初に、我々が認識しなければならないことは、受刑者たちは職員を信用していないという強力な証拠が存在することである。このことが、受刑者たちに、被害化について報告することを躊躇させている主な要因であり、このことは、刑務所内の人々の間では普遍的なものとなっている問題である。デニス・クーリ（Dennis Cooley）は、カナダの受刑者たちは、被害化のケースのわずか9％しか、彼らの当面する困難な問題について、職員に報告していないという結果を見出している。

事実、被害化の研究において、未報告のままになっている問題について、

90％以上の事件が書面による報告がなされていなかった。舎房内での窃盗についての口頭による報告は比較的多いようであるが、これはおそらく、自己の所有物の喪失について当局に注意を促すことが、場合によっては補償という結果をもたらしてくれるかもしれないと考えたからであり、かつ、他の受刑者の名前を挙げることを必要とせず、それゆえ、報告義務に対する規則を破ることにはならないと考えたからであろう。

　また、被収容者が被害を受けたとき、ほとんどの者は職員にそのことを打ち明けていなかった。打ち明けた者も、そのほとんどの者がいかなる行動もとらなかった。少数の被収容者は、被害化について必ず報告し、犯人の名前を挙げ、時として書面による訴えを提起したが、そのほとんどが無益であったという。こうした人々は、制度そのものに失望させられたと感じているのである。被収容者のなかに、「打ち明けない」という文化が一般化しているとき、職員は被害化に効果的に対応することができないのは当然であろうと思われる。

　また、受刑者がなぜ職員に訴えなかったかということについて、説明のために挙げられている理由を、被害化の研究から得られた結果として考察することは極めて有益である。

　クーリの研究では、興味ある相違が、青少年犯罪者と成人犯罪者によって与えられた理由の間で生じている。両グループとも、密告者として認知されたくないことを最も重要な要因としてあげている一方で、成人犯罪者は、職員が関心を持ち、報告について何らかの対応をしてくれるだろうということに関しては、際立って悲観的であった。コミュニティの犯罪調査とは違って、犯罪が深刻ではないという事実は、報告しなかった理由として、ほとんど挙げられていなかった。この結果を逆説的に表現すれば、受刑者は、ひどく傷つけられた場合でさえも、職員に報告したがらないということが明らかであろう。

　潜在的な被害化の問題を考慮すれば、職員は、もしかしたら、特定の被収容者がいじめられているかすかな兆候を、活用することができるかもしれないのである。ここでは、2つのタイプの被害化が注目されるであろう。1つは「排除あるいは仲間はずれ」であるが、これは、明らかに公然と行われるものであ

るがゆえに、目につくものである。もう1つは、舎房内での窃盗であるが、これは最も報告される可能性の高い被害化の形態である。受刑者が仲間から締め出されたり、食事の時間に孤立させられたりしている場合、その受刑者が、直接的に職員に気づかれない方法で脅迫されたり、強奪されたり、言葉によりののしられたり、あるいは暴行を受けたりしている可能性は極めて高いようである。職員は、めったに暴行をするという脅迫や強盗については気づかないかもしれないが、「排除あるいは仲間はずれ」については発見できるのであり、そのことを注意深く肝に銘じておくべきである。同様に、職員は、舎房内での窃盗について報告している者が、複合的に被害化されている蓋然性についても注意すべきである。

　さらにまた、被害化の本質についての思い違いが、効果的な反応を公式化する試みを阻害している場合もある。刑務所内で行われていることのうち、あまりにもわずかのことしか職員には報告されないので、職員は、彼らが伝え聞いたものこそが、典型的な事例であると誤って考えさせられているかもしれず、そうしたわずかの情報に基づいて物事を一般化しているかもしれないのである。もし部分的な情報に基づいて行為しているのであれば、そこで行われるいかなる介入も、効果的ではなく、かえって逆効果であるという現実の危険性さえ存在するのである。

　不正確なあるいは部分的な情報に基づいた不適切な介入の危険性は、葛藤の研究によっても強調されている。クーリの研究では、58名の刑務所職員が、証人としてあるいは報告担当の職員として、あるいはその双方としてインタビューを受けている。彼らの半分の者は、その背景事情をよく理解していたものの、残りの半分の者は、紛争が何に対するものなのかを知らなかったようである。わずか2名の者が、暴力を予防するために何らかの対応をしていると答えたのみであった。インタビューを受けた刑務所職員は、彼らが受刑者間の紛争の成り行きに影響を及ぼしたり、暴力的な結果を予防するための力を、ほとんど有していないと感じているようである。職員がもめごとの背景事情についてよく知らなかった場合において、誰に責任があるのかを決定するプロセス

は、当てずっぽうなものとなることはいうまでもない。被害者とレッテルを貼られた被収容者を保護したり、疑われた犯人を処罰するための管理行為は、原因となった葛藤を悪化させる危険性があることを覚悟して行なわなければならず、場合によっては不当な行為とみなされる危険性さえあるのである。

　同様に、職員間でのコミュニケーションが、時として、不足している場合がある。被害化の研究は、居住棟観察記録、警備報告書、さらには個人経歴記録のような処遇の連続性を確保するために作成された方法が、まばらに、かつ矛盾した形において用いられていることを見出しているのである。いくつかの事例においては、1日3交替制の1つの交替勤務チームによって注意深く記録された観察記録が読まれずに、その結果として、予防できたであろう暴行や強盗が発生したという事実も、ままみられるのである。

　これは今更いうまでもないことであるが、相互的な信頼の欠如を引き起こすことは、破滅的なことであり、破滅的な態度をもたらすものである。暴力は不可避的なものであるという、受刑者や職員によって共有された、あきらめにも似た容認の態度が存在することも報告されている。また、被害化の研究においては、大多数の職員が、いじめを刑務所及び青少年犯罪者施設における重大な問題であると考えていることを見出している。しかしながら、大多数の者が、それを避けることのできない成長過程の一部分であり、予防することができないものと感じているようである。葛藤の研究において、10名の職員のうち9名の者が、「暴力は刑務所において不可避的である」という主張に賛意を示している。すなわち、「私は、賛成せざるを得ない。ここにいる人間のタイプがタイプですから。彼らは、考える前に行動するのです。暴力的で、予測できない人間なのです」と述べている。

　暴力が不可避的であるという信念の重大な影響の1つは、多くの受刑者が、そうしたいからではなく、彼らが他にいかなる代替手段もないという立場に立たされたから、喧嘩をしたのだというものである。この場合、受刑者たちは、彼らの唯一の選択肢が、暴力で葛藤に対抗することであると感じていたのである。同様に、我々は職員が時おり、彼らが紛争をやめさせる可能性を有してい

たとしても、介入しないことを選択する場合があることを認識しているが、これは、おそらく、職員が、暴力は決して予防しえないと考えているからであり、いわば、典型的なペシミズムの事例であるといえるであろう。

　また、暴力は不可避的なものであるとみなすことに加えて、暴力は、しばしば、妥当なものであるとさえ考えられている。事実、被害化の調査における半分以上の受刑者たちが、密告者はいじめられるに値する存在であると感じていたのである。また、成人犯罪者の4人に1人は、そうした見解に同意しなかったものの、青少年犯罪者の間では、性犯罪者はいじめられるに値するというコンセンサスが存在していた。

　他方、職員は、いかなる受刑者も乱暴されるに値するものではないという見解に、ほぼ全員の意見が一致していた。事実、葛藤の研究に関して話を聴かれた58人のうちの1人だけが、逆の立場を採っただけであった。すなわち、「私は殴ることを大目に見ることはできませんが、彼らを助けることもないでしょう。私は見て見ぬふりをするでしょうね。自分で処理することも、あるいは別の職員がそうするように期待することもないでしょうね」と述べているのである。

　暴力を予防することにおける職員の役割は、刑務所内の暴力に対する背景の単なる1つの側面であるにすぎない。刑務所内における暴力に関する研究が明らかにすることは、刑務所環境と暴力とのより広範な結びつきである。すなわち、刑務所環境が、基本的な人間的欲求を否定することから、暴力の種を育む可能性があることについての根本的な認識が必要なのである。

4．おわりに

　以上において見たごとく、アメリカやカナダの場合は、我が国とは異なり、常に安全な刑務所環境を提供するということは困難なようである。特にアメリカの刑務所は、今後とも、葛藤を引き起こす場であり続けるであろうと思われる。しかしながら、そのことはかえって、非暴力的な風潮を促進すること、解決のための活動を促進するために、受刑者に対して調停を利用する機会を与え

るといったような新たな解決方法を開発すること、さらには、紛争を処理する上での解決のための活動を発展させるプログラムを提供すること等の提案に対して、一定の根拠を与えるものであるとも考えられる。また、刑務所における暴力の問題が改善されるとすれば、より安全な刑務所の存在が、より安全な社会を形成することに寄与することになるといった意味で、「利益拡散現象」がみられるようになるかもしれないのである。しかしながら、これは逆説的に聞こえるかもしれないが、刑務所内における暴力的副次文化について考えるよりは、むしろ、副次文化の見地から不安定な社会について考えることの方が、もしかしたら生産的な論議が生まれる可能性があるかもしれないということにも留意しなければならないであろう。

　私は、我が国の刑務所が、アメリカやカナダの刑務所のようになるなどとは考えていないけれども、現在、我が国の刑務所が直面している過剰収容と職員不足いう事態を考えるとき、いつ、いかなる場所で、受刑者による暴動が発生してもおかしくないという危惧感を抱くのである。為政者は、1日も早く、職員と受刑者の比率を現状の1対4・5から1対2とするような、最低限の努力から始めるべきではあるまいか。

参考文献

Edgar, K., O'Donnell, I. and C. Martin, *Prison Violence: The Dynamics of Conflict, Fear and Power.* Devon: Willan Publishing, 2003.

第 4 部　犯罪原因論と青少年問題

第1章　我が国の少年非行原因論に関する新しい視点

1. はじめに

　かつてオランダ、アイルランド、スウェーデンと並んで世界で最も犯罪が少ないといわれた我が国において「安全神話」が崩壊し、最近においては、動機不明の凶悪な少年非行が頻発するとともに、女児を狙った性犯罪が多発している。たとえば、少年非行に関しては、2003年7月には、12歳の男子中学生が4歳の幼児を誘拐し、パーキングビルの屋上から突き落として殺害した「長崎・幼児誘拐殺害事件」、2004年6月には、11歳の小学生女子児童が、小学校内において、カッターナイフで同級生の女子児童を殺害した「佐世保・小6女子児童殺害事件」、2005年2月には、無職の17歳の少年が小学校に侵入し、教師1人を殺害し、2人に重傷を負わせた、「大阪・寝屋川市小学校教職員殺傷事件」、2006年6月には、16歳の高校生が自宅に放火し、母親、弟、妹の3人を焼死させた「奈良・高校生放火殺人事件」が発生するなど、特異・重大な事件が頻発している。

　こうした最近の少年非行の深刻な状況を勘案して、2005年6月、内閣府は、警察庁、法務省、文部科学省、厚生労働省、最高裁判所事務総局家庭局の各省庁と有識者からなる「少年非行事例等に関する調査研究」企画分析会議を立ち上げ、総合的な視点から、少年非行対策の充実強化を図ることを目的として、2005年9月から2006年6月まで7回の会議を開催し、その結果を本年10月5日に公表している。以下においては、この報告書のなかから、比較的重要であると思われる、少年非行の原因を考察するに当たっての新たな視点について紹介してみたいと思う。

2．本調査研究の目的と企画分析会議の構成

改めて指摘するまでもなく、我が国の少年非行に対処する関係諸機関は、非行の原因を踏まえながら、それぞれに所要の対策を取り、また、相互に連携して対策を取っているところではあるが、他の関係機関が実際にどのような活動をしているのか等について、①機関間での相互理解が充分でないところもあるのではないか、②関係機関、各種民間団体間の連携がなお充分でないところもあるのではないか、③さらには、対策の前提である非行原因として考慮すべき事項が、非行を扱う現場が活用しやすい形で整理されていないのではないか、等の問題が現状において存在しているとの認識に立ち、本調査研究では、①非行原因として考えられる事項に関する認識の提供、②関係機関の対策の現況の提供及び活用可能な民間機関の対策に関する情報の提供、③関係機関の連携状況に関する情報の提供、④新たな対策・連携の在り方等に関する提言等を実施するための調査研究を行い、少年非行対策の充実強化につなげること等を、調査研究の目的としている。

また、そのための研究体制として、本調査研究の企画及び実施、さらには報告書作成のため、少年非行に関係する各方面の学識経験者と関係省庁の職員を構成員（本会議委員長である私を含めた8人の学識経験者、16人の関係省庁職員、5人の事務局職員、合計29人）とする企画分析会議を開催することとし、特に学識経験者は、少年非行問題を総合的に議論するために必要な各分野（児童福祉、生活指導、臨床心理学、刑法学、犯罪学、矯正教育、更生保護）の専門家であり、また、関係省庁職員については、少年非行対策課長会議を構成する省庁のうち、内閣府、警察庁、法務省、文部科学省、厚生労働省の職員で、かつ、非行少年の処遇についての専門的知識を有する者、自庁施策への研究成果の反映について判断が可能な者を構成員としている。なお、オブザーバーとして最高裁判所の職員も出席している。

なお、ここでお断りしておきたいことは、今年度（初年度）は、あくまでも過去の研究成果の一部に基づいて議論することとしたものであって、非行の原因・背景等について総合的な分析を加えたものではないということであり、当

該初年度の結果を軸に継続的な研究を実施し、今後の少年非行対策のより一層の充実強化につなげていく計画であるということである。

3．研究対象とする非行類型の決定

　非行の原因・背景を探る前提として、エスカレーション型、いきなり型、あるいは集団型などの類型が議論されたが、これまでの各省庁の研究成果等を踏まえ、本会議においては、少年非行等の現場で比較的取り扱う場面が多いと思われるエスカレーション型少年非行を取り上げることとした。

　特に、最高裁判所から発表された事例10（幼少期から問題行動を頻発していたケース）を参考として、エスカレーション型の非行類型に属する少年を取り巻く問題状況を想定し、当該問題の解消に向かっていくために必要な対策について検討、整理していくこととしたのである。

　具体的に本会議で参照することとなった事例は、「幼児期や小学校低学年から問題行動や非行を繰り返して、生まれてから十数年間の間に問題が増幅されて、事態がなかなか改善しないまま、さらにいくつかの重要な要因が重なったために殺人に至った事例」である。

　本事例では、「本人の人格特性として、『自分はだめな人間で、愛される価値がない』という否定的なイメージを抱いていたり、愛情欲求不満が強かったり、また、家庭環境においては、育児への不安、サラ金からの借金、精神障害などの問題を抱えて、親自身に余裕がない場合が多く、親が少年の問題行動に気付いても、少年の性格や気持ちを考えずに体罰と叱責を加えるばかりで、問題行動はエスカレートしていくという悪循環に陥っており、さらには学校においても問題児として扱われるため、学校不適応を起こしやすく、友人もできず孤独を感じていることが、非行の原因・背景として挙げられている」。

　この事例は、家庭裁判所調査官研修所監修『重大少年事件の実証的研究』（司法協会・2001年）から引用したもので、家庭裁判所は、事件を起こした少年について、従来、幅広い角度から綿密な調査をした上で審判を行い、その原因や背景を探り、その事件や少年の特性に合った適正な処分を決定してきたが、事

件の一層の精密な関係を解明し、適切な処遇選択をするためには、学校をはじめ、少年を実際に処遇する少年院や保護観察所などの関係機関と連携を深めることも、これまで以上に重要になっている。

　この研究は、家庭裁判所調査官5人に加え、裁判官、学識経験者、学校の教員、少年事件関係機関の実務家ら11人、合計16人による共同研究という形で行い、少年による殺人等の重大事件15事例について、統計的手法を用いず、事例の実像に近づけていくために事例研究方式を採用し、多様な角度から総合的な研究を試みたものである。

　研究の目的としては、家庭裁判所が取り扱った最近の重大な少年事件を実証的に研究して、非行の背景及び原因を分析し、今後の非行理解及び処遇選択に資するとともに、少年事件関係機関との連携の充実に寄与するものであり、研究の対象としては、1997年から1999年までの3年間に起きた少年による殺人事件及び傷害致死事件のなかから、単独で殺人事件を起こした少年10人、集団で殺人事件又は傷害致死事件を起こした少年10人を取り上げたものである。

4．少年非行の原因・背景に関する新しい視点

　多発する少年非行の原因・背景については、様々な要因が複雑に絡み合っており、その全体を把握することは、必ずしも容易ではない。そのようななかにあって、少年非行の総合的な対策の検討を進める上での1つのアプローチとして、たとえば、幼少時から問題行動がエスカレートし、ついに重大事件に至ったような非行事例を取り上げ、問題行動の原因・背景を時系列的に整理し、これを踏まえながら、予防から事後対策まで一連の対応を整理していくといった方法も、有効な方法の1つではないかと考えられる。

　すでに紹介したように、本調査研究においては、『重大事件の実証的研究』の中から、「幼児期からの問題行動を頻発しているタイプ」に属する非行事例に基づき原因・背景を整理することとしたのであるが、当該非行事例によって、少年非行の原因・背景をすべて取り上げたわけではなく、限られた時間内で、それらを論じ整理するために選択したものであり、あくまでも限定的なもので

あることを、まずもってお断りしておかなければならない。

　とりわけ、少年非行の原因・背景については、従来から親の養育能力の欠如など、様々なものが考えられ、これまでにもいろいろな議論や研究がなされてきたところである。ここでは、本調査研究において、それぞれ専門的な立場や視点で出された意見や、関係省庁から発表された過去の研究成果等について、今後、少年非行を考えていく際に「新たな視点」となり得るものをいくつか紹介することとしたいと思う。

　なお、ここで取り上げた「児童虐待」「発達障害」「有害環境」については、エスカレーション型にとらわれず、最近の少年非行の原因・背景が複雑多岐にわたっているとの指摘を踏まえれば、今後、少年非行対策を進めていく上で視野に入れておくべき重要な要因ではないかと思われる。

(1) 児童虐待

　内閣府を除いた各省庁の説明の中で、非行に至った少年の被虐待経験について言及するものが数多くあった。そうすると、これは、少年非行の原因・背景に至る要因の1つとして、被虐待経験というものを新しくどこかで取り上げる必要があるのではないか。家庭の要因とすべきなのか、あるいは学校の要因に入れるべきなのか、あるいはまた、地域社会と同時に支援施設等の問題点として論じるべきなのか。いずれにせよ、かなり広い範囲でかかわってくるものと思われるが、やはり家庭における被虐待経験というものを取り上げることが、とりあえず妥当であるという結論に達したのである。

　重大なストレスが脳に大きな影響を及ぼすという点については、たとえば、大人の心的外傷後ストレス障害（PTSD）で、海馬をはじめとする脳の形態的・機能的な変化が生じることなどが確定されてきた。いわんや、早期幼児期から反復的に強いストレスにさらされる児童虐待が、記憶系や衝動抑制系をはじめとする子どもの脳の発達に可逆的あるいは不可逆的変化を生じさせるであろうことは容易に想像できる。その結果、非行への親和性が増すといった結果をも招くことになり、非行の背景・要因として児童虐待の問題も視野に入れる必要があるのである。

(2) 発達障害

　注意欠陥多動性障害（AD/HD）やアスペルガー症候群などの発達障害は、人格形成に関係する重要な要因ではあっても、犯罪性を高める要因ではないというのが精神科医の考えである。しかし、中には、発達障害、特にAD/HDにおける非行への親和性が低くないという考えや、その親和性は被虐待経験のような養育環境の問題、いじめをはじめとする学校環境の問題によって、著しく高められるという見解もある。

　一方、精神医学的に大切な観点は、発達障害児者が非行や犯罪に手を染めた場合でも、それは統合失調症の急性期症状の影響下での犯罪のような、心神喪失・心神耗弱状態で行われた異常行動ではなく、発達障害と環境の相互作用によって形成された人格が関与しており、発達障害児者が能動的に関与した行動として責任を、たとえ限定的であれ、負うべきであり、負うことができるという点である。

　もちろん、これはいうまでもないことであるが、あたかもAD/HDが原因で非行が生じているという結論は短絡的であり、そう結論づけることは誤りである。AD/HDから反抗挑戦性障害、行為障害、反社会性人格障害という流れがしばしば指摘されているところではあるが、AD/HDがすべてそういう流れに発展するわけではない。そうならないことの方が多いのであって、AD/HDが非行の原因であると結論づけられるべきではない。そうした障害を生まれ有する子どもたちの周囲にいる人たちが、それをどう認識していくか、あるいはリアクションをどのように子どもたちに与えていくかが非常に大きいのであって、AD/HDの問題を論ずるに当たっては注意深く表現をしないと、大きな誤解が生じるおそれがあるのではないかと考える。

　数種類の非行的な行動を反復的に繰り返すような場合には、精神医学的には「行為障害」と診断されることになる。研究対象であるエスカレーション型少年非行は、米国では小児期発症型行為障害と呼ばれている若年で開始する非行にあたるものと思われる。この小児期発症型行為障害は、被虐待経験とAD/HDをはじめとする発達障害の存在がリスクファクターとして注目されてお

り、注意深い検討が必要であろう。

(3) 有害環境

　いわゆる有害環境問題、メディアの問題を取り上げてみることも必要ではないかと思われる。特に脳科学等との関係において、どのようになっているのか。結論が充分に出ていないかもしれないが、原因・背景として押さえておく必要がある。また、近年の重大な少年犯罪の原因・背景等と有害環境との関係を指摘する声もある。

　非行の原因・背景を考える上では、いわゆる脳などの精神構造に与える影響と、もう1つは、出会い系サイトなどのネットにおける有害情報がいろいろな犯罪の誘因や非行の温床となっているという指摘がなされている。今問題になっている新しい事案として、出会い系サイトが発端となっている相談が少なからずあって、報道されているのは氷山の一角であろうと思われる。したがって、脳に対する影響という面からアプローチすることのほかに、本来であればブレーキがかかっていたところ、そうした情報によって、非行への飛び込み方が簡単になってしまうことが問題であるので、いわゆる犯罪や非行の背景という意味で、歯止めをかけるためのアプローチを行っていくことが必要であろうと考える。

5．おわりに

　青少年育成推進本部が2003年12月に策定した「青少年育成施策大綱」は、少年非行の原因・背景に関して、社会変化の実態を分析する必要性を指摘し、次のような提言を試みている。

　　「今日、我が国社会は少子高齢化という人口構造の急激な変化の下、情報化、国際化、消費社会化が進行し、家庭、学校、職場、地域、情報・消費の場など青少年を取り巻く環境にも大きな影響が及んでいる。兄弟姉妹数の減少や離婚・再婚家庭の増加、未婚率の上昇など家庭は小規模化、不安定化し、また、非正規雇用や転職の増加など労働面においても多様化、流動化が進んでいる。インターネットの普及は、身近な集団での人間関係を希薄化させな

がらも、新たなコミュニケーションの地平をひらいている。これらの社会の変化は、ボランティアや国際貢献、起業などに取り組む若者の増加といったよい影響をもたらしている一方で、青少年の非行、不登校、ひきこもり、虐待など様々な問題を深刻化させ、新たに大きな問題として若者の社会的自立の遅れを生じさせている。

　このような社会の変化を的確にとらえ、今日的な様相を表している諸課題へ対応しつつ、21世紀を生き21世紀の我が国社会を形成する青少年を健全に育成するには、施策が青少年の実態に即し、また、『児童の権利に関する条約』等に示されている青少年の人権の尊重及び擁護の促進の観点も踏まえ、適切に推進される必要がある。青少年の育成に係る政府としての基本理念と中長期的な施策の方向性を明確に示し、保健、福祉、教育、労働、非行対策などの幅広い分野にわたる施策を総合的かつ効果的に推進するため、この青少年育成施策大綱を定める。」

この提言を見る限り、我が国の少年非行対策は、今、大きな曲がり角に差し掛かっているといっても過言ではない。そうした折柄、本調査研究で示された、少年非行の原因・背景に関する新しい視点は、今後の少年非行対策に重要な一石を投じるものではないだろうか。

第2章　高齢者虐待原因論

1. はじめに

　医療経済研究機構が、高齢者に対する虐待のうち、家庭内で家族等が虐待者となっているケースについて、発生の実態及び原因、地域の関係機関等による援助・介入の状況等を把握することを目的に、平成15年11月25日〜平成16年1月7日に行った、在宅介護サービス事業所等の関係機関16,802か所を対象とした「全国調査」と、平成15年11月14日〜平成16年2月20日に実施した、全国市町村3,204か所を対象とした「自治体調査」との結果を集約した「家庭内における高齢者虐待に関する調査」によれば、高齢者虐待の内容（複数回答）では、「心理的虐待」が63.6％で最も多く、次いで「介護・世話の放棄・放任」が52.4％、「身体的虐待」が50.0％となっている。

　虐待を受けている高齢者の平均年齢は、81.6歳で、約8割が75歳以上の後期高齢者で占められ、57.8％が介護・支援を必要とする認知症高齢者であったことが明らかとなった。そして、虐待をしていると思われる中心的な人物は、「息子」が32.1％で最も多く、次いで「息子の配偶者（嫁）」20.6％、「配偶者」20.3％（「夫」11.8％、「妻」8.5％）、「娘」16.3％の順であった。

　こうした事実からみても分かるように、現代の我が国においては、「児童虐待」や「配偶者虐待」と並んで「高齢者虐待」が、深刻な社会問題となっているのである。

　一般に、人口統計では、総人口に占める65歳以上の者の割合を「高齢化率」と呼び、この比率が7％を超える国を「高齢化社会」と言い、14％を超える国を「高齢社会」と呼んでいる。我が国は、1994年に「高齢社会」の仲間入りをし、2015年には、高齢化率が25％を超える「超高齢社会」に達する見込みとのことである。

そうだとすると、高齢者虐待に関する対応の問題が、今後の我が国の国家政策において、喫緊の課題となることは明らかである。こうした現実を認識したからであろうと思うが、昨年、我が国においても、「児童虐待防止法」「配偶者暴力防止法」と並んで、「高齢者虐待防止法」（正式名称は「高齢者虐待の防止、高齢者の養護者に対する支援等に関する法律」（平成17年法律第124号）が成立し、平成18年4月1日から施行された。

そこで、本章においては、我が国における高齢者虐待の背景と要因を解明する作業の一環として、今、アメリカにおいて展開されている高齢者虐待の原因論の主なものを取り上げて紹介してみることにしたいと思う。なぜならば、ここで紹介する原因論は、我が国における高齢者虐待の実態を解明するためにも、寄与するところが大きいと思うからである。

2. 高齢者虐待原因論

もちろん、率直に言って、高齢者虐待の原因となるものが何であるのか、なぜ高齢者虐待は起こるのか、という疑問に対する明確な答えは存在しない。この点に関して、アメリカでは、これまでに、多くの研究者が様々な説明方法を提示してきた。それらは、概して、(1) 個人内部要因理論、(2) 状況的側面理論、(3) 象徴的相互作用理論、(4) 社会的交換理論、及び(5) 社会的態度理論等に基盤を置いた、5つの基本的なグループあるいはカテゴリーからなるものである。幾人かの研究者は、これらとは異なるグループ分けを提案しているようであるが、しかし、この5分類は、より一般的な視点や視座を探求するためには極めて便利な枠組であると考えられる。そこで、以下においては、この5つの基本的原因論について、ごく簡単に紹介してみることにしたいと思う。

(1) 個人内部要因理論

個人内部要因理論（Intraindividual Theory）は、虐待者は何らかの形で病理学的状況に陥っているという信念に基づいたものである。本質的に、虐待者は、自分自身を無理やり虐待的行動に追いやるといった、どこか悪い部分があるというのである。このカテゴリーに当てはまるいくつかの示唆的要因としては、

アルコール依存や薬物依存、精神病もしくは知的障害、世代間連鎖、人生の節目で対応する能力がないこと等が挙げられる。

　このように、虐待が個人内部の要因から生じるという考え方には、かなりの支持が存在する。身体的虐待を行った行為者には、しばしば精神的かつ情緒的な問題があり、しかも精神病院への入院歴があることが多い。アルコールあるいは薬物に依存しているという事実は、虐待者の間によくみられる共通の特徴である。ファタ(E. A. Fattah)とサッコ(V. F. Sacco)は、薬物乱用（substance abuse）は、2つの方向で虐待に影響を与えると指摘する。つまり、薬物乱用は、暴力もしくは窃盗に対する抑制力を弱めることに加えて、適切に被害者の介護をする介護者の介護能力を制限することになるかもしれないというのである。また、精神病に基づく悪影響の結果として、類似の主張をする者もいるのである。

　暴力の世代間連鎖という考え方は、かなりの研究者が支持するものである。両親の暴力的態度が、知らず知らずの間に、子どもに暴力的態度の受け入れを浸透させるという考えは、児童虐待や配偶者虐待の文献において主張されたものである。同様の議論を高齢者虐待や高齢者ネグレクトのケースに適用することは、当然の論理的拡張であるともいえる。それどころか、高齢者虐待の研究者は、自分たちの理論的基盤を支えるために、児童虐待や配偶者虐待の研究を当てにしているところがあるのである。主な主張の違いは、攻撃性のはけ口に現れているといえる。虐待された子どもは、成長すると、自分の子どもを虐待するというよりも、むしろ、虐待された子どもは、成長すると、初期の虐待に関与した親に対して仕返しをするというのである。しかしながら、こうした主張は、今のところ、結論を導く上での研究計画が精査されていないことや、実証的なデータが充分ではないという欠陥を伴っている。世代間連鎖が高齢者虐待を説明するための合理的な理論仮説となるかどうかの結論を下す前に、より多くの実証研究がなされる必要があるのである。

(2) 状況的側面理論

　高齢者虐待と高齢者ネグレクトの状況的な説明は、被害者と加害者の社会的、環境的、経済的状況にかかわる多数の要因と関係している。その中でも、

いくつかの共通した要因としては、依存（dependence）、ストレス（stress）、及び社会的孤立（social isolation）が挙げられる。

　高齢者が、日常生活での必要性や特別な援助を受けるために、「他の人々に依存する」ということが、しばしば虐待の主な要因となることが指摘されている。高齢者が日常生活において介護者にあまりにも頼りすぎるために、虐待の被害者となるおそれがあるとするのである。しかしながら、現実には、虐待者は、被害者に経済的に依存している傾向がある。そして、その反動として、介護者が介護の際に高齢者に対して多大な怒りを抱く際に、虐待やネグレクトが最も起こりやすいとするのである。

　幾人かの研究者は、「ストレス」を虐待やネグレクトの主な要因として関連づけている。ここでは、虐待者は、自分が自分のストレスの要因であると認知する個人もしくは状況に対して攻撃を加えているのである。ここでのより重要なストレス要因としては、他人を介護することの厳しさもしくは負担、長期にわたる介護に伴う経済的緊張、不充分な介護者訓練、同棲している成人間のプライバシーの欠如等が考えられる。スタインメッツ（S. K.Steinmetz）は、高齢者は、自分たちが介護者にしてもらいたいことをしてもらうために、プライバシーの侵害や、泣くこと、大声で叫ぶこと、あるいは時として、犯罪行為やその他の策略を用いざるを得ないとまで感じていると指摘するのである。そして、こうした戦術に継続して依存することが、介護者と高齢者の間にストレスを生じさせ、虐待者が高齢者に対して仕返しするという形において、虐待やネグレクトが発生すると説明するのである。

　高齢者虐待の一因となるもう1つの状況的要因は、利害関係者によって経験される「社会的孤立」である。家族の支援の欠如は、依存とストレスの両者を悪化させることがある。たとえば、親の面倒をみている子どもは、他の兄弟が自分と同じような援助を親に与えていないという事実に憤るかもしれない。それどころか、いくつかの研究では、虐待は、自由にあらゆる支援制度を利用することを制限された、欲求不満の介護者の意思表示であることが、しばしば見出されているのである。

以上のような事実を考慮した場合、依存、ストレス、社会的孤立、そしてその他の状況的要因は、虐待の他の要因を助長するばかりでなく、虐待とネグレクトを促進させる主要な要因となっていると考えられるのである。

(3) **象徴的相互作用理論**

　高齢者虐待の説明に関する象徴的相互作用理論の取組みは、「個人的役割は徐々に変化するものである」ということを認めるものである。当事者は、移り変わり行く「現実」を見て解釈するといった新たな方法に従って、自分たちの期待や展望あるいは反応を変えていく。本質的に、現実というものは、人々がどのように身の回りで起きていることを解釈し、どのように周囲に対して反応するかの結果であるとするのである。

　高齢者虐待は、親と子どもの両者にとっての劇的な役割転換の時点で起こるものである。家族形成の初期の時点では、高齢者は基本的収入を獲得し、主要な意思決定をなし、世帯主として振る舞う。その時点では、子どもは、親に完全に依存している。年月が経過し、両親は自分たちの支配力を放棄する。両親の支配力が衰えていくことが、子どもへの依存、たとえば、今までよりも広範囲の新たな要求をなし、更なる援助を求めるという結果に結びつくかもしれないのである。結果的には、親と子は、立場を入れ替え、新たな役割を引き受けることになる。多くの個人は、これらの新たな責任を引き受ける覚悟ができていないか、あるいはまたそうする積もりもなく、そして、そのことが、虐待やネグレクトへ導く要因となるのである。

　高齢者は、変わりつつある必要性に立ち向かい、他者に基本的な援助を頼り始めるにつれて、彼らは、様々な方法で状況を再定義する。ある意味では、親は自分自身を介護者である子どもにとって重荷となるやっかいな存在であるとみなし、暗黙のうちに虐待を受け入れるかもしれないのである。翻って、高齢者個人は、介護者の要請があまりにも厳しいものであり、介護者は不合理な要請をなし、親の望む時に、親の望む方法で物事を行うことができず、あるいは単に親を無視する存在となっていると感じるかもしれない。高齢者は、結果として、相争い、大声で叫び、かんしゃくを起こし、介護者のプライバシーを侵

害し、もしくは他の不適当な方法で反応するかもしれないのである。介護者は、同様に、高齢者の行動や要求を、不適当なものとして再定義することがある。高齢者と介護者の両者によるこうした行動は、容易に高齢者の虐待やネグレクトへと導き、あるいはその行動が、虐待的な行動として解釈されるようになるのである。

(4) 社会的交換理論

　状況的取組みや象徴的相互作用論者の取組みの両者に密接に関連したものが、社会的交換理論（Social Exchange Theory）である。当事者は、双方が交換で何らかのものを受け取り、そして、他方が一方を公平に取り扱っていると双方が感じている限りにおいて、適切に相互作用が行われるのである。そこでは、典型的には、双方の交換に基づく状況に適合した公平な権力あるいは資源が存在するという仮説が前提となっている。

　高齢者が他者に依存するようになればなるほど、高齢者は、交換関係のなかで提供するものがますます少なくなっていく。仮にこの不平等がある期間ずっと続くのであれば、著しい不均衡が当事者の間で発生することになる。当事者は、過去の相互の係わり合いのゆえに、この不均衡を蓄積させることになるのである。

　不均衡な交換関係の中にいる高齢者は、罪の意識あるいは苦痛の感情で反応し、そして、自分たちはもはや関係を支配する力を持っていないと認識するかもしれない。介護者は、また、こうした関係が不公平であると実感するかもしれないのである。そして、介護者は、価値のあるサービスは、ほとんど、あるいは全くと言っていいほど、見返りが用意されていないということに憤るかもしれないのである。

　そのようなタイプの人間は、こうした不均衡を是正するための方法として、虐待やネグレクトという行為を通じて、高齢者に懲罰的コストを与えるような選択をするかもしれないのである。こうした二者関係にある虐待された一方当事者は、交換において自分たちが依存的立場にいるということを認識することで、虐待もしくはネグレクトをおとなしく受け入れるかもしれないのである。

(5) **社会的態度理論**

　虐待を説明する最後の理論的視座は、高齢化や高齢者に対する社会的態度（Social Attitudes）に関するものである。クイン（M. J. Quinn）とトミタ（S. K. Tomita）は、態度それ自体は虐待もしくはネグレクトの原因とはならないが、社会的態度の現われである世論は、虐待が起こり、それが蔓延することを容易にする、と指摘する。高齢者差別（ageism）、すなわち、高齢者個人の固定観念化や年齢ゆえに高齢者を異なって取り扱うことは、基本的に、高齢者を価値の下がった立場に置くものである。現代社会においては、様々な要因が、高齢者に対する一般的な不快感や高齢者の窮状を助長しているといえる。過去の歴史が女性や児童の窮状の理解に関してある一定の役割を果たしたように、世代間の相互作用についての歴史的記録が、高齢者虐待について、何らかの洞察を与えることは確かである。すでに言及したごとく、社会構成員としての高齢者は、家族に対して厳格な支配を保ち、死もしくは家族内の大きな出来事を通じてのみ権力を維持した。過去に両親と子どもの間において展開された激しい憎悪は、高齢者が子どもに対して介護や援助を得ようとするときに、再現されるかもしれないのである。

　第2の要因は、高齢者、特に超高齢者の概念が、近代社会においては未知のものであるということにあるのかもしれない。過去100年間における家族制度は、拡大家族から、まさに国中に分散される程度にまで、拡散家族化してしまったといえるかもしれない。このことは、多くの市民が、高齢者家族構成員から孤立し、すぐには高齢者家族構成員を助けることができなくなったということを意味する。より長い寿命を獲得したことと、人間を長生きさせる医学の進歩とを結びつけて考えるならば、人々は、「老化：いかに年を取るか」（being old）という未知の世界に直面したことになる。高齢者は、身体的に衰えかつ経済力に欠けており、しかも労働力としての有用性を欠くがために、彼らは自分たちは役に立たない存在であるという認識に直面する。結果として、高齢者差別のような社会的態度は、虐待やネグレクトを、社会にとってより許容しやすいものとする傾向があるとするのである。

3．我が国の実態調査にみられる高齢者虐待の原因と背景要因

　以上において紹介したアメリカの基本的原因論のように、高齢者虐待の原因や背景要因について理論化するには程遠いものがあるが、我が国での実態調査の中にも、我が国独特の背景要因が提示されているようである。

　たとえば、先ほど紹介した医療経済研究機構の「家庭内における高齢者虐待に関する調査」によれば、虐待発生の原因と背景要因として、「身体的虐待」では、「介護疲れ」が最も多い回答となっている一方で、「介護・世話の放棄・放任」は、虐待者と被虐待者の人間関係、両者の人格や性格など、介護とは関係のない要因が浮かび上がってくるとの指摘がなされている。

　また、続柄からみた場合、家族関係が最も近い続柄（夫・妻）では「身体的虐待」の割合が、実の親子関係はない「息子の配偶者（嫁）」との関係では、「身体的虐待」よりも「心理的虐待」や「介護・世話の放棄・放任」の割合が高くなっている。夫や妻では、介護疲れによって虐待に至るケースが圧倒的に多く、全体の約半数が介護疲れが虐待の発生要因とみられているのである。また、「息子の配偶者（嫁）」の場合は、「高齢者本人との人間関係」や「配偶者や家族・親族の無関心」といった人間関係に関する要因が重要な因子となっているようである。

　痴呆の程度別に虐待発生の原因と考えられる要因についてみてみると、痴呆の程度が高いほど「高齢者本人の痴呆による言動の混乱」や「介護疲れ」など介護負担に関する要因が重要な因子となっており、寝たきり度においても同様の傾向がみられる。つまり、寝たきり度が高いほど「介護疲れ」が高くなっており、寝たきりの層では最高頻度を示しているのである。

　このように、痴呆や寝たきりは、介護負担に大きく影響を与える可能性が高く、少なからず虐待発生の原因の1つとなっている。

　しかしながら、痴呆があることが必ずしも問題を困難なものとしているわけではなく、むしろ、痴呆がない層では、高齢者本人の介入に対する抵抗感がより強くなるという結果も出ており、問題をより困難にしているとも考えられる。

さらにまた、経済的な要因が虐待とどのような直接的な因果関係をもっているかについて考えてみると、そのメカニズムそのものは立証することが極めて困難ではあるが、経済的に余裕のない世帯においては、虐待の発生の要因として経済的困窮を挙げる割合が高くなっているようである。さらに、経済的状況が厳しいほど介護サービスの利用を増加させることが困難となっているという傾向もみられる。また、実際の虐待ケースへの対応としては、経済的状況が厳しいほど、行政の関与が大きくなっていることも明らかとなっている。
　さらに、虐待の種類別にみると、「介護・世話の放棄・放任」や「経済的虐待」は、介護協力者や相談者がいない層ほど、多くみられ、一方、「身体的虐待」や「心理的虐待」については、介護協力者の有無によって差がみられないようである。
　ここでの虐待発生の原因については、介護協力者や相談者がいないほど、「介護疲れ」「配偶者や家族・親族が無関心」が高い割合になっており、また、介護協力者も相談相手もいない環境の中で虐待をしている人の3割は、「経済的困窮」が虐待の一因であると考えられる。

4．おわりに

　2006年6月30日の『読売新聞』(夕刊)によると、「日本の老年人口（65歳以上）の割合が21.0％で世界最高になる一方、年少人口（15歳未満）は13.6％で最低となったことが、総務省が30日に公表した2005年国勢調査の抽出速報集計結果で明らかになった」という。この報告で、我が国では少子高齢化が進み、世界で最も深刻な状態となっていることが浮かび上がったとのことである。高齢者が犯罪の被害者や加害者となるケースや高齢者虐待の問題が顕在化するケースが、これからも多発するであろうと思われる。高齢社会をどうするか。今、我々は、刑事政策の分野においても、高齢社会の諸問題に真剣に取り組まなければならない時期に直面しているといえるであろう。

第3章　少年審判制度と少年非行対策

1．はじめに

　かつてオランダ、アイルランド、スウェーデンと並んで世界で最も犯罪が少ないといわれた我が国において、「安全神話」が崩壊し、動機不明の少年非行が頻発するとともに、女児を狙った性犯罪が多発している。たとえば、少年非行に関しては、1997年5月、14歳の男子中学生が、小学校6年生の男児の首を絞めて殺害し、遺体から切断した頭部を中学校の正門の横に遺棄した「神戸・児童連続殺傷事件」のほか、1998年1月には、13歳の男子中学生が女性教師をバタフライナイフで刺殺した「栃木・女性教師刺殺事件」、また、2000年5月には、17歳の無職少年が高速バスを乗っ取り、乗客1人を殺害し、4人を負傷させた「西鉄バスジャック事件」、2003年7月には、12歳の男子中学生が4歳の幼児を誘拐し、パーキングビルの屋上から突き落として殺害した「長崎・幼児誘拐殺害事件」、2004年6月には、11歳の小学生女子児童が、小学校内において、カッターナイフで同級生の女子児童を殺害した「佐世保・小6女子児童殺傷事件」が発生するなど、特異・重大な事件が頻発している。また、女児を狙った性犯罪としては、2004年11月の「奈良・女児誘拐殺害事件」、2005年11月の「広島・小1女児殺害事件」、2005年12月の「栃木・女児殺傷事件」があり、被害者は子どもではないが、性的サディズムによる事件としては、2005年5月の「東京足立区・連続女性首輪監禁事件」、2005年8月の「自殺サイト連続殺人事件」がある。

　こうした事態を受けて政府は、犯罪対策閣僚会議を設置し、2003年12月、「犯罪に強い社会の実現のための行動計画」を策定し、青少年育成推進本部も、2003年12月、「青少年育成施策大綱」を定め、警察庁においても、これらの施策・大綱を踏まえて、2004年4月、「少年非行防止・保護総合対策推進要綱」

を制定しているのである。

　こうした現況を反映してか、最近、新聞や雑誌の取材に際して、我が国の少年審判手続の概略について聞かれることが多くなった。そこで、以下においては、できるだけ分かり易く、我が国の非行少年に対する処遇手続の流れと少年非行対策について紹介したいと思う。

２．非行少年に対する処遇手続の流れ
(1)　家庭裁判所送致までの処遇手続

　我が国における非行少年に対する処遇手続の流れであるが、まず、非行少年を発見した者は、警察官に限らず一般人でも、14歳以上の少年については家庭裁判所に通告し、14歳未満でしかも適切な保護に欠ける少年については、児童相談所又は福祉事務所へ通告しなければならないことになっている。また、14歳以上18歳未満の虞犯少年については、司法警察員又は保護者は、直接児童相談所へ通告することができる。しかし、この場合、司法警察員は、犯罪の嫌疑がある禁錮以上の刑に当たる事件については、これを検察官に送致しなければならず、また、検察官は、犯罪の嫌疑があるものと思料したときは、これを家庭裁判所に送致しなければならないものとされている。すなわち、検察官の段階では、不処分とすることも刑事処分を求めることもできないのである。これを「全件送致主義」というのであるが、もっとも、例外的に、実務上は簡易送致制度が認められており、警察は、軽微な要保護性の少ない事件を、成人の微罪処分に準じて警察限りで処理し、家庭裁判所は一括して送致された事件を書面審査し、原則的に審判不開始の決定をする「簡易処分手続」が存在する。

　この簡易送致の対象となる事件は、その事実が極めて軽微であり、犯罪の原因及び動機、当該少年の性格、行状、家庭の状況及び環境からみて再犯のおそれがなく、刑事処分又は保護処分の必要性がないと明らかに認められ、かつ検察官又は家庭裁判所からあらかじめ指定されたものである。これらの事件については、被疑少年ごとに少年事件簡易送致書を作成し、1か月ごとに一括して検察官又は家庭裁判所に送致することができるのである。

これは、極めて軽微な事件にまで厳格な方式に従った送致手続を要求することは、少年を保護善導する上で必ずしもよい効果をもたらすとは思われないことや、司法警察員の事件送致意欲を低下させるおそれがあることなどから、警察・検察・裁判所の三者協議により、1950年から実施されたもので、1969年に改正が行われ、各機関ごとの通達に基づいて運用がなされている。

なお、検察官は、少年の被疑事件においては、やむを得ない場合でなければ勾留を請求することができない。少年を勾留する場合には、少年鑑別所に拘禁することができることになっている。

(2) **家庭裁判所における処遇手続**

このような非行少年の処遇手続の流れの全体像は、図2に示されているごとくであるが、結果的には家庭裁判所が、検察官や児童相談所などから通告、報告、送致された少年について審判をし、処分を決定することになるのである。

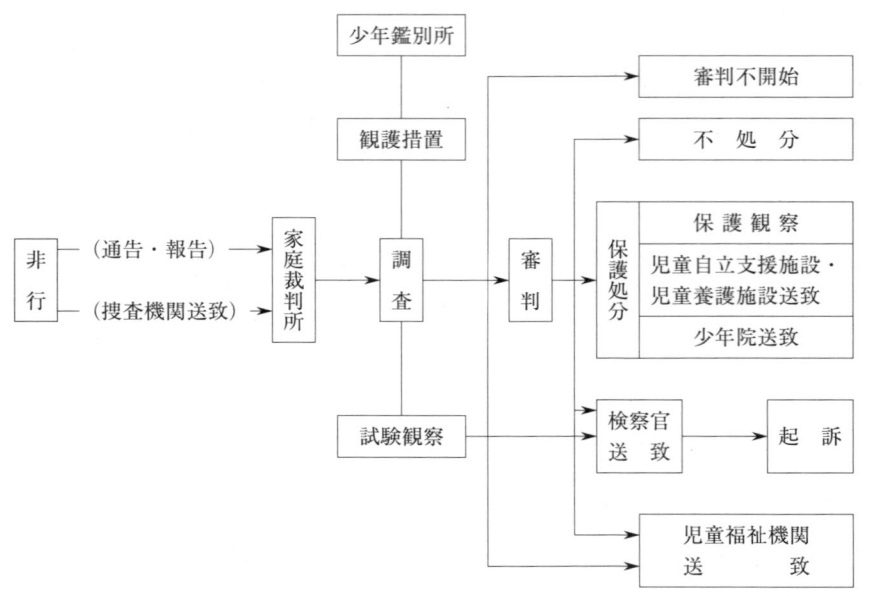

図2 少年事件処遇手続の概略図

資料源：法務省『少年法改正に関する構想説明書』(1966年) 32頁（但し、筆者により一部修正）。

家庭裁判所は、検察官等から事件の送致を受けたときは、事件について調査をしなければならず、家庭裁判所調査官に命じて、少年、保護者又は参考人の取調べその他の必要な調査を行わせることができる。この調査は、なるべく少年、保護者又は参考人等関係者の行状、経歴、素質、環境などについて、医学、心理学、教育学、社会学などの専門的知識を駆使して行うべきであって、特に、少年鑑別所の鑑別結果を活用して行うべきものとされている。

　ところで、この少年鑑別所は、家庭裁判所に対応して設置されており、その数は、2005年4月1日現在、本所52庁となっている。家庭裁判所が受理した少年のうち、非行を疑うに足る相当な理由があるなど一定の要件を満たす者については、家庭裁判所の決定をもって観護の措置がとられ、少年鑑別所へ収容されることになる。この観護措置は、刑事手続における勾留に対比されるものであるが、刑事司法的機能と保護的機能を併せ持つものである。また、観護と鑑別の有機的連携のもとに、個々の少年の特性を考慮しつつ、作文、読書、絵画、心理劇、集団討議等の処遇を実施しながら、少年の問題点及び改善可能の程度を探る「探索処遇」も試みられている。また、家庭裁判所は、必要があれば、少年を一定期間試験的に家庭裁判所調査官の観察、つまり「試験観察」に付することもできる。

　この試験観察には、①少年の身柄を保護者等に引き取らせて、保護者の監督のもとで生活をさせながら観察する「在宅試験観察」、②少年の補導を委託する者と起居を共にさせながら補導する「身柄付補導委託」、③少年をそれまでの住居に居住させながら第三者に補導のみ委託する「補導のみ委託」の3種類がある。

　家庭裁判所は、調査の結果、審判を開始するのが相当であると認めるときは審判開始を決定する。家庭裁判所における審判は、通常1人の裁判官が行うが、合議体で審判をする旨の決定をした事件においては、3人の裁判官による合議体で行うことになる。審判は非公開で、懇切を旨として和やかに行うとともに、非行のある少年に対し、自己の非行について内省を促すものとしなければならないとしている。審判期日には、少年及び保護者を呼び出し、必要に応じて家

家裁判所調査官を出席させるほか、審判の席に、少年の親族、教員その他相当と認める者の在席を許すことができる。

　少年及び保護者は、家庭裁判所の許可を受けて、弁護士以外の者を付添人に選任することができるが、弁護士を付添人に選任するには、家庭裁判所の許可を要しない。また、保護者は、家庭裁判所の許可を受けて、付添人となることができる。

　家庭裁判所は、犯罪少年に係る事件であって、故意の犯罪行為により被害者を死亡させた罪、その他死刑又は無期若しくは短期2年以上の懲役若しくは禁錮に当たる罪のものにおいて、その非行事実を認定するための審判の手続に検察官が関与する必要があると認めるときは、決定をもって、審判に検察官を出席させることができる。この場合においては、少年に弁護士である付添人がないときは、弁護士である国選付添人を付さなければならないことになっている。

(3) 処分決定後の処遇手続

　審判の結果、保護処分に付する必要がある者については、①保護観察所の保護観察、②児童自立支援施設・児童養護施設送致、③少年院送致のいずれかを決定し、保護処分に付することができないか又はその必要がないと認めたときには、不処分の決定をすることになる。そして、調査又は審判の結果、①児童福祉法上の措置を相当と認めたときは、都道府県知事又は児童相談所送致の決定、②死刑、懲役、禁錮に当たる罪の事件で、その罪質・情状から刑事処分を相当と認めたときは、検察官送致の決定、③審判に付することができないか又は審判に付することが相当でないと認めたときは、審判不開始の決定を行うことになるのである。

　保護観察に付された少年は、法務省に属する保護観察所の保護観察を受けるが、保護観察官は、民間の篤志家である保護司の協力を得て、法律学、心理学、教育学、社会学など更生保護に関する専門的知識に基づいて、少年に対する指導監督及び補導援護を行うのである。

　少年院送致になった少年は、同じく法務省に属する少年院に収容される。少年院は、心身に著しい故障のない者を収容する初等少年院（14歳以上おおむね16

歳未満の者)、中等少年院(おおむね16歳以上20歳未満の者)、及び特別少年院(犯罪傾向の進んだ、おおむね16歳以上23歳未満の者)と、心身に著しい故障がある者を収容する医療少年院(14歳以上26歳未満の者)に分かれており、それぞれ教科教育、職業補導及び適当な訓練や医療を施すことなどの矯正教育が行われている。なお、少年院を仮退院した少年は保護観察所の保護観察に付されることはいうまでもない。

児童自立支援施設・児童養護施設送致になった少年は、国立、公立、私立の児童自立支援施設・児童養護施設において、必要な福祉のための措置を受けることになる。

また、検察官送致になった少年については、検察官は原則として地方裁判所又は簡易裁判所に公訴を提起しなければならず、これらの少年は、成人の刑事手続と同様の手続によって裁判を受けることになる。なお、少年については、成人とは異なり、刑の緩和、不定期刑、少年刑務所への収容、仮出獄が許可されるまでの期間の短縮、その他罰金を納めなくても労役場に留置されないなどの種々の特則が認められている。

懲役又は禁錮の言渡しを受けた少年に対しては、少年刑務所又は刑務所内の特に区画した場所でその刑を執行し、16歳未満の少年については、16歳に達するまでの間、少年院において、その刑を執行することができ、この場合、懲役刑を科せられた少年であっても、その間は作業を科さず、矯正教育を授けることになっている。

なお、少年、その法定代理人又は付添人は、保護処分の決定に対しては、決定に影響を及ぼす法令の違反、重大な事実の誤認又は処分の著しい不当を理由とするときに限り、2週間以内に、抗告をすることができる。他方、検察官は、検察官関与の決定があった事件について、保護処分に付さない決定又は保護処分の決定に対し、非行事実の認定に関し、決定に影響を及ぼす法令の違反又は重大な事実の誤認があることを理由とするときに限り、高等裁判所に対し、2週間以内に、抗告審として事件を受理すべきことを申し立てることができる。

3．少年非行対策

　以上が非行少年の処遇手続の流れであるが、最後に、少年非行対策についてみておくことにしたい。

　従来、我が国の少年非行対策は、家庭裁判所を中心に、少年警察、少年検察、少年鑑別所、少年院、保護観察所、少年刑務所などによって展開される刑事法系列のものと、児童相談所を中心に、児童自立支援施設・児童養護施設などによって展開される社会事業法系列のものによってなされてきた。見方によっては、この2種類の処遇方法を選択できることが我が国における少年非行対策を豊かなものとし、諸外国と比べて少年非行を量的に低水準に保つことができた理由ではないかと思われる。

　しかしながら、少年非行に対する現行法に基づくこのような対応策に対しては、保護処分に偏し、少年非行の現実に充分に対応できないといった批判のあることも事実である。法務省は、少年非行対策は、少年司法又は刑事政策の問題であるだけでなく、国家的、社会的な問題であり、全国民的な対応が不可欠であるとして、3段階の対応について言及している。すなわち、第1次的対応とは、家庭、学校、雇用、社会保障、レクリエーション、マス・メディアなどの各分野における少年非行防止のための良好な社会的・経済的・文化的環境の整備であり、第2次的対応とは、非行化のおそれがある少年に対する警察及び少年福祉機関の補導・援助による少年非行の防止である。そして、第3次的対応とは、刑事法の適切・妥当な執行による検挙、適正・有効な少年司法の運用と施設内処遇及び社会内処遇などによる非行少年の再社会化と再犯防止であるとし、第1次的対応が少年非行防止に決定的な重要性をもつとするのである。

　しかしながら、昨今の我が国の少年非行の現状をみるに、携帯電話やインターネットの普及によるコミュニケーション手段の飛躍的な進歩に伴い、子どもたちに健全な環境を提供することは、実際的にはかなり難しくなっているというのが実情であろう。そのため、我々大人が考えなければならないことは、不健全な環境下にあっても、健全な行動ができるような少年にするために、今、何ができるかということになるのではないかと思われる。

第4章　国際的視点からする青少年司法の歴史

1．はじめに

　平成16年6月1日に発生した長崎・佐世保小6女子児童同級生殺害事件はインターネットへの書込みのトラブルからであるといわれているが、その殺害方法、殺害後の冷静な行動からみて、私は、我々専門家の想像をはるかに超える何か大きな原因があるように思っている。

　6月3日、テレビ朝日の夕方の番組「スーパーJチャンネル」から出演依頼があり、小宮悦子さんの質問に答える形で、「今までに、小学生による殺人事件としては、イギリスで、1993年2月に発生した、10歳の2人の少年による2歳の幼児殺害事件（いわゆるバルジャー事件）や、1998年3月にアメリカはアーカンソー州ジョーンズボロで、11歳と13歳の2人の少年による銃乱射事件により、児童4人と教師1人が殺害されたケースはあるけれども、女子児童単独による殺人事件は世界的にも例がないのではないか」と答えた。最近においては、アメリカで言われている「心に怒りをもつ子どもたち」の「小さな殺意」が現実のものとなるケースが多いようであるが、小宮悦子さんに聞かれたもう1つの質問は、なぜ14歳からでないと責任を問えないのかということである。「まさか14歳は元服の年であるともいえないので、物事の善悪を判断し、その判断に従って行動できる年齢が14歳からであると我が国では考えられています。イギリス、ニュージーランド、アメリカの一部の州では、殺人に関しては、10歳から責任をとらせています」と答えたが、この問題に正確に答えることはそう簡単なことではない。そこで、以下においては、少年裁判所の起源を辿ることによって、欧米の青少年司法の歴史について紹介してみたいと思う。

2．少年裁判所の創設

　青少年犯罪者のための分離した裁判所の存在は、西洋の法制度において、比較的最近においてみられるようになったものである。歴史上、青少年犯罪者は、多くの場合、成人裁判所において有罪の宣告がなされ、成人として処罰されたのであり、かつて年齢はいかなる免責をも与える理由にはならなかった。司法制度は、犯罪が自由意思に基づく合理的行為とみなされた古典主義的アプローチにより特徴づけられていたからである。したがって、刑罰は、改善よりは、むしろ、抑止に焦点を合わせ、成人と児童に平等に適用されたのである。

　しかしながら、19世紀後半には、子どもは比類なく脆弱であるという認識がなされるようになり、その結果として、子どもを中心に置く、福利を基礎とした処遇への動きがみられるようになった。青少年犯罪者に恩赦を与えるという既存の裁判所実務は、まもなく、責任無能力の法則（doli incapax）、つまり、権利侵害を行うことについての無能力という概念を通して、イギリスのコモンローにおいて正式な原則として採用されるに至ったのである。そこでは7歳未満の子どもは免責特権が与えられ、さらに、反証がない限り、7歳から14歳までの子どもは、権利侵害を行う能力がないものとみなされた。そして14歳を超える子どもは、成人として裁判にかけられ、有罪の認定がなされたのである。

　多くの国が、青少年犯罪者を成人の犯罪者から分離しておく必要性を認めて、感化院を設立した。また、それと同様の目的から、子どものための特別な形式による訴追手段を創設する動きもみられたのである。分離した最初の青少年裁判所がどこであるかについては、いくつかの争いがある。多くの者が、アメリカ合衆国イリノイ州において1899年に設立された少年裁判所が最初のものであると主張する一方で、南オーストラリアの「州児童法」（State Children's Act）が、1895年に少年裁判所を設立していたという者もいるのである。実のところ、多くの国は、そうしたアメリカやオーストラリアの例に倣ったのであり、イギリスとカナダは1908年に、フランスとベルギーは1912年に、ハンガリーは1913年に、オーストリアとアルゼンチンは1919年に、ドイツとブラジルは1923年に、ニュージーランドは1925年に少年裁判所を設立している。

これらの裁判所は、青少年犯罪者は環境の被害者であり、刑罰よりはむしろ援助を必要とするものであるという原理に基づいて設立されたものである。この実証主義的アプローチは、青少年司法のいわゆる「福祉モデル」の基礎であり、そしてそれは、20世紀前半において、多くの国において、様々なレベルで広まっていったのである。

3．福祉モデルに基づく少年法制

　福祉モデルは、青少年の犯罪行為が、望ましくない教育と環境に起因するという見解に基づくものである。20世紀の初頭において、裁判所の介入の焦点は、こうした見解に基づいて、成人裁判所においてなされる責任と刑罰の強調という側面よりは、むしろ、青少年に対する介護・保護の側面へと移行したのである。青少年犯罪者たちは、ネグレクトされた若年者と同一の改善方法で処遇され、裁判所は、彼らの「行為」（deed）ではなく、彼らの「必要性」（need）に焦点を合わせたのである。

　アメリカは、「国親思想」に基づき、国家がパレンス・パトリエ、すなわち「厳しいが、思いやりのある親」として行動し、青少年犯罪者は、裁判所の慈悲の対象者であるといった、福祉モデルのかなり純粋な形態を採用したのである。イギリス、ニュージーランド、そしてオーストラリアにおいては、初めはこの実証主義的観点が、より抑制されたものであった。イギリスにおいては、1908年の児童法（1908 Children Act）が、少年のための分離した裁判所を設立したが、それは、アメリカの裁判所の様式であるパレンス・パトリエのスタイルと比べて、より福祉的志向に乏しいアプローチを採用したものであった。もちろん、慈悲深い介入といったような処置が、後年において実施されたが、イギリスにおいて、福祉的アプローチが本格的に導入されたのは、1965年と1968年における、2つの重大な労働党政府の白書においてであり、これが1969年の児童及び青少年法（1969 Children and Young Persons Act）の設立の背景となったのである。この法律は、犯罪の責任年齢を10歳から14歳にまで引き上げ、ボースタルと拘置所を段階的に廃止し、刑事手続を保護手続に置き換え、さらにはダ

イバージョン（司法的処理の回避）の方策を拡大することを提案したのである。この法律は、1968年の社会事業法（1968 Social Work Act）が、刑事的でない児童の審問制度を支持し少年裁判所なしで済ませていた、スコットランドにおける急進的な発展に影響を受けたものであると主張されている。イギリスの1969年法の大部分は、一度も実行されなかったけれども、青少年の犯罪行動に対する福祉的対応を支持することへの確かな兆候であったといえるであろう。

　福祉モデルのもとで組み立てられたこれらの制度は、19世紀の「古典的な制度」に比べて大きな改善をもたらしたものではあったが、しかし、これらの制度は、何ら問題がないといったわけではなかったのである。イギリスが1969年法を通過させたときでさえ、世論の動向は、すでにその方向を変え始めていたのである。

　制度の批判者たちは、束縛のない裁判所の権限の行使が、デュー・プロセス（適正手続）と子どもの法的権利を無視するものであると主張した。無罪推定の原則に違反し、法律上の弁護人選任権もなく、その上、裁判官に与えられた広範な裁量権は、青少年犯罪者の処遇において、階級的及び人種的な差別を許容する可能性があると批判したのである。さらに、批判者たちは、社会復帰の理念が、子どもたちの生活における、不必要かつ重大な干渉を正当化するために用いられる可能性があると主張した。青少年が、社会復帰を達成するために必要と思われる期間拘禁されるとしたら、犯罪の重大さは、結果としての拘禁期間に何らの影響も及ぼさなかったことになるとしたのである。その証拠に、実際のところ、制裁は、しばしば不定期なものであったのである。

　1964年に、フランシス・アレン（Francis Allen）は、次のように述べている。

　「『社会化された司法』の意味論は、不注意な者のための罠である。ある者の動機付けがいかなるものであったとしても、また、どのようにある者の目的を高尚なものにしたとしても、取られた処置が、子どもの自由の強制的な喪失や、家族からの不本意な子どもの隔離といった結果となった場合、あるいは、プロベーション（保護観察）に従事する者による、子どもの活動の監視という結果となった場合であっても、干渉を受けた個人に対する衝撃は、本質的に懲

罰的なものである。善良な意図や柔軟な言葉は、この現実を改めるものではない。もし我々が、少年裁判所の実務が、必然的に、相当程度の刑罰を執行することにあるという事実を率直に認めることをいとわないのであれば、我々は、ここでの多くの混乱を避け得ることになるであろう」と。

この厳しい批判と一致するかのように、多くの国が少年犯罪の波に直面して、大衆的パニックを経験したのである。そこでは、福祉モデルは、その本来の役割を果たしてはおらず、あまりにも寛容で、その上、青少年犯罪者に責任があるとは考えてはいないといったような感覚が存在することが見出されたのである。さらには、この制度には、常習犯罪者を処遇しえないといった不安感が絶えず付きまとうことが指摘され、また、社会防衛のために、多くの者が、抑止的な応報モデルへの回帰を支持したのである。

このような論議と批判に出会って、多くの国が、責任とデュー・プロセスを考慮に入れた形において、青少年司法政策を改めたのである。そのため、その後、大部分の国において採用された制度は、「公正モデル」（Justice Model）に基づいて作られたものと理解することが可能である。

4．公正モデルに基づく少年法制

公正モデルは、しばしば、少年司法制度において、福祉モデルの対極にあるものと位置づけられているものである。公正モデルは、責任と犯罪に応じた定期刑、青少年の法的権利の尊重、さらには、より公式の手続の確立を促進するものである。いくつかの点において、公正モデルは、福祉の観念とは正反対のものであるといえよう。すなわち、①犯罪者ではなく犯罪に、②決定論ではなく責任と自由意思に、③個別的な処遇ではなく平等な制裁に、さらには、④不定期による社会復帰よりは、むしろ、定期の制裁に焦点を合わせるのである。

当時の公正モデルの出現は、戦後の経済的な発展の崩壊と結び付けて考えることができる。経済的繁栄が、楽観主義と社会復帰的な博愛（人間が本来持っている善への信念）を育成した一方で、景気の後退と、その結果としての社会復帰プログラムに対して支払う莫大な資金の喪失は、19世紀の古典主義への回帰

を要求する結果となって現われたのである。

　この公正モデルへの復帰の動きは、20世紀後半の多くの国における少年司法改革の基礎を形成したといえる。スコットランドと北アイルランドが、福祉に焦点を合わせた制度を継続した一方で、他の国や地域では、劇的にその考え方を変更したのである。

　特に、アメリカにおいては、1960年代末の一連の連邦最高裁判所における注目すべき判決により、その動きは活発なものとなった。その判決とは、少年裁判所において、デュー・プロセスによる刑事裁判的様式の手続を採ることを支持するものであった。そして、1970年代には、さらに、極めて影響力のある報告書が、公正への回帰を支持した政府に対して起草されたのである。

　公正モデルが、アメリカの立法において最も純粋な形で顕現される一方で、この公正モデルの多くの要素は、他の国々においても明白なものとなった。イギリスにおいては、1982年の刑事司法法（1982 Criminal Justice Act）は、責任とデュー・プロセスの重要性に焦点を合わせたものとなり、さらには1969年法から明らかに後退するといった、明確なイデオロギー上の変更を表明したのである。カナダにおいては、1908年のカナダ非行少年法（1908 Canadian Juvenile Delinquents Act）は、1965年の段階において、少年裁判所の権限を制限し、子どもの法的権利を保護することを支持する政府に対する報告書の中で、非難されるに至ったのである。このことが、最終的には1908年法に取って代わったカナダの1984年の青少年犯罪者法（1984 Young Offenders Act）に影響を与えたのである。

5．おわりに

　以上において検討したごとく、青少年司法の歴史は、この1世紀の間に、「福祉モデル」から「公正モデル」へと変遷した。しかしながら、公正モデルも、また、批判の対象となっている。そこでの主要な関心事は、実質的な「公正」の欠如ということである。

　多くの者が、故意に犯罪の原因、特に社会的に不利な立場に立つ者の問題を

無視することや、あまりにも過度に平等な刑罰という観念に重要性を置くことは、それ自体、不公平な結果を招きかねないと主張するのである。

　実際問題として、特にアメリカにおいては、14歳以上の少年犯罪者を成人として裁くという厳罰化傾向が定着しており、我が国でも、14歳以上の少年に責任を問うという法改正がなされたばかりである。「厳罰化」が正しいのか、「保護」が正しいのか、我々は、今まさにその選択を迫られているのである。もちろん、現実社会においては、いかなる制度も、純粋な形において効果的に作用するものではなく、それらは、むしろ、その時代の政治的・経済的状況に大きく影響を受けるものである。

　しかし、そうであるからこそ、我々は、少年司法のパラダイムの変遷について、歴史的理解を深めることが極めて重要であるといえるのではあるまいか。最近の我が国における触法少年の動機不明の凶悪な犯罪の発生を目にするとき、我が国の少年法制の歴史的展望を試みることが必要な時期に来ているのではないかと思う今日この頃である。

第5章　中国の少年司法制度の視察

1．はじめに

2004年3月25日から4月4日にかけて、上海と西安を訪問した。中央大学大学院法学研究科博士課程後期課程に在学し、私のもとで「中国と日本の少年司法制度の比較研究」に従事している俞建平さんのコーディネートにより、日中両国の法律家の交流が実現したからである。今回の訪問では、事の成り行きから、私が日本法律家代表団の団長を務めたが、今回の中国訪問の目的は、現代中国の少年司法制度の現状調査と少年管教所等の施設の参観、並びに青少年の犯罪予防対策についての意見交換であった。以下、その概略を紹介してみることにしたい。

2．上海市長寧区人民法院の少年法廷

はじめにお断りしておかなければならないが、中国には、日本のような家庭裁判所も、欧米のような少年裁判所もない。1984年の終わりに、中国では、華東政法学院の青少年犯罪研究所の所長を務める徐建教授の指導の下に、いわゆる「北京ルールズ」（正式名称は、「少年司法運営に関する国連最低基準規則」）の精神を貫くため、上海市長寧区の人民法院に、中国第1号の「少年法廷」が誕生した。その後、中国全土の各省、市、県は、この上海の少年法廷をモデルとして採用し、1990年代の半ば頃には、全国約3,300か所に少年法廷が設置されている。

これらの少年法廷は、中国の未成年者の人権保護と再犯防止に大いに貢献してきたようである。しかしながら、その後、急速な経済成長に伴って、中国各地の少年事件が徐々に減少したことにより、主に人件費を節約するために、少年法廷の数が削減されている。現在、上海市の17区には、4か所の少年法廷が

あり、人民法院内に設置されている。我々が訪問した長寧区の人民法院少年法廷は、長寧区のほか周囲の3区（浦東新区、盧湾区、徐匯区）の少年刑事事件の審理を管轄しているとのことであった。

　我々、日本法律家代表団が少年法廷を参観した折には、貴賓室に招かれ、首席裁判官から詳しい説明を受けた。テーブルの上には、お茶の他、バナナ、りんご、みかん等の果物が置かれていた。公式な席に果物が用意されているのを見て少し不思議な気がしたが、その後、どの施設を訪問しても必ず果物が用意されていたので、果物を出して接待することが、中国では最高のもてなしであることが、後でわかった次第である。

　それはそれとして、この上海市長寧区少年法廷は、今から20年前に誕生したとのことであり、この20年間に、刑法、刑事訴訟法、未成年者保護法、未成年者犯罪予防法及びこれらに関連した法律や条例等によって、以下のような原則が形成されてきたとのことである。

① 少年法廷の審判対象は、16歳以上の未成年者（18歳未満）であり、刑事責任を問われる。但し、14歳以上16歳未満の少年であっても、故意の殺人、故意の傷害行為、又は強姦、強盗、麻薬の売買又は使用、放火、テロ行為等の罪を犯した場合には、責任を問われる（中国刑法第17条）。

② 少年法廷における審判は、14歳以上16歳未満の少年の審判に関しては、一律非公開であり、16歳以上18歳未満の少年の審判に関しては、原則非公開である（中国刑事訴訟法第152条、未成年者保護法第42条、未成年者犯罪予防法第45条）。今回の訪問に際しても、最初は少年審判を傍聴できる予定であったが、訪問当日の事件が16歳未満の少年であることを理由に傍聴が認められなかった。このことから言えることは、特別な理由があれば、16歳以上の少年審判は傍聴できる場合があるということになる。

③ 少年法廷の参加者は、加害少年の両親、その法定代理人、教師、親族、被害者の法定代理人等である。

④ 少年法廷における弁護に関しては、加害少年が自己弁護をする、加害少年の両親が弁護人を選任しその弁護人が弁護をする、人民法廷が国選弁護

人を指定する等が考えられる。

⑤　少年法廷の審理方式には、合議制と単独制がある。合議制は、3人の裁判官（裁判官1人、陪審員（民間人）2人）による審理であり、検察官が出席する。陪審員となるための要件は、23歳以上の中国公民で、法律知識を有する大学又は短大を卒業している者、あるいは上級法院が是とした者である。単独制は、簡易審理であり、裁判官1人で審理をする。検察官は出席しない。単独制による審理の要件は、3年以下の懲役が見込める軽犯罪のみである。

⑥　少年法廷の審理結果に関しては、当該少年が14歳以上18歳未満である場合には、その刑を減軽すべきことが要求される。16歳未満の少年で刑事処分がなされない場合には、両親が監督することになる。しかしながら、必要やむを得ない場合には、政府が当該少年を施設に収容し教育することになる（刑法第17条）。そして、犯行時18歳未満の少年に対しては死刑を言い渡すことができないのである（刑法第49条）。

⑦　中国の少年法廷の特色として、少年法廷の審理は、加害少年を処罰するためではなく、少年に自分の犯した罪を自覚させ、再犯を防止することが大前提である。中国では、少年法廷で判決を言い渡した後に、加害少年に罪の意識を自覚させるために、「意識教育」を実施している。

以上のような説明のほか、今回の訪問では、長寧区少年法廷が現在試行中の制度についても説明があった。それによると、現在、中国全土で、1999年11月1日に施行された「中華人民共和国未成年者犯罪予防法」の精神に則り、未成年者の犯罪予防に全力をあげているなかで、長寧区少年法廷は、犯罪予防の一環として、執行猶予の制度を試行中であるとのことであった。

この執行猶予制度の目的は、「北京ルールズ」の精神に従い、少年法廷での判決後も、できることなら少年を施設に収容しないで社会に戻し、一定の猶予期間を与えて、裁判官がその行状を観察するというもので、いわゆる未成年者の社会内処遇制度を検討しているとのことであった。ちなみに、執行猶予制度の要件としては、①3年以下の懲役であること、②反省の意思がみられること、

③損害賠償手続を完了していること、④社会へ復帰しても危険性がないと判断された者であること等である。

中国は、成人に対しても執行猶予の制度がないため、執行猶予制度としては、未成年者に対する執行猶予制度を試行中の長寧区少年法廷の試みが最初のものであり、その経験と成果をまって、今後最高人民法院で検討を重ね、法律の制定へ向けて努力をするとともに、全国展開を考えているとのことであった。

執行猶予の具体的な支援方法としては、長寧区少年法廷では、執行猶予中の少年を支援するために、少年法廷の裁判官のなかから1人の裁判官を指名して、執行猶予中の少年を観察させ、その経過を追跡し、少年が社会内処遇の一方法として行う社会奉仕活動を監督し、さらには少年の悩みの相談役として「考察記録簿」に記録をし、少年の社会内処遇をより一層効果あらしめるためのサポートを行う試みがなされているのである。執行猶予中の再犯に関しては、執行猶予を取り消すことはいうまでもないが、さらには、新たな犯罪について裁判を行い、裁判が確定した場合には、執行猶予の際に言い渡されていた刑期と新たな裁判によって言い渡された刑期とを合算したものが、当該少年の刑期となるのである。

私はこの執行猶予の実際について日本における実践に基づいて説明したが、保護観察制度や保護司等のような更生保護システムが存在しない中国にとっては、理解しにくいところがあったのではないかと思う。いずれにせよ、中国での執行猶予制度の今後の発展に期待したいところである。

3．上海市青年幹部管理学院での意見交換会と座談会

上海市青年幹部管理学院での意見交換会と座談会は数回にわたって行われたが、最初の座談会では、中国側からの報告がなされた。徐教授の「中国の少年司法制度について」の報告は、中国の少年司法制度の歴史的発展について述べたものであり、資料が膨大なためにここで紹介することはできないが、洪教授、陳教授、劉教授の報告「上海市青少年犯罪の原因と予防対策について」によると、中国の大都市の青少年も、日本の若者と同じ悩みを持ち、さまざまな原因

がもとで、それぞれがいろいろな問題を抱えていることがわかり、興味深かった。そして、そうした青少年の一部の者が非行に走る原因としては、①社会変革の歪みからくるもの、②教育制度の偏重によるもの、③家庭内における両親の教育重視によるプレッシャーからくるもの、④両親の離婚等家庭の事情によるもの等、我が国と共通する諸要因が指摘された。社会体制の違いを念頭において報告を聞いていた私にとっては、新たな驚きと共感とが連続した形において心を過ぎった、今までに経験したことのないような貴重な体験であった。中国政府は、こうした事態に対処するために、ライフ・ホットラインの設置と大都市での「社会工作者」の人材育成に力を入れており、社会工作者の制度化を目指しているとの報告がなされた。

　この社会工作者の制度については、後に上海市浦東新区の青少年事務室を訪問した際に、その実際の運営について仄聞したので、ここで簡単に紹介しておくことにしよう。

　浦東新区は、この14年間で土地開発が進み、大量の農地がビルの林立する商工業地区へと転換される中で、農村人口が激減すると同時に、地域社会における人間関係や家庭・学校等の住環境が急変したこともあって、青少年にとって心理的プレッシャーが圧し掛かる典型的な都市環境を現出したといわれている。また、この地区は、教育制度の弊害をまともに被ったところで、男子生徒の大学進学率が極めて低く、現在、浦東新区には約8,000人（16歳から25歳まで、男性は4,512人、女性は2,547人）の青少年が、「3失」（失学、失業、失管理）といわれる状態に陥っているのである。こうした青少年をそのままにしておくと、地域社会の不安定要素となりかねないし、また、彼らは、身体的にも精神的にも人格形成の重要な時期にあり、様々な要因から社会的弱者であるとみなされているため、彼らに援助の手を差し伸べることが必要であると考えられたのである。こうした認識から創出されたのが、「社会工作者」の制度なのである。社会工作者は、彼らに対して同年代の友達のように接し、彼らの社会生活に目を配りながら、就職や生活などの悩みの相談にのってあげることで対象者を励まし、心身ともに癒す役割を担っているのである。

浦東新区では、2003年7月に、大学卒で、法律知識を持つ、青少年教育に熱心な浦東新区の住民という条件を提示して公募をし、筆記・面接試験を実施して、73人の社会工作者の採用認定をしている。合格した社会工作者の内訳は、男性40人、女性33人で、年齢35歳未満が35人、35歳以上が38人である。

2003年11月1日に正式に採用された社会工作者たちは、浦東新区が定めた24の工作地へと派遣され、1人の社会工作者に対して100人の「3失」青少年が委託されている。上海市政府は、任命した社会工作者に対して、比較的高額の月給2,000人民元を支給している。

社会工作者の主な活動内容は、ケースワークと情報交換である。ケースワーカーとしての社会工作者の仕事は、それぞれのケースを受理し、報告書を閲覧し、進行プランを立てることである。実際の進行から結果報告までを5段階に分けて計画を遂行する。1ケースに対して必要な期間は、平均3か月である。また、社会工作者は、社会工作者同士の会合に出席し情報交換をする。1か月に1回のペースで周囲の他の社会工作者と会合を開き、情報を交換し共有し、自らの直面している問題について話し合うのである。

浦東新区の社会工作者の制度は、実施されてから4か月しか経っていないが、地域社会が抱える深刻な青少年問題の解決に、一定の効果をもたらしているようである。2004年4月27日には、浦東新区において、全国の社会工作者のシンポジウムが開催されるとのことであった。政府は社会工作者制度の実施により、社会工作者が、地域社会の安定と青少年犯罪予防に欠かせない存在にまで成長してくれることを期待しているようである。

4．上海市少年管教所の視察

最後に、上海市少年管教所の視察について述べておきたいと思う。この「少年管教所」というのは、日本の「少年刑務所」に該当するもので、我々が訪問した施設は、収容定員は700人であるが、2004年3月29日現在で、被収容者数は750人であった。この少年管教所には女子少年90人が収容されており、この点が日本と違うところである。少年の年齢は14歳以上18歳未満が135人で、残

りは18歳以上22歳未満の青年である。職員数は250人であるが、その内訳は、一般職員が200人、保安職員が50人である。少年管教所では、14歳以上16歳未満の少年には、教科教育をすることが主たる目的となっている。小中学校卒業レベルの教育を施すことに主眼が置かれているのである。16歳以上18歳未満の少年には、半日労働、半日学習のプログラムが用意されている。主な学習内容としては、法律知識の習得、中学校卒業程度の学科教育、職業訓練等である。18歳以上22歳未満の青年は、月曜日から金曜日まで8時間労働が義務づけられており、重点教育として、出所後早期に定職に就けるように、料理教室やパソコン教室等の職業訓練が実施されている。我々も料理教室を視察し、作りたての食品を試食させていただいたが、玄人はだしの出来栄えであった。また、少年管教所内に、「心理矯正室」が設けられており、入所者は、出所するまでに3回心理矯正を受けることが義務づけられている。当所で行われている心理測定テスト等は、華東師範大学の心理学部の大学生と研究者が所属する「心理基礎研究所」と提携して開発されており、2005年には「青少年心理矯正センター」が設立される予定であるとのことである。ちなみに、当所での職業訓練修了証書の取得率は75％であり、かなりの成果を挙げているようである。視察の終わりには、講堂で被収容者男女の青少年による演劇を鑑賞する機会を得た。歌や踊りが中心であったが、日本にはない習慣なのでその趣意を所長に聞いてみたが、情操教育に資するところが大であるとの説明であった。

5．おわりに

今回の中国訪問は、法律家による日中交流が主眼目であったので、ここで詳しい説明をすることは差し控えるが、私が華東政法学院で「日本の少年非行の現状とその予防対策」と題して講演をし、矯正協会附属中央研究所の鴨下守孝さんが、上海青少年幹部管理学院で「日本における矯正の現状」と題して講演をした。それに加えて、全日程で8回以上の座談会や意見交換会を行ったので、かなりのハードスケジュールではあったが、実りの多い中国訪問視察旅行であった。来春には中国法律家代表団が来日する予定である。これを契機に、私

としては、日中両国の国際交流が恒常化することを期待しているところである。

第6章　青少年と図書に関する調査

1．はじめに

　私が座長を務める「青少年有害環境対策推進研究会」は、2004年度の内閣府委嘱事業の一環として、「青少年と図書に関する調査」を実施した。今回の調査では、首都圏、東海地方及び中国地方の中・小都市から、それぞれ小学校、中学校、高等学校1校を選定し、小学校5年生 (219人)、中学校2年生 (204人)、高等学校2年生 (205人) とその保護者 (594人)、それに、これらの少年と比較するために、首都圏・関西圏の3つの初等少年院に収容されている少年 (14歳以上おおむね16歳未満：107人) に対して、アンケート調査を行った。調査内容は、児童・生徒、少年院在院者については、①マンガ本や雑誌との接触度、②マンガ本や雑誌との接触環境、③よく接触するマンガ本や雑誌の内容、④有害図書類との接触状況、⑤性や暴力等に対する意識等であり、保護者については、①子どもたちが接触しているマンガ本や雑誌についての認識、②「成人向け雑誌」の販売形態に対する規制とこれについての意見である。以下においては、この「青少年と図書に関する調査」の概要を紹介したいと思う。

2．本調査結果の概要
(1) マンガ本や雑誌との接触度について

　さて、本調査結果の概要であるが、「マンガ本や雑誌との接触度について」は、小学生、中学生、高校生と年齢が高くなるにつれてマンガ本や雑誌との接触度も高くなっていることが明らかとなった。また、女子よりも男子のほうが接触度がやや高い。ただし、在院者の場合は、逆転している（男子15.6％、女子30.2％）のが特徴的である。

　本調査においては、マンガ本や雑誌は、生徒の年齢に関係なく広くかなり多

量に読まれているが、なかでも在院者の読書量は、毎月20冊以上読む者が、4人に1人と高率であることが分かる。

　こうした本調査の結果から見ると、様々なジャンルの作品を網羅しているマンガ本や雑誌は、現在の子どもにとっては有力な情報源となっているようであり、また、それゆえに、マンガ本や雑誌は、子どもの行動に対して重大な影響を与える表現メディアであるといえるであろう。

(2)　マンガ本や雑誌との接触状況について

　次に、「マンガ本や雑誌との接触状況について」であるが、施設に入る前の在院者と一般群との間にはかなりの相違がみられる。一般群では、書店での購入が第1位で90％前後であり、その他の方法は、高校生の立ち読みの61.0％を除き低率である。しかし、在院者に限っては、書店購入、コンビニ購入、立ち読み等、すべての方法が70％を超えている。読書の場所についても、在院者と一般群との間には顕著な相違がみられる。在院者の場合には、友人宅やマンガ喫茶の利用率がかなり高いのである。このことは、マンガ本や雑誌の講読状況と関係があるようである。1か月あたりのマンガ本や雑誌に使った金額は、在院者と一般群でほとんど違いはみられない。いずれも3,000円未満が80％を超えている。また、在院者の小遣いは相対的に小額である。それゆえ、在院者は書店やコンビニで立ち読みをしたり、友人宅で読む機会が多くなっているとも考えられるのである。

(3)　よく接触するマンガ本や雑誌の内容について

　まず、「どんな傾向の雑誌に接触しているか」についてであるが、小学生は、①コミック、②ゲーム情報、③趣味に関係、中学生は、①コミック、②おしゃれや流行、③趣味に関係、高校生は、①コミック、②おしゃれや流行、③趣味に関係であり、在院者は、①おしゃれや流行、②コミック、③趣味に関係となっている。これをみると、小学生が「ゲーム情報」に関心を持っている以外は、全体としては、同様の傾向の雑誌に接触していることが分かる。また、一般群においては「コミック」が1位を占めているのに対して、在院者では「おしゃれや流行」が1位を占めているところに特色がある。

男女間の好みの違いに関しては、小学生、中学生ともに、男子が「ゲーム情報」に興味があるのに対して、女子は「おしゃれや流行」に関心があり、高校生、在院者では、女子が「音楽情報」に興味があるのが特徴的である。

次に、「よく読むマンガ本や雑誌の具体的なタイトルについて」であるが、小学生男子は、①コロコロコミック、②NARUTO、③週刊少年ジャンプ、小学生女子は、①ちゃお、②りぼん、③なかよしをあげている。中学生男子は、①週刊少年ジャンプ、②NARUTO、③ワンピースをあげ、中学生女子は、①セブンティーン、②ラブ☆コン、週刊少年ジャンプ、Mr. Fullswing をあげている。高校生男子は、①週刊少年マガジン、②週刊少年ジャンプ、③ワンピースを、高校生女子は、①non-no、②ミーナ、③週刊少年ジャンプをあげている。在院者男子は、①チャンプロード、②特攻の拓、③カメレオンを、そして在院者女子は、①egg、②チャンプロード、③Ranzukiをあげている。

一般群と在院者群で、よく読むマンガ本や雑誌に違いがみられるが、週刊少年ジャンプはどの群にも広く読まれていることが分かる。また、本調査で取り上げられているマンガ本や雑誌としては、少年ジャンプ、りぼん、なかよし、セブンティーン、non-no 等があり、これらのマンガ本や雑誌は息の長い愛読書となっていることが分かる。

最後に、「内容としてどのような傾向のマンガ本や雑誌に関心があるのか」という点に関しては、本調査では、在院者、一般群を問わず、「笑えるもの」が高率である。しかし、本調査で特徴的なのは、「暴力的な場面のあるもの」、「エッチな場面のあるもの」、「恐い場面のあるもの」、それぞれについて、在院者の関心が一般群に比べて2倍から4倍と、かなり高いことである。また、在院者の場合は、「施設に入る前」と「現在の心境」とを比べてみると、「暴力的な場面のあるものが好き」と答えた者が、55.1%から34.6%にまで減少しており、「エッチな場面のあるものが好き」と答えた者も、48.6%から38.3%に減少している。この変化は、少年院での処遇効果があがっていることを示す指標として捉えることが可能であろう。

⑷ **有害図書類との接触関係について**

この項目に関しては、「大人用のエッチなマンガ本や雑誌を立ち読みしたかどうか」、「大人用のエッチなマンガ本や雑誌を買ったことがあるか」について質問をしたが、小学生、中学生、高校生、在院者の順に数値が高くなっている。特に在院者では、前者で77.6％、後者で43.9％となっている。

高校生については、さらに詳しく有害図書類との接触関係を聞いているが、いわゆる有害図書への接触は少ない。これらの雑誌を「読んだり見たりした場所」は、60％の者が「コンビニ雑誌コーナー」と回答しており、コンビニでの区分陳列の徹底が望まれるところである。また、これらの雑誌と接触した者に感想を求めると、43.5％の者が、「別のものを見たい」と答えていることにも注意する必要があるであろう。

「レイプシーンを見てどのように思うか」の問いに対しては、38.2％の者が「不愉快だと思う」と答えており、「女性の体の一部がモノとして取り上げられること」については、22.3％が「何も感じない」と答え、マンガ喫茶への立ち入り経験については、17.1％の者が経験があると答えている。

3．子どもの感じ方・考え方

本調査においては、小学生、中学生、高校生、在院者に対して「感じ方・考え方」（価値観）についても質問を試みた。調査内容は、①いじめと暴力等について、②異性との交遊について、③異性との性関係について、④死について、⑤性役割及び男女観についてである。注目すべきなのは、「感じ方・考え方」という点では、在院者と一般群の間に大きな相違がみられる項目があることである。

まず「暴力」についての項目であるが、「どんな場合も暴力は絶対にいけない」という質問について、在院者の肯定率（43.0％）は、一般群の肯定率（中学生37.7％、高校生32.2％）を上回っている。しかも、在院者の肯定率は、施設に入る前には16.8％であったことを考えると、かなりの矯正効果がみられた証左となるであろう。

また、「いじめられている友だちがいたら自分がいじめられても助ける」と

いう質問についても、在院者の肯定率（56.1%）が、一般群の肯定率（中学生23.5%、高校生16.6%）を大きく上回っている。

さらに、「男はケンカが強いほうが恰好いい」という質問についても、在院者の肯定率（40.2%）は、一般群（中学生26.0%、高校生28.8%）を上回っており、さすがに施設へ入る前の肯定率（71.0%）ほどではない点で、男らしさの強調は弱まってはいるものの、従来の研究でしばしば指摘されていた、「男らしさの強調」は、非行少年の価値観と一致する側面があるように思われる。

また、この「いじめ・暴力等に対する許容度」については、t検定（両側検定：2つの平均点の差を検定する方法）を行った結果でも、在院者は施設へ入った後のほうが、いじめ・暴力等に対する許容度が弱まっていることが、統計上の有意差でもって証明されている。

次に、「男女関係」についての項目であるが、在院者と一般群で明らかな相違がみられるのは、まず、「好き同士なら、人前でキスしていい」という項目である。在院者の肯定率（60.7%）は、一般群の肯定率（中学生18.9%、高校生20.9）よりもはるかに高い。「男の子は女の子を守るべきだ」という項目については、全体として高い比率を示しているが、在院者の肯定率（85.0%）は、一般群（中学生55.2%、高校生58.7）の肯定率をはるかに上回っている。

「男の子は女の子に見られるのが好きだ」という項目についても、在院者の肯定率（52.3%）が、一般群（中学生21.0%、高校生17.4%）よりも高くなっている。

また、「女の子は男の子に見られるのが好きだ」という項目も、在院者の肯定率（44.9%）のほうが、一般群（中学生9.3%、高校生7.4%）よりも高くなっている。

在院者の場合、施設に入る前と現在の心境で顕著な相違を示す項目として、「異性との交遊・性に関する許容度」をt検定（両側検定）によってテストした結果、施設に入った後のほうが、異性との交遊・性に対する許容度が弱まっていることが示されている。これも、少年院における矯正教育の成果の1つとみることができよう。

本調査では、また、「死についての意識」を調べるために、「人は死んでも生まれ変わることができるか」という質問を設けた。最近の子どもは、「人は死んでも生まれ変わる」と考えている様子がいろいろな機会において窺えるからである。

この「子どもの死生観」については、在院者の特徴として、在院者はペットや身近な人の死に直面した経験を持つ少年が一般群よりも多く、また、人の生まれ変わりに対する肯定的回答率も一般群よりも高い、という結果が見出されていることに留意する必要があるであろう。神戸児童連続殺傷事件等のような凶悪な少年犯罪において、祖母の死、母親の死といった、自分を保護してくれた者の死が、犯罪の重要な要因となっていることが窺われるからである。

4．保護者の認識について

本調査では、本調査の対象となった小学生、中学生、高校生の保護者に対しても、アンケート調査を実施した。回答者594人（小学生の保護者209人、中学生の保護者200人、高校生の保護者185人）のうち、その大部分（533人）が母親なので、ここでいう「保護者の認識」は、「保護者」というよりも、より正確には「母親」の認識ということになろう。

この「保護者の認識」について、「子どもの読んでいるマンガ本や雑誌について困ったことがあるか」との質問に対して、「困ったことがある」と答えた保護者は、予想していたよりも、わずか（小学生の保護者9.6％、中学生の保護者11.0％、高校生の保護者8.6％）である。困ったことの具体的内容は、小学生の保護者では、①少女マンガの絵なのに、セックスシーンが頻繁に出てくる、②子どもはどこで見たのか女性のマスターベーションをする様子をノートに書いていた、③暴力シーンがある、等の内容に関するコメントと、④マンガを読む時間が長い、という時間の使い方に関するものであった。

中学生の保護者は、性的な表現内容を問題にするものと、マンガに夢中になり過ぎるという子どもの態度を問題にするものであった。高校生の保護者は、性や暴力など内容に関するものと、時間やお金の使い方に関するコメントがみ

られた。

　次に、コンビニでの成人向け雑誌の陳列の仕方についての質問に対しては、「コンビニで販売することには疑問」とする回答が、小学生の保護者で38.3％、中学生の保護者で40.0％、高校生の保護者で40.0％であった。いずれもそれなりに問題性を認識していることが窺われる。

　また、「コンビニで区分陳列されている成人向け雑誌は、18歳未満の子どもに販売することが条例で禁止されていることを認識しているかどうか」という点については、保護者の73.4％が知っていると回答している。

　さらに、成人向け雑誌の販売方法についての意見では、①身分証明書の提示を義務づける、②店員に売らないように徹底する、③ビニール袋で綴じる、④レジの近くへ置く、⑤子どもが近づきにくい専門店での販売とする等の回答が提示された。

5．本調査の特色

　本調査においては、「好きなマンガ本や雑誌の種類が、暴力や異性関係に対する考え方とどのように関係しているか」、また、「好きなマンガ本や雑誌の種類が、死に対する考え方及びセックスに対する考え方とどのように関係しているか」について、χ^2（カイ二乗）検定（グループ間の差を検定する方法）を実施している。

　実際には、マンガ本や雑誌の種類を、「笑えるマンガ・雑誌」、「暴力的なマンガ・雑誌」、「エッチなマンガ・雑誌」、「恐いマンガ・雑誌」の４つに分け、それぞれに対する好みと、青少年の「いじめ・暴力などに対する考え」や「異性との関係」などの間にどのような関係があるのかを調べたものである。

　結果としては、マンガ本や雑誌の内容と青少年の態度・傾向の間には一致がみられ、たとえば、「暴力的なマンガ本や雑誌」と青少年の「いじめ・暴力等に対する態度」の間、そして、「エッチなマンガ本や雑誌」と青少年の「性に対する態度」との間には、より強い相関関係が見出されている。

　この結果は、考えてみれば、当然に予測されたところであるともいえるが、

しかし、興味深いのは、「笑えるマンガ本や雑誌」や「恐いマンガ本や雑誌」と青少年の「暴力や性に対する態度」との間にも、相関関係がみられたことである。さらに、「死に対する態度」についても、「暴力的なマンガ本や雑誌」や「恐いマンガ本や雑誌」との間に、相関関係が見出されている。マンガ本や雑誌に描かれている様々な種類の情報や価値観、ひいては行為類型までもが、青少年に大きな影響をもたらしていることが窺える調査結果となっている。もちろん、マンガ本や雑誌のみが、青少年の人格形成に影響を与えるメディアでないことはいうまでもないであろうが、それらが青少年の手近で有力な情報源となっていることだけは確かなようである。

6．おわりに

以上、本調査の概要についてごく簡単に要約して紹介したが、本調査の何よりもの特色は、少年院在院者に対する実態調査である。非行群と一般群の比較検討を可能にしたところに本調査の特色があるといえるであろう。

第7章 「青少年とゲームソフト」に関する調査研究

1. はじめに

内閣府より青少年育成国民会議に委嘱された青少年有害環境対策推進事業の一環として、私を座長とする「青少年有害環境対策推進研究会」は、5年目の事業として、2005年度は、「青少年とゲームソフト」の調査を行った。今回の調査の対象となったのは、東海地方、首都圏及び東北地方の大・中・小都市から、それぞれ中学校、高等学校1校を選定し、中学校2年、高等学校2年の各2クラスの生徒とその保護者並びに首都圏の少年院2院に収容中の少年（以下、在院者という）である。以下においては、ごく簡単に、調査結果の概要を紹介することにしたいと思う。

2. 調査結果の概要：中学生、高校生、在院者の比較

(1) ゲーム機の所有率

さて、今回の調査結果の概要であるが、その特徴的な点のみに絞って考察してみると、まずは、調査対象者である中高生の8割以上がゲーム機を所有しているという事実である。テレビゲーム機と携帯用ゲーム機のどちらも持っている者も5割以上となっている。これに対して、在院者の場合は、9割以上がゲーム機を所有しており、どちらも所有している者は7割以上で、その比率において、中高生よりも高くなっている。

(2) テレビゲームの頻度・時間

本調査において、テレビゲームを毎日するのは、中学生男子に多く（18.8%）、高校生女子に少ない（3.7%）。一方、在院者で毎日ゲームをしていた者は20.4%である。1回あたりのゲーム時間については、中高生は1時間ないし2時間く

らいが最も多く、在院者も一般高校生とかわらない。

(3) テレビゲームを始めた時期と理由

テレビゲームを始めた時期は、中高生、在院者共に、「小学生になったころから」が最も多く、小学生低学年であることが分かった。テレビゲームをする理由としては、中学生は「友達と遊ぶ道具として必要だから」という利用づけが特徴的であり、高校生、在院者は「時間がつぶせるから」が多い (59.0%、66.6%)。

(4) 好まれるテレビゲームのジャンルとゲームソフト名

好まれるテレビゲームのジャンルについては、中高生は、RPG（ロールプレイ）、アドヴェンチャー、アクション、格闘対戦、スポーツであるのに対して、在院者は、格闘対戦、RPG、ギャンブルとなっており、明らかな相違がみられる。

好まれるゲームソフト名は、中学生男子は、①実況パワフルプロ野球、②ドラゴンクエスト、③真・三國無双、中学生女子は、①動物の森、②ぷよぷよ、③キングダムハーツ、高校生男子は、①ウイニング・イレブン、②ファイナル・ファンタジー、③実況パワフルプロ野球、高校生女子は、①ファイナル・ファンタジー、②テイルズオブ……、③テトリスである。在院者男子は、①ファイナル・ファンタジー、②ウイニング・イレブン、③ドラゴン・クエスト、在院者女子は、①真・三國無双、②ファイナル・ファンタジー、③スーパーマリオである。

(5) 高年齢者を対象とするテレビゲームの受けとめ方

「相手をたたいたり、攻撃したりする場面が出てくるテレビゲーム」については、「好き」「どちらかといえば好き」を合わせると、中高生は71.2%、在院者は78.9%である。中高生は男子に強い傾向がみられ (80.3%)、在院者には女子に強い傾向がみられる (76.7%)。「相手がけがをしたり、死んだりする場面が出てくるテレビゲーム」については、中高生は好意的に受けとめており、その傾向は在院者において顕著である。「エッチな場面のあるテレビゲーム」については、高校生 (34.1%) の方が中学生 (9.4%) よりも好意的な受けとめ方

をしている。在院者は48.3％が好意的である反面、51.7％は「あまり好きではない」「好きではない」を選択している。「異性と仲良くなっていくストーリー展開のあるテレビゲーム」については、「エッチな場面のあるテレビゲーム」に比べ、中学生の好意的傾向が高校生に接近している。在院者は、「あまり好きではない」「好きではない」を合わせると67.5％であり、「異性と仲良くなっていくストーリーの展開のあるテレビゲーム」はあまり好きではないようである。

(6) 18歳以上対象のゲームソフトで遊んだ経験

18歳以上対象の暴力的なゲームソフトで遊んだ経験を問うてみると、男子に関しては、中高生ともに5割を前後して、在院者では7割近くが暴力的表現のあるテレビゲームをしていることが分かった。また、在院者では女子にも経験のある者が多くみられる（56.9％）。18歳以上のエッチなゲームソフトで遊んだ経験については、中学生で3.3％、高校生で16.7％、在院者で29.3％である。在院者は一般中高生に比べて高い比率である。

(7) 18歳以上対象のゲームソフトの入手について

18歳以上対象のゲームソフトを買おうとしたら、店の人に注意されて売ってもらえなかったことがあるかどうかという質問について、注意されて売ってもらえなかったのは、中学生で0.5％、高校生で3.0％、在院者で1.7％である。ほとんどの者が店側に注意されることなく購入していることが分かった。

18歳以上対象のゲームソフトを借りようとしたら、店の人に注意されて貸してもらえなかったことがあるかどうかという質問については、店の人に注意されて貸してもらえなかったことがあると答えたのは、中学生で0％、高校生で1.0％、在院者で2.8％で、ほとんどの人が問題なくレンタルしていることが分かった。

(8) ゲームソフトの対象年齢区分の参考度

コンピュータエンターテインメントレイティング機構（CERO）が年齢区分した対象年齢表示を参考にしてゲームソフトを購入しているかどうかについては、中学生の41.1％、高校生の53.6％、在院者の51.4％が、使用年齢表示は見

たことがあるが、かまわずに購入すると答えており、一方、使用年齢表示は見たことがないとする者が、中学生で21.7％、高校生で24.4％、在院者で41.7％もいることに注意しなければならない。

⑼　テレビゲームの魅力と弊害

　「テレビゲームのどのようなことが面白いのでしょうか」という質問に対して、中学生は、①ゲームの物語にひかれるから、②実際には体験できないスリルが味わえるから、③テレビや映画と違い、参加型なので楽しい、を選択している。高校生は、①ゲームの物語にひかれるから、②実際には体験できないスリルが味わえるから、③映像の世界にいる感覚が好きだから、④コンピュータ・グラフィックスや特殊効果が多く使われているから、を選択している。在院者は、①ゲームの物語にひかれるから、②実際には体験できないスリルが味わえるから、③物語の主人公になったような気分になれるから、を選択している。

　物語性にひかれるという感想は、高校生とのインタビューにおいても示された。青少年は、中高生、在院者とも、仮想空間の疑似体験的な物語性に魅力を感じているようで、彼ら彼女らの接触する視覚メディアであるマンガ本や小説を読み、映画を見るのと同様の感覚で、テレビゲームで遊んでいるという現実が窺える。

　弊害として、「ゲームをいったん始めたら、なかなかやめられない時がある」かどうかの質問に対して、中学生の57.3％、高校生の68.6％、在院者の75.3％があると答えている。「ゲームを遅くまでやりすぎて、翌日の学校の授業で眠いことがある」かどうかという質問に対しては、中学生の15.6％、高校生の31.4％、在院者の54.1％があると回答している。在院者の場合に、2人に1人強が授業中眠いことがあると答えているのが特徴的である。

　テレビゲームが終わったあとの気持ちについては、中高生が、①クリアできたという達成感がある、②スカッとする、③もっとやりたいと思う、を選択しているのに対して、在院者は、①クリアできたという達成感がある、②もっとやりたいと思う、③疲れた感じがするを選択しており、中高生は「スカッとす

る」が、在院者は、「疲れた感じがする」というところに相違点がみられる。

(10) ゲームソフトで遊ぶときの家庭での決まりごと

家庭内でゲームソフトで遊ぶときに、約束や決まりごとがあるかどうかの質問については、①「暴力的なゲームで遊ばない」ことに取り決めがあるのは、中学生40.5%、高校生9.0%、在院者7.2%である。②「時間の制限」については、中学生で17.7%、高校生で5.4%、在院者で1.7%である。③「エッチなゲームで遊ばない」では、中学生35.3%、高校生で7.3%、在院者で2.8%である。④「途中で目を休める」では、中学生で42.7%、高校生で15.7%、在院者で12.7%である。⑤「食事中のゲームはしない」では、中学生で85.8%、高校生で68.1%、在院者で39.7%である。⑥「ゲームソフトを購入するときは親と相談する」では、中学生で21.4%、高校生で5.4%、在院者で2.2%である。

全体として、中学生、高校生、在院者という順序で家庭での約束ごとは少なくなるが、どちらかといえば、ゲームソフトで遊ぶとき、家庭での約束ごとはないに等しい状態であるといえよう。

(11) 不適切なゲームソフトの存在と不適切な理由

「ゲームソフトの中には、皆さんにとって好ましくないものがあると思いますか」との質問に対して、中学生の70.0%、高校生の46.9%、在院者の48.9%があると答えている。その理由として、中高生は、①18歳以上の対象となるゲームは残酷だから、②グロテスクなゲームが多いから、③暴力的なゲームソフトが多いから、④殺人を目的とするゲームがあるから、⑤エロ的な内容も多いから、⑥テレビのCMなどで見て気分が悪くなるものもあるから、等を挙げている。一方、在院者は、①犯罪につながるものがあるから、②人を殺すゲームなどは、少年の殺人事件に影響があるから、③暴力的なゲームソフトが多いから、④残酷なゲームもあるから、⑤スロットなどをやっていると本物がやりたくなる、犯罪ものも同様だと思うから、⑥恋愛ゲームもひきこもりを助長するから、等を挙げている。中高生と在院者ではその理由に幾分かの違いがあることに留意すべきである。

(12) ゲームセンターの利用について

ゲームセンターの利用については、中学生で44.2%、高校生で33.7%、在院者で83.9%であり、在院者の利用度が顕著である。ゲーム喫茶やインターネットカフェなどの利用者は少ない。ゲームセンターで遊ぶ頻度の高い者に着目してみると、男の子の方が女の子よりもゲームセンターで遊んでいる。

⒀ 青少年の意識と行動、感じ方と考え方

青少年の意識と行動や感じ方と考え方については、カイ二乗検定を用いて統計的有意差が見出されたものを箇条書的にまとめておくことにしよう。

① まず、これは予測に反してのことであるが、ゲームで遊ばない者の方が、睡眠時間が少なく、家族との外出や旅行を好んでおり、地域の行事に参加することを好んでいることが分かった。

② 暴力感情については、ゲームでよく遊ぶ者の方が、誰かをたたくという暴力経験が多く、誰かを蹴るという暴力経験が多い。また、ゲームでよく遊ぶ者の方が、誰かをおどすという経験が多く、予想に反して、ゲームで遊ばない者の方が、「男はケンカが強いほうが格好いい」と思っていることが分かった。

③ さらに、ゲームで遊ばない者の方が、「どんな場合にも、暴力は絶対にいけない」と思っており、「男の子は強いほうがいい」という、いわばステレオタイプ的考えを持っていることが示された。

④ また、ゲームで遊ばない者の方が、「男の子は女の子を守るべきだ」と考えており、「女の子は暴力をふるうべきではない」というステレオタイプ的な考えを持っていることが分かった。

こうしたことを総合すると、メディアによってステレオタイプ的な考えが植付けられるのではないかという従来の仮説は、ゲームソフトの利用に限っては、そういう可能性が少ないことが明らかになっている。

⑤ 次に、性についての考えでは、ゲームで遊ばない者の方が、「お互い好き同士なら、手をつないで歩いてもいい」と思っており、「お互い好き同士なら、キスしてもいい」と思っていることが分かった。

⑥ 一方、ゲームで遊ぶ者の方が、ゲームの中の殺人シーンに対する感覚が

麻痺しており、ゲームの中の犯罪に対して無感覚になっており、ゲームの中の人が死ぬシーンに対して感覚が麻痺していることが明らかとなった。
⑦　反対に、ゲームで遊ばない者の方が、ニュース等で人が死んでいる場面を見た際、より同情的であること、目の前でころんで痛がっている人に対して、より同情的であることが分かった。
⑧　また、ゲームでよく遊ぶ者の方が、生まれ変わりの可能性を否定しており、「ゲームによって、生まれ変わりや生き返りという認識が高まる」ということはないということも明らかとなった。
⑨　暴力的なテレビゲームの好みと暴力、性、死などに対する態度では、攻撃型のゲームが嫌いな者の家庭では、ゲームをしてもよい時間の長さが決められており、暴力的なゲームで遊ばないことが決められており、エッチなゲームで遊ばないことが決められている場合が多いことが示された。また、攻撃型のゲームが嫌いな者の家庭では、ゲームをするときは途中で休憩することが決められており、食事中はゲームをしないことが決められており、親との話し合いでゲームを買うよう決められている場合が多いことが分かった。
⑩　ゲーム依存症という点からは、攻撃的なゲームが好きな者の場合、ゲームに熱中してなかなかやめられないという依存的な傾向が強く見られることも明らかとなった。

3．保護者の調査結果の特徴

　保護者調査では、「テレビゲームを１週間のうち何日くらいしますか」という質問に対して、中学生の保護者の17.2％、高校生の保護者の17.3％が毎日していると回答している。中高生自身の回答（中学生13.0％、高校生9.9％）よりは高めである。１回あたりのゲーム時間については、１時間ないし２時間くらいが最も多く、これも中高生自身の回答よりは若干多めである。

　本調査では、保護者の目からみて、平日の夜にもゲームをしているとの印象をもっていることがうかがわれた。本調査では、さらに、テレビゲームを始め

た時期に関して、かなり早い時機から子どもたちが何らかのテレビゲームに親しんでいるとしており、中高生の回答とほぼ一致している。また、子どもが好むテレビゲームのジャンルについても、子どもたちのゲーム傾向をほぼ把握していることが明らかになった。

ゲームソフトで遊ぶときの家庭での約束ごとに関しては、時間制限があるとする保護者（中学生の保護者56.3％、高校生の保護者31.8％）の見解は、実際の中高生の回答（中学生35.3％、高校生9.0％）と比べて大きな差がある。保護者と子どもとの間に認識のずれが見受けられる。また、本調査では、どちらかといえば、中学生の保護者の方が、家庭での約束ごとに細かく注意している傾向があるが、しかし、いずれの保護者も、約束ごとに必ずしも積極的とはいえないようである。

ゲームソフトの内容として、保護者の目からみて好ましくないものがあると思いますかという質問に対しては、保護者の9割近く（中学生の保護者88.1％、高校生の保護者86.8％）が「あると思う」と回答しており、その理由としては、①暴力的な表現が過激すぎるから、②流血シーンや残虐なシーンが多いから、③ゲームとはいえ表現がリアルすぎるから、④エッチな表現（性表現）が刺激的だから、等が挙げられている。

ゲーム販売の抑制については、最も多い回答は、自主規制にとどまらず、法律や条例による規制が必要であるとするもの（中学生の保護者65.6％、高校生の保護者56.9％）である。

4．少年院在院者の調査結果の特徴

少年院在院者の特徴は、同年代の高校生と比べてテレビゲームに興じる比率が高いという点であり、テレビゲーム機又は携帯用ゲーム機の所有率も、中高生に比べて高率である。テレビゲームを行う時間帯に関しては、深夜という回答が出てくるのが在院者の特徴である。また、在院者は、中高生に比べて「中古販売店」での購入率がやや高く、中高生に比べて、やや費用をかけているようである。テレビゲームをする場所が、「友だちの家」とするのも、在院者の

顕著な特徴である。つまり、中高生と比較して、ゲーム環境に相違が認められるのである。

在院者は、かなり攻撃的なゲームを好み、負傷や死の描写も好んでいるようであり、暴力的なゲームソフトで遊んだ経験は、在院者では女子にも経験のある者が多い。エッチなゲームソフトで遊んだ経験も、一般中高生に比べて高い比率である。

在院者の意識と行動に関しては、「伝えなければならないことがあるのに、うまく言葉で説明できない」、「自分の気持ちを言葉でうまく表現できない」、「自分の思い通りにならないとかっとなる」という選択肢において高率である。「誰かをたたいたこと」、「誰かをけったこと」においても、一般中高生と比べるとかなりの高率である。

在院者が施設へ入所する以前と以後で変化のみられた選択肢を挙げてみると、①「遊びでもゲームは勝たなくては意味がないと思う」（入院前42.8％、入院後現在26.5％）、②「男は、ケンカが強いほうが格好いいと思う」（入院前71.0％、入院後現在37.8％）、③「口で言っても解決しない場合、暴力をふるうことは許されると思う」（入院前52.9％、入院後現在6.6％）、④「いじめられる方にも、悪いところがあると思う」（入院前65.3％、入院後現在48.4％）、⑤「どんな場合にも、暴力は絶対にいけないことだと思う」（入院前23.9％、入院後現在56.4％）、⑥「いじめられている友だちがいたら、自分がいじめられても助けると思う」（入院前46.2％、入院後現在58.8％）、⑦「お互い好き同士なら、セックスをしてもいいと思う」（入院前87.6％、入院後現在17.9％）、⑧「ゲームの中なら犯罪をおかすことに抵抗がない」（入院前76.0％、入院後現在23.7％）となっている。少年院における処遇効果の大きさをうかがうことができる回答例である。

5．おわりに

以上、本調査結果の特徴的な部分だけを紹介した。本調査を実施するにあたっては、多くの方々にお世話になった。内閣府、法務省の関係者の皆さんを

始め、本調査に直接協力して頂いた、中学校、高等学校の児童・生徒の皆さん、保護者の皆さん、アンケート調査を実施して頂いた教職員の皆さん、少年院の教官や在院者の皆さん、そしてまた、青少年育成国民会議の事務局の皆さんに、心から感謝の意を表したいと思う。

第8章　安全・安心なまちづくり

1．はじめに

　平成8年から連続して7年間、刑法犯認知件数が戦後最高を記録したのを受けて、内閣は、平成15年9月、犯罪対策閣僚会議を開催し、12月には、「犯罪に強い社会の実現のための行動計画」を策定した。

　この行動計画においては、治安回復のための3つの重要な視点が掲げられているが、その1つめは、「国民が自らの安全を確保するための活動の支援」である。「良好な治安は、警察のみによって保たれるものではなく、国民の一人ひとりが地域において、安全な生活の確保のための自発的な取組みを推進することが求められている」とし、「自らの安全は自ら守る」との観点から、「国民一人ひとりの防犯意識の向上を図るとともに、国民と行政が相携えて行動していくことが理想である」としている。

　2つめは、「犯罪の生じにくい社会環境の整備」である。都市化や核家族化により希薄化した地域の連帯や家族の絆を取り戻し、犯罪の生じにくい社会環境を整備していくことを国の責務としている。

　そして3つめは、「水際対策を始めとした各種犯罪対策」である。「国際化・高度化する犯罪に的確に対応していくためには、従前以上に『省庁の壁』を超えた一層の連携と情報の有効活用が求められており、そのための枠組みの検討も視野に入れる必要がある」とするのである。

　具体的には、①地域連帯の再生と安全で安心なまちづくりの実現、②犯罪防止に有効な製品、制度等の普及促進、③犯罪被害者の保護が挙げられており、そのためには、①自主防犯活動に取り組む地域住民、ボランティア団体の支援、②「空き交番」の解消と交番機能の強化、③犯罪の発生しにくい道路、公園、駐車場等の整備・管理、④自動車盗難防止装置の普及、⑤被害者等に対する支

援の推進に積極的に取り組んでいく必要性を説いているのである。

2．安全・安心を守る防犯活動と条例の制定

ところで、「安全・安心なまちづくり」のためには、「防犯」ということを意識しなければならないが、身近な犯罪として考えられるピッキング、サムターン回し、空き巣狙い等の侵入盗や、車どろぼう、車上狙い、ひったくりや置き引き、痴漢や露出症のような変質者、振り込め詐欺や悪質訪問リフォーム等いろいろな犯罪に対しての防犯活動が考えられよう。そして、そのための地域防犯の見地からは、条例が一番身近なものとなる。

「東京都安全・安心まちづくり条例」、「大阪府安全なまちづくり条例」、「愛知県安全なまちづくり条例」等がその代表例である。たとえば、東京都では、「東京都安全・安心まちづくり条例」を平成15年7月に制定し（同年10月施行）、住宅の防犯性の向上に関して次のように規定を整備している。

　①犯罪の防止に配慮した構造、設備等を有する住宅の普及
　②防犯上の指針の策定（知事と公安委員会が共同で策定）
　③建築確認申請時における警察署長による情報提供及び技術的助言
　④建築業者、所有者等上記指針に基づく措置に関する努力義務
　⑤建築主、所有者等に対する情報提供、技術助言等

また、大阪府安全なまちづくり条例は、都道府県で初めての総合的な安全条例の制定であり、その特徴は、府、事業者、府民の責務を明らかにするとともに、推進体制の整備を謳っており、犯罪防止に配慮した道路、公園等の普及を図り、特に学校、通学路における子どもの安全確保を明記している。これは、あの悲惨な池田小児童殺傷事件の教訓を生かした施策である。もちろん、本条例では、さらに、犯罪被害を防止するという観点から、正当な理由なしに、鉄パイプ等の携帯を禁止し、ピッキング技術講習禁止等の規制を設け、違反者には罰則を設けている。

3．安全・安心なまちづくりのための取組み

このように、安全・安心なまちづくりのための取組みとしては、①行政主体で行われている場合と、②警察主体で行われている場合、それに③民間団体が主体で行われている場合がある。

(1) 行政が主体となっている事例

「安全・安心なまちづくり条例」の他に、行政が主体となっている例として、愛知県春日井市で進められている「安全なまちづくり協議会」を中心とした活動が先駆的事例の１つとして挙げられる。春日井市では、行政と市民が一体となった活動を展開することで、明るく安全で住みよい「安全都市・春日井」を実現するため、犯罪や事故に強い都市基盤のための調査、研究を行い、また、安全都市・春日井を目指して地域とのふれあいと市民連帯を強化するなかで安全のネットワークを形成することを目的として、平成７年６月に、「春日井安全アカデミー」を設立している。私も開設以来、「子どもを取り囲む有害環境」というテーマで講義を担当しているが、講義のためのテキストは、春日井市安全なまちづくり協議会編『市民がつくる安全な暮らし：春日井が安全　安心発信地』(1998年) として出版されている。

春日井市の施策の特徴は、「暗がり診断」と呼ばれる「環境設計による安全な市街地づくり」活動である。これは、平成４年から行われてきたものであり、防犯灯や街路灯を適正に配置するためのもので、その診断を市民が中心になって実施するところにある。こうした診断によって、春日井市では、毎年、15地区で防犯灯や街路灯が効果的に増設されているのである。

また、春日井市では「春日井安全アカデミー」の卒業生のなかから、ボランティアで活動してもらえる人を「安全・安心まちづくりボニター」(ボランティアとモニターを合せた造語) と称し、地域の安全リーダーとして委嘱している。現在、各ボニターは、地域の安全のために、それぞれの地域の特性に応じた活動を自主的に展開しているのである。

(2) 警察が主体となっている事例

警察主体で行われている安全・安心活動としては、警察庁「安全・安心まち

づくり推進要綱」、「共同住宅に係る防犯上の留意事項」の制定と、スーパー防犯灯、監視カメラの設置活動があるが、その他、宮城県警の「安全安心マップコンクール」、「石川県警察緊急治安対策プログラム」に基づく街頭犯罪等抑止総合対策の推進活動等がある。その他にも多くの活動が全国的に展開されているが、以下においては、そのうちのいくつかの事例を箇条書き的に列挙しておこう。

① 事例1（福岡）

福岡県警察では、交番、駐在所の配置を管内の治安実態等に応じた効率的なものにするため、交番・駐在所の再編計画を策定し、平成15年8月、これを県下一斉に実施した。その結果、交番が276か所、駐在所が107か所に減少する一方、1交番当たりの平均配置地域警察官数が6.8人から9.7人に増加した。また、夜間に交番やパトカー等で勤務を行う地域警察官数が平均して約3割増加した。

② 事例2（長崎）

平成15年10月、交番の管轄する地域に女子大学及び女子短期大学があり、学生に対する痴漢やのぞき等が問題となっていたため、交番連絡協議会で大学、学生、周辺の地域住民と話し合い、同交番の女性警察官が窓口となって積極的に関連情報の交換を行っている。

③ 事例3（大阪）

平成15年11月、登下校中の小学生に対する公然わいせつ事案が発生していたことから、交番の地域警察官が交番速報等により地域住民に注意を呼び掛けるとともに、学校、保護者と協力して小学校の通学時間帯の警戒活動を強化していたところ、学校近くで公然わいせつ事案が発生し、警戒中の交番の地域警察官が直ちに現場に駆け付け、犯人を検挙した。

④ 事例4（埼玉）

埼玉県警察では、平成15年4月から、警察本部のホームページに「事件事故発生マップ」を掲載している。この地図には、ひったくり、路上強盗及び死者又は重傷者を伴う交通事故の情報が表示され、ウェブサイトの閲覧者が事件・

事故の種別や発生時間帯を選択すると、過去3か月の（交通死亡事故にあたっては平成16年1月からの）発生状況が図示される。縮尺の調整も可能で、地図を拡大すれば、身近な地域の犯罪情勢をより詳細に知ることができる。

(3) 民間団体が主体となっている事例

最後に、民間団体が主体となった安全・安心活動の事例としては、NPO法人ガーディアン・エンジェルスの活動がある。もともと、ガーディアン・エンジェルスは、1979年2月にニューヨークで創設されたもので、創設者はカーティス・スライワ（Curtis Sliwa）である。ガーディアン・エンジェルスの主たる活動は、①パトロールによって、潜在的犯罪者が犯罪実行に移る動きを阻止し、②パトロールを通して、ガーディアン・エンジェルスのモットーである「デア・トゥ・ケア（dare to care）」（思い切って世話をする）というメッセージを発信し、地域住民同士が気にかけあう雰囲気を醸成し、③若者に対して、前向きの役割モデルを提示し、④外国の被災地に緊急救援チームを派遣することである。

このように、ガーディアン・エンジェルスの活動においては、安全パトロールと青少年の健全育成が車の両輪となっているのである。安全パトロールについては、繁華街、通学路、公園、及びインターネットが主たる場所である。このうち、繁華街のパトロールについては、ガーディアン・エンジェルス単独でなされるのが一般的であるが、地域住民との合同パトロールも行われているとのことである。

1995年の阪神淡路大震災や地下鉄サリン事件を契機に、ニューヨークのガーディアン・エンジェルスで活躍していた小田啓二が、日本で活動を行うために東京支部を開設した。現在では、武蔵野支部、仙台支部、関西支部の合計4か所で活動を展開しているとのことである。

その他の活動事例のいくつかを列挙すると以下の通りである。

① 事例1（静岡）

静岡県では、平成12年から、女性ボランティア団体「富士エレガンス」が、富士地区防犯協会と協力して、富士市内の小学校の新入生に人形劇を用いた防

犯講習会を開催し、防犯ホイッスルを配布している。平成16年は、20校、2,404人の新入生を対象に実施した。

② 事例2（東京）

東京都江戸川区では、商店会会長の「自分たちの街は自分たちで守る。夜間パトロールを通じて地域の団結を高め、安心して買い物ができる街づくりに貢献したい」という呼び掛けにより、平成15年6月、商店主等の地域住民が、防犯ボランティア団体「京成小岩イエローベレー隊」を結成した。

③ 事例3（宮城）

仙台市青葉区では、窃盗などの身近な犯罪の発生や少年非行を防止するために、防犯協会会員をはじめとする地域住民がパトロール活動を行っている。

4．おわりに

以上、「安全で安心なまちづくり」について考えてみたが、『犯罪に強い社会の実現のための行動計画』では、「安全・安心なまちづくりの実現のための施策」として、①自主防犯活動のノウハウの全国的共有、②国民への犯罪情報・地域安全情報の提供、③国民の防犯意識を向上させるための広報啓発活動の推進、④警察の街頭活動の強化と「見て見ぬふりをしない」社会気運の醸成、⑤地域に密着した警察活動の推進等が挙げられている。特に重要なのは、安全・安心を担う公的機関の代表である警察の地域に密着した活動の推進という項目であろう。我々は、すでに軽微な街路犯罪を徹底的に取り締まることによって、重大犯罪の劇的な減少をもたらしたニューヨーク市の例を知っている。幸いにも我が国は、「交番制度」という、世界に誇りうるコミュニティ・ポリシングの制度を持っている。首相所信表明演説にもあるように、「空き交番ゼロ」の施策を展開し、交番を地域住民の防犯センターとして機能させることが、重要なことではないかと私は思う。交番制度が充実し、駐在所が地域社会の中心的存在となっていた頃の我が国では、国民に犯罪の不安感などなかったことは、歴史の証明するところである。安全神話の復活のためにも、警察は、「犯罪捜査主体」の警察から、社会秩序の維持を重視する「犯罪予防主体」の警察へと、

その役割を大きく転換することが求められる。さらにまたその上に、世界一安全といわれた我が国の治安を回復させ、国民のために安全・安心な社会を構築するためには、何よりも政府による思いきった施策の展開が望まれるところである。また、それに加えて、治安再生の最終責任は、実は我々一人ひとりの国民にあるということを再確認することが、何よりも大切なのではないかと思われる。

参考文献

① 犯罪対策閣僚会議『犯罪に強い社会の実現のための行動計画：「世界一安全な国、日本」の復活を目指して』平成15年12月。
② 法務省法務総合研究所『平成16年版　犯罪白書』国立印刷局（2004年）。
③ 警察庁『平成16年　警察白書』国立印刷局（2004年）。
④ 春日井安全なまちづくり協議会編『市民がつくる安全な暮らし：春日井が安全安心　発信地』春日井安全アカデミー（1998年）。
⑤ 小宮信夫『NPOによるセミフォーマルな犯罪統制：ボランティア・コミュニティ・コモンズ』立花書房（2001年）。

索 引

事項索引
人名索引

事項索引

ア 行

アダム・ウォルシュ児童保護安全法　78,85
安全神話　33, 195, 212
一般釈放情報通知制度　21, 59
インターネット・リテラシー　28
インターネット安全法　84
オンブズマン　149

カ 行

介助犬育成プログラム　179
科学警察研究所　54
学習理論　96
家族制度理論　96
カナダ性犯罪者登録簿　86
ギャラップ世論調査　12
行刑改革会議　145, 151
強制的最低限度拘禁刑　85
共謀罪　41, 46, 47
クリップス　172
グループ・セラピー　115
刑事施設視察委員会　145, 148, 150
刑事施設不服審査会　145
刑務所委員会　72
刑務所監察官　149
ゲームセンター　246
ゲームソフト　242, 244, 246, 249, 250
検察審査会　20
公正モデル　223, 224
行動変容療法　102
行動療法　115
高度情報化社会　25
高齢者虐待　203
高齢者虐待防止法　204
国際組織犯罪防止条約　45, 47, 49
個人内部要因理論　204
コンジュガル・ビジット　146

サ 行

サイコセラピー　121
再発防止介入プログラム　115
再発防止プログラム　120
三振法　165
シカゴ学派　5
死刑情報センター　10
死刑法　11
事後の保安監置　57
施設評議会　148, 149
児童虐待　199, 203
児童虐待防止法　204
児童買春・児童ポルノ処罰法　29
社会的交換理論　204, 208
社会的態度理論　209

2

索　引

社会防衛命令　56
状況的側面理論　204, 205
常習性犯罪者法　71
象徴的相互作用理論　204, 207
小児性愛　122, 128
小児性愛者　79, 106, 121, 132, 134
少年非行事例等に関する調査研究　195
処遇類型別指導　22, 58, 59
ジョン・ハワード協会　141
身体障害者補助犬法　184
心的外傷後ストレス障害　199
ストレス・アンガー・マネージメント　108
性器露出症　121
青少年育成国民会議　31, 251
青少年育成施策大綱　201
青少年有害環境対策推進研究会　31, 234, 242
精神病理論　95
性的暴行周期理論　98, 100
性的暴力犯罪者　75
性的暴力犯罪者法　71
性犯罪者情報登録法　56, 86
性犯罪者処遇プログラム研究会　94, 121, 134
性犯罪者処遇理論　95
性犯罪者（前歴）登録告知法　54, 59, 61, 80
性犯罪者前歴登録制度　59
性犯罪者登録簿　87, 91
性犯罪登録法　76
性犯罪量刑法　71

生理学理論　95
世界標準　46
責任無能力の法則　220
接近禁止命令　56
全米性犯罪者登録簿　78, 80
組織的犯罪処罰法　33, 34, 35, 36, 37, 39, 40, 42
組織的犯罪対策3法　33, 34

タ　行

短期量刑　164
地下鉄サリン事件　19
通信傍受法　33
出会い系サイト　25, 27, 31, 125
出会い系サイト規制法　26, 30, 32
DNAデータバンク　12
DNAテスト　13, 15
デート・レイプ　81
テレビゲーム　242, 243, 245, 248, 249
統合理論　99
動物管理施設　179
動物救助団体　179
特別釈放情報通知・通報制度　21, 59
匿名化社会　9
匿名性　9, 25
独立監視委員会　148
都市犯罪研究　5, 7
特警員制度　168, 170
トラスティ制度　175

ナ 行

二重盲検法　123
人間生態学　3
認知行動療法　113, 116, 120
認知理論　97

ハ 行

配偶者虐待　203
配偶者暴力防止法　204
ハイテク犯罪　41
発達障害　199, 200
発達理論　97
パラフィリア　132
犯罪と非行に関する全米協議会　168
犯罪被害者救援基金　19
犯罪被害者支援制度　18, 20
犯罪被害者相談室　19
犯罪被害者等基本計画　18
犯罪被害者等基本法　18, 23, 24
犯罪被害者等給付金支給法　19
犯罪被害者等施策推進会議　18
阪神・淡路大震災　19
ピースキーパー制度　169, 171, 175
被害者支援員　21
被害者支援ネットワーク　19
被害者支援連絡協議会　19
被害者対策要綱　19
被害者等通知制度　20
ビデオリンク方式　22
フェチシズム　121

福祉モデル　223, 224
付審判請求　20
ブルーリボン委員会　166
プレチスモグラフ　105
ペット・パートナーシップ・プログラム　177
暴力的性犯罪者　132

マ 行

マネー・ロンダリング犯罪　39
三菱重工ビル爆破事件　19
民営刑務所　157
民間被害者援助団体　19
民事拘禁　74, 82
無罪者保護法　13
メーガン法　53, 54, 57, 60, 63, 68, 69
メディア・リテラシー　31

ヤ 行

有害環境　199, 201

ラ 行

リラプス・プリベンション　108, 121
類型別処遇制度　58, 59
連邦最高裁判所　14

ワ 行

ワンストライク性犯罪法　71

索　引

人名索引

ア　行

安部哲夫　31
アレキサンダー（M. A. Alexander）　114
アレクサンダー（C. Alexander）　172
アレン（F. Allen）　222
井上一志　168
植松正　7
ウルフ（S. Wolf）　99
エノモト（J. Enomoto）　166
大塚敦子　181
小野清一郎　7
小野義秀　168
小俣謙二　9

カ　行

戒能民江　31
クイニイ（R. Quinney）　6
クイン（M. J. Quinn）　209
クイン（S. P. Quinn）　178
クーリ（D. Cooley）　187
クナップ（F. A. Knopp）　116
グライド（J. Glyde）　4
クリスバーグ（B. Krisberg）　166, 168
ケトレ（A. Quetelet）　4
ケマン（S. Keman）　174
ゲリー（A. M. Guerry）　4
コールマン（E. Coleman）　130
コナリー（M. Connolly）　99

サ　行

サッコ（V. F. Sacco）　205
シュミット（D. E. Schmidt）　6
シュワルツネッガー（A. Schwarzenegger）　165, 171
ショー（C. R. Shaw）　5
スタインメッツ（S. K. Steinmetz）　206
スチーブンスン（W. F. Stevenson）　116

タ　行

タカギ（P. Takagi）　10
チルトン（R. J. Chilton）　6
トミタ（S. K. Tomita）　209
外山美砂子　149
トラビス（J. Travis）　165

ハ　行

バーカ（M. Barker）　100
パーク（R. E. Park）　3
バーリン（F. S. Berlin）　121, 132

パットン（P. Patton）　14
ハリス（A. Harris）　138
ハリス（G. T. Harris）　111
ハンスン（R. K. Hanson）　138
ヒックマン（R. Q. Hickman）
　　163, 170
ファービ（L.Furby）　114
ファタ（E. A. Fattah）　205
ファティ（D. Fathi）　172
ブラウン（J. Brown）　165
ブラウン（S. Brown）　138
ブラゴジェヴィッチ
　　（R. Blagojevich）　12
フリーマン＝ロンゴ（R. Freeman-Longo）　116
ポウプ（C. E. Pope）　7
ボードゥア（D. J. Bordua）　6
ボグズ（S. L. Boggs）　6
星野周弘　8
ポンテロ（P. Pontello）　170

マ 行

マーティン（S. J. Martin）　171
前田信二郎　7, 8
マグラー（R. J. McGrath）　114
マッケイ（H. D. McKay）　5
三浦守　35
宮澤浩一　149
メイヒュー（H. Mayhew）　5
モーガン（B. Morgan）　169
モーガン（R. Morgan）　100
モティーク（L. Motiuk）　138

ヤ 行

ヤコブソン（M. Jacobson）　163

ラ 行

ライアン（G. Ryan）　12, 14, 99
ライス（M. E. Rice）　111
レイマンド（N. Raymond）　121
レーン（S. Lane）　99
レペット（T. A. Reppetto）　7
レンダ（B. Lander）　5
ロースン（R. W. Rawson）　4
ロビンスン（W. S. Robinson）
　　6
ロメロ（G. Romero）　172

藤 本 哲 也（ふじもと　てつや）

〈略　歴〉
1940年12月18日　愛媛県に生まれる
1963年　中央大学法学部法律学科卒業
1965年　同大学院修士課程法学研究科刑事法専攻修了（法学修士号取得）
1969年　同大学院博士課程法学研究科刑事法専攻単位取得満期退学
1970年　フロリダ州立大学大学院修士課程犯罪学部修了（犯罪学修士号取得）
1975年　カリフォルニア大学大学院博士課程犯罪学部修了（犯罪学博士号取得）

〈現　在〉
　中央大学法学部教授・犯罪学博士、明治大学法科大学院兼任講師、明治大学大学院兼任講師、中京大学大学院法務研究科兼任講師、駒澤大学大学院兼任講師、青少年育成国民会議講師、法務省矯正研修所講師、全国少年補導員協会顧問、日本更生保護協会理事、財団法人矯正協会評議員、日本刑事政策研究会評議員、青少年有害環境対策推進研究会座長、青少年育成国民会議自己評価検討委員会委員、法務省更生保護施設検討会座長、内閣府少年非行事例等調査研究企画分析会議委員長、日本被害者学会理事

〈専　攻〉
　犯罪学、刑事政策、刑法、少年法、被害者学

〈著　書〉
　『Crime and Delinquency among the Japanese-Americans』中央大学出版部（1978年）、『犯罪学講義』八千代出版（1978年）、『犯罪学入門』立花書房（1980年）、『新しい犯罪学』八千代出版（1982年）、『犯罪学緒論』成文堂（1984年）、『刑事政策概論』青林書院（1984年）、『刑事政策』中央大学通信教育部（1984年）、『社会階級と犯罪』頸草書房（1986年）、『犯罪学要論』頸草書房（1988年）、『刑事政策あ・ら・かると』法学書院（1990年）、『刑事政策の新動向』青林書院（1991年）、『刑事政策20講』青林書院（1993年）、『うちの子だから危ない』集英社（1994年）、『Crime Problems in Japan』中央大学出版部（1994年）、『犯罪学のさんぽ道』日本加除出版（1996年）、『諸外国の刑事政策』中央大学出版部（1996年）、『続・犯罪学のさんぽ道』日本加除出版（1998年）、『刑事政策の諸問題』中央大学出版部（1999年）、『犯罪学者のひとりごと』日本加除出版（2001年）、『犯罪学者のアメリカ通信』日本加除出版（2002年）、『犯罪学原論』日本加除出版（2003年）、『犯罪学の窓』中央大学出版部（2004年）、『犯罪学研究』中央大学出版部（2006年）

犯罪学の森

2007年10月20日　初版第1刷発行

著　者　藤　本　哲　也
発行者　福　田　孝　志

発行所　中 央 大 学 出 版 部
東京都八王子市東中野742番地1
郵便番号　192-0393
電　話 042(674)2351　FAX 042(674)2354

© 2007　Tetsuya Fujimoto

印刷・電算印刷

ISBN978-4-8057-0722-7